ココを聴け！
TOEIC® Test リスニング ［新テスト対応版］

TOEIC is a registered trademark of Educational Testing Service (ETS). This publication is not endorsed or approved by ETS.

50の必須ポイントを図解

小島加奈子 著

Z会

The TOEIC test directions are reprinted by permission of Educational Testing Service, the copyright owner. However, the test questions and any other testing information are provided in their entirety by ZKAI Co., Ltd. No endorsement of this publication by Educational Testing Service should be inferred.

はじめに

　日本国内でTOEICテストを受験する人の数は140万を超え，年々TOEICに対する意識はさらなる高まりを見せています。しかし関心の高さにもかかわらず，45分間・100問というボリュームのリスニングテストに苦手意識を持つ人が多いのも事実です。

　そんな方に向けて，本書では「聞き取りポイント」（＝聴きどころ）を図解で示し，効率よくリスニングのコツがつかめるように工夫しました。「何に焦点を絞って聞くべきか」「どのように問題を解くのが効率的か」「どういうところが狙われやすいのか」など，確実な得点アップにつながるポイントを詳しく紹介しています。また新TOEICテストに完全対応させるべく，問題として取り上げられる英文や対話の傾向や語数（長さ）を詳細に分析し，その結果に基づき50のポイントを厳選しました。1例題につき1ポイントのみを取り上げていますので，ダラダラと同傾向の問題を解き続ける労力は不要です。最後に巻末の模試にチャレンジすれば，学習した内容を振り返りながら効率的に復習できるはずです。

　本書で取り上げたポイントを十分に理解し，PARTごとによく狙われるタイプの問題を解くことで，短期間でも確実にレベルアップできます。初級者・中級者は少なくとも100点アップを目指し，上級者は900点以上のスコアを目標に，学習に取り組んでいただければと思います。

　最後になりますが，編集担当の安西邦彦様・吉田晴奈様には，本書の企画段階から出版にいたるまで強力なサポートとご尽力を賜り，最後まで温かい励ましのお言葉をかけていただきました。心より御礼申し上げます。

2006年春　小島 加奈子

CONTENTS

本書の構成と利用法 6
リスニング対策 8
新TOEICテスト情報 10

PART 1 13
PART 1 写真描写問題　傾向と対策 14

POINT 01	登場人物の表情・状態を表す形容詞に注意！	15
POINT 02	中心にある事物以外にも目を向けて瞬時に状況把握！	17
POINT 03	発音の似ている語で引っかからない！	19
POINT 04	位置を表す語を聞き逃さない！	21
POINT 05	人物が1人の場合は動詞に集中して聞く！	23
POINT 06	おおまかな数を確認するクセをつける！	25
POINT 07	主たる動作をする人，その動作を受ける人の状況を確認！	27
POINT 08	乗り物・道路などの状況を確認！	29
REVIEW		31

PART 2 43
PART 2 応答問題　傾向と対策 44

POINT 09	同じ意味なのに違う表現に置き換えられるパターンに注意！	45
POINT 10	質問と応答の時制の統一を確認する！	47
POINT 11	質問と応答の主語の統一を確認する！	49
POINT 12	Yes/No で答えられる疑問文なのに，あえてそれ以外で答えるパターンに馴染む！	51
POINT 13	質問に登場する難易度の高い語に惑わされない！	53
POINT 14	疑問詞だけは何としても聞き取る！	55
POINT 15	Yes/No で答えられる疑問文	57
POINT 16	Yes/No では答えられない疑問文	59
POINT 17	否定疑問文に惑わされない！	61
POINT 18	付加疑問文に惑わされない！	63
POINT 19	勧誘・提案の表現に対する応答に馴染む！	65
POINT 20	依頼に対する応答に馴染む！	67
POINT 21	似た発音の単語に注意！	69
REVIEW		71

PART 3 79
PART 3 会話問題　傾向と対策 80

POINT 22	2人の話者の感情・意見は同じか，対照的か？	81
POINT 23	第三者に関する話者の意見を推測する！	85
POINT 24	話者の心情を理解する！	89
POINT 25	会話では直接触れられていないことを想像する！	93
POINT 26	アドバイスや指示の内容を確実に理解する！	97
POINT 27	場所や時間，数など具体的な情報に注目する！	101
POINT 28	理由を問われ，それに答えるパターンに馴染む！	105
POINT 29	日時，場所，実行すべき事柄をすべて聞き取る！	109
POINT 30	話者2人の関係を理解する！	113
POINT 31	代名詞の中身を勘違いしない！	117
POINT 32	スケジュールに関する内容は順を追って理解する！	121
POINT 33	話者の行動の内容，順番に注意する！	125
POINT 34	"the same" の意味する内容を把握する！	129
POINT 35	先に質問文を読んでおいて，問われる内容を予測する！	133
POINT 36	よく問われる質問文を押さえておく！	137
REVIEW		141

PART 4 167
PART 4 説明文問題　傾向と対策 168

POINT 37	スピーチは誰が行い，聞き手は誰かを聞き取る！	169
POINT 38	「…すべき」という決定的内容を聞き逃さない！	173
POINT 39	5W1Hを聞き逃さない！	177
POINT 40	アナウンス，スピーチ，トークの種類をすばやくつかむ！	181
POINT 41	天気予報では時間の経過や今後の変化に注意する！	185
POINT 42	宣伝では，数・曜日・価格・具体的サービス・場所などを理解する！	189
POINT 43	ニュースで取り上げられている内容の概略を理解する！	193
POINT 44	話に興味を持つ人はどのような人かを想像しながら聞く！	197
POINT 45	留守電メッセージでは相手の不在理由などを聞き取る！	201
POINT 46	店・美術館・博物館などのお知らせでは具体的情報に注意する！	205
POINT 47	メインとなる話題をつかむ！	209
POINT 48	指示されている内容を，場面・状況を想像しながら聞く！	213
POINT 49	スケジュールの案内では時間・順序に注意して聞く！	217
POINT 50	話者の意見を総合的に理解する！	221
REVIEW		225

模試
模試問題 252
模試解説 272

本書の構成と利用法

本書は，TOEIC テスト・リスニング問題の PART 1（写真描写問題）/ PART 2（応答問題）/ PART 3（会話問題）/ PART 4（説明文問題）の4つの PART ごとに「PART 別傾向と対策」+「POINT 付き例題」+「REVIEW」があり，最後に「1 回分のリスニング模試」という構成になっています。

学習の順序としては，この順番通りに取り組んでも，自分の苦手な PART から始めても構いません。全体の手順としては，基本的に「1. 各 PART ごとに，例題で POINT をつかむ」→「2. 復習問題の REVIEW で確認」→「3. 模試で総仕上げ」というのが効果的な利用法です。

本書では，全 PART の例題（計 50 題 = 50 POINT）+ REVIEW を**全 10 の UNIT** に分けています。1 UNIT あたりの平均学習時間は1時間で，**10 時間でリスニングの必須 POINT をマスターできる**ようになっています。右ページのインデックス（UNIT 01 〜 UNIT 10）を目安に，たとえば1日1 UNIT で 10 日間完成，というようにペースメーカーとしてお役立てください。

STEP 1 「例題」— PART 別に POINT を攻略！

例題はすべて本番レベルで，例題ごとにリスニングの問題を解く上でカギとなる **POINT（≒「聴きどころ」）** を示しました。全 50 の POINT を完全にマスターすれば TOEIC リスニング対策は万全です。この POINT 部分をさっと読むだけで，**本番直前対策にもなります。**

それぞれの例題では，正解を得るためのキーワードやフレーズを聞き取る方法を紹介しています。**各 POINT（ココキケ）** は，問題に**図で示し**ています。

例題1題あたりの学習の流れは，以下の通りです。

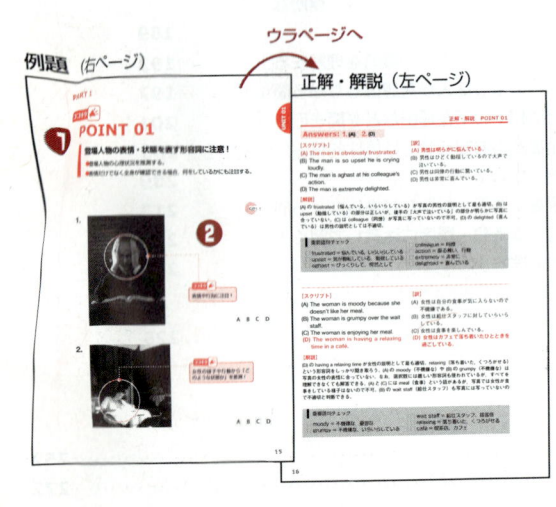

1. 例題は必ず右側のページから始まります（すぐに正解は見えないようになっています）。まず，POINT の見出しの説明文（❶）を読み，**設問のどこに気をつけて聞くべきか**をあらかじめおさえておきます。

2. 問題に**図解されたヒント（❷）**を活用しながら，CDの音声を流して問題を解きましょう。

3. ページをめくり，正解・解説で答を確認し，間違えたところを中心によく復習してください。解説を読む際は，POINT を意識しながら読むと，より理解が深まります。

STEP2 「REVIEW」— PART ごとの復習問題で再確認！

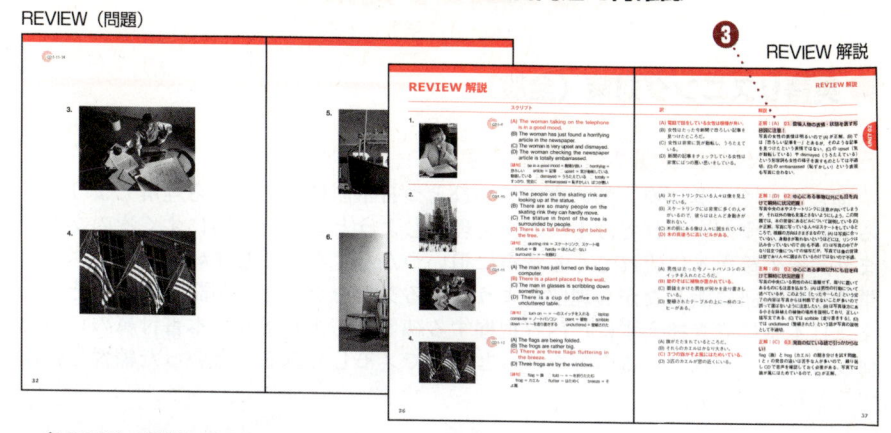

REVIEW（問題）

❸ REVIEW 解説

各 PART の最後にはそれぞれ **REVIEW（復習問題）** が掲載されています。学習した内容を確認するためにぜひ取り組んでください。出題形式は本番に合わせており，**例題で学んだ POINT を必ず含んでいます**。解説ページの正解横にある「**01 登場人物の表情・状態を表す形容詞に注意！**」などは，各 POINT へのリンクを示しています（❸）ので，できなかったところ，間違えたところは，必要に応じて例題の POINT に戻って再確認してください。

STEP3 「模試」— 総仕上げに，本番を想定してチャレンジ！

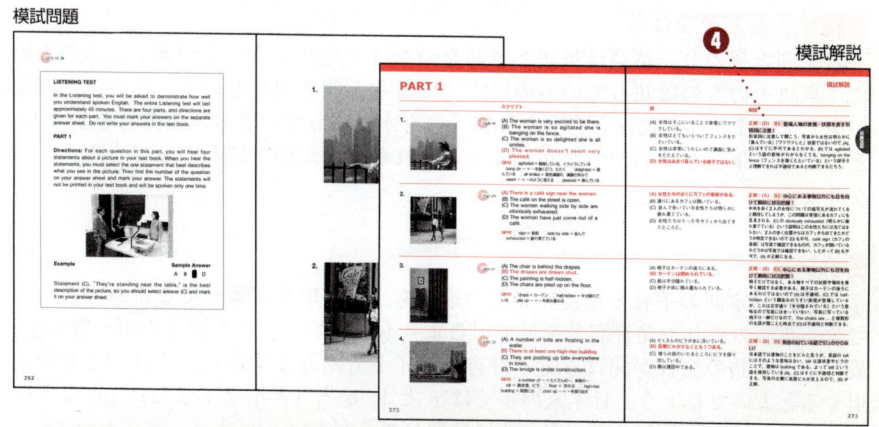

模試問題

❹ 模試解説

巻末には TOEIC テストの**リスニング1回分に相当する模試（100問, 約45分）**を掲載しています。**PART 別対策を終えた後の総仕上げ**として，また，**本番前の腕試し**としてチャレンジしてみてください。

できれば，本番を想定して一気に解くことをお勧めします。**CDの Disk 2 - Track 18** から試験を開始できます。巻末には「ANSWER SHEET」がありますので，これを切り取って本番のつもりで解いてみるとよいでしょう。

問題を解き終えたら，しっかりと復習しましょう。REVIEW 同様，模試でも**すべての問題が例題で学んだ POINT を含んでおり**，解説ページの正解横に POINT へのリンクを示しています（❹）。間違えたところは例題に戻って POINT をもう一度よく確認し，万全な体制で本番に臨んでください。

リスニング対策

■ 英語リスニング対策（全般）

日本語に訳しながら聞くクセをなくす

　聞こえてくる英語を，頭の中で一つひとつ日本語に直してから理解しようとする人がいますが，これでは1つの文を理解しようとしている間にすぐ次の文が始まり，その後次々に流れてくる音声に追いつかなくなってしまいます。すべての単語を日本語に訳しながら理解しようとするクセをなくし，英語を聞いてそのまま（日本語に置き換えずに）内容把握する練習をしましょう。本書付属のCDを何度も聞き，流れてくる内容をざっと英語でメモしてみる…といった練習を継続すると効果的です。

耳に入るすべての語を理解する必要はない

　いくつか聞いたことのない単語が耳に入ってくると「もうダメだ！」と諦めムードになる人がいますが，すべての単語やフレーズの意味がわからなくても，前後の内容から大体の意味をつかむことは可能です。耳に入るキーワードをメモし，最後に大体の内容を想像してみる…という練習から始めてみましょう。

音読する習慣をつける

　日本語と異なり，英語は単語と単語をつなげて発音することが多く，このために「単語そのものは知っているのに，文になると聞き取れない！」といった問題が生じてきます。普段から自分なりに「文をかたまりで」音読する練習をすると，どのように単語と単語がつながって発音されるのかが徐々にわかってくるようになります。

苦手な発音を克服する努力をする

　英語と日本語の子音・母音の発音の違いも，聞き取りが難しくなる原因の一つです。単語の綴りや発音記号を見ているよりも，実際に音声を聞くのが一番です。最近では単語の発音が聞ける電子辞書やサイトもありますから，それらを有効活用するとよいでしょう。日本人の多くは r と l，b と v，h と f または ph などの聞き分けが特に苦手なので，重点的に学習してください。

洋楽は歌詞を，映画は英字字幕スーパーを確認しながら聞く

　洋楽や映画を，何気なく聞いて（観て）そのままにするのではもったいないと思います。歌詞やスクリプトを確認すること，知らない単語や文法は聞き流さず調べてみることが大事です。DVDでは字幕を英語で表示することのできるものもありますから，これを有効活用してみましょう。

■ TOEIC テストリスニング対策

〔TOEIC のリスニングテストの特徴〕
登場するトピックが多岐にわたる
　TOEIC では日常会話はもちろんのこと，スピーチ，アナウンス，宣伝，ニュースなど，さまざまなジャンルの英語が問題として登場します。

ビジネスに関連した英語が多い
　全 PART において，ビジネスに関連したトピック・会話がかなり多いのも特徴的です。

スピードが速く，問題量が多い
　TOEIC では合計 100 問のリスニング問題を約 45 分で解かなければなりません。各英文は 1 回しか放送されず，速いスピードで次々と進んでいきますので，それぞれの問題についてじっくり考える時間はほとんどないと言っていいでしょう。

予想外の選択肢が正解の場合も多い
　「Why で始まる疑問文には Because で答える」といった固定概念にとらわれすぎると間違えやすい問題も多く出題されます。一部分にとらわれず，全体を聞いて理解することが求められます。

〔対策〕
さまざまなジャンルの英語を読み，聞く
　TOEIC ではビジネス・日常生活の多様なシーンが扱われますので，日頃から幅広いジャンルの英語に触れておくことが有効です。海外のニュースサイトなどにこまめに目を通しておけば，よく使われる語彙・表現が効率よく身につけられるでしょう。

基礎的な文法を復習する
　特に得点しやすい PART 1，PART 2 では基本的な文法知識が役立つ問題が頻出しています。リーディング・テストのスコアアップも同時に視野に入れ，よく復習しておきましょう。

ビジネス関連の語彙に馴染む
　専門用語や知識がないと解けない問題は基本的に出題されませんが，ある程度の基礎的なビジネス関連語彙はおさえておく必要があります。本書の PART 3，PART 4 の各例題の最後には，TOEIC に頻出の単語やフレーズ，表現を **Useful Expressions** としてまとめていますので，参考にしてみてください。

スピードに慣れる
　「予測しつつ聞く」「あらかじめ質問を読む」などして，解くスピードをアップさせましょう。

新TOEICテスト情報

■新 TOEIC テスト，ここが変わる！

　TOEIC は第 122 回公開テスト（2006 年 5 月 28 日実施）から新テストに変わります。（団体受験（＝ IP テスト）での新形式移行は 2007 年 4 月以降となる予定です）
　新テストでのリスニングの変更点を簡単にまとめると次のようになります。

PART	変更前	新テスト
1	・設問数：20 問	・設問数：10 問
2	・設問数：30 問	（変更なし）
3	・設問数：30 問 ・1つの会話につき1つの設問 ・設問は印刷のみ	・設問数：30 問 ・1つの会話（従来より長め）につき3つの設問 ・設問は印刷されており，かつ読み上げられる
4	・設問数：20 問 ・設問は印刷のみ	・設問数：30 問（1パッセージにつき3つの設問） ・設問は印刷されており，かつ読み上げられる

参考：『TOEIC® テスト新公式問題集』（国際ビジネスコミュニケーション協会・TOEIC 運営委員会 編）

以下，もう少し詳しく見ていきましょう。

① 難易度
　全体としては登場する英文の**レベルに大きな変化はない**と言えるでしょう。PART 3／PART 4 で**従来より長い英文が出てくる**ので，難しくなったと感じる人もいるかもしれません。PART 3 の場合は会話1つあたりの長さが従来より長くなるものの，**会話の数そのものは 30 個から 10 個に減る**ので，量的な負担は軽くなったとも言えます。ただし，会話が長い分，細部を問う設問も出題されますから，これまで以上に正確な聞き取りが要求されることにもなります。なお，**語彙レベルには変化はない**でしょう。

② テーマ・素材
　これも従来と変わりません。リスニングに限らず，TOEIC 全体の傾向として「**ビジネスに関するものが大部分を占める**」と言ってよいでしょう。

③ 設問数
　トータルの設問数（100 問）に変更はありませんが，PART 1 の写真問題が従来の半分に減ったのに対し，多くの受験者が最も苦手とする **PART 4（説明文問題）が 30 問に増えます**。

④ 設問形式

　先述したように**PART 3 の会話が従来よりも長くなり，設問形式も変わります**。これまではA→B→Aのパターンで固定だったのが，A→B→A→B（→A）のように発話数が増えたり，A→B→Aでも1つあたりの発話が長くなったりします。(『新公式問題集』では会話全体で130語を超えるものもありました) 設問数については，PART 3 ／ PART 4 ともに**3つに固定**となり，3つのそれぞれの設問文は「**音声で読み上げられる**」ことになります。

⑤ 音声

　これまでは音声はすべてアメリカ英語でしたが，新テストよりアメリカ発音以外の英語，**カナダ・イギリス・オーストラリア（ニュージーランド含む）**が加わります。しかし，実際はカナダの発音はほとんどアメリカ英語と言ってよく，またオーストラリアの発音もほとんどイギリス英語と言って差し支えないと思います。各国の比率は4分の1ずつで均等です。

　なお，本書ではこの新傾向に合わせ，音声はアメリカ人・カナダ人・イギリス人・オーストラリア人の4人のネイティブスピーカーによる吹き込みとなっています。比率もちょうど4分の1ずつとしました。

■どんな対策をとればいい？

　新テストのリスニングでは，比較的正答率が高いと思われるPART 1 の写真問題が半分に減り，反面，リスニングでは難易度の高いPART 4 の設問数が増えます。また，PART 3 の会話，PART 4 の説明文がそれぞれ従来よりも長いものとなります。このことから，新テストではより**現実のコミュニケーション・場面に近い状況**を想定しているものと考えることができます。

　実際の場面に近いということは，「**処理しなければならない情報量が多い**」ということにほかなりません。これは「一度に聞き取らなければならない分量が増える」ということでもあります。一度に多くを聞き取るには，「**内容をきちんと覚えておく**」ことが必要になってきます。そのためには，記憶力を高めるだけでなく，**集中力**を維持することも重要です。普段から長めの英文素材を意識して聞き，全体を捉える練習をしておくとよいでしょう。

　最後に，新テストではアメリカ式発音以外の音声も登場することになりますが，その土地独特の強い訛りは現れず，またその国特有の表現・言い回しが登場することもないと公表されています。本書を利用して**さまざまな発音に慣れておくことは有効**ですが，普段から意識してイギリス英語を集中的に聞く，といった**特別な対策は必要ない**でしょう。そもそも，試験中に「これは○○英語だ」などと意識している余裕はありません。発音が何であれ，**どんな内容かを聞き取ることに集中しなければならない**のはこれまでと何も変わらないのです。

＜本書で用いた記号＞

| 〔　〕 | 交換可能 | … | 動詞や節の代用 |
| ～ | 名詞（相当）句の代用 | …ing | 動名詞または現在分詞 |

PART 1

POINT 01　登場人物の表情・状態を表す形容詞に注意！
POINT 02　中心にある事物以外にも目を向けて瞬時に状況把握！
POINT 03　発音の似ている語で引っかからない！
POINT 04　位置を表す語を聞き逃さない！
POINT 05　人物が1人の場合は動詞に集中して聞く！
POINT 06　おおまかな数を確認するクセをつける！
POINT 07　主たる動作をする人，その動作を受ける人の状況を確認！
POINT 08　乗り物・道路などの状況を確認！

PART 1　写真描写問題　傾向と対策

問題数：10
出題形式：4つの短い描写文が各1回ずつ放送される。問題冊子に提示されている写真の描写文として最も適切なものを1つ選択し，解答用紙にマークする。（描写文は問題冊子に印刷されていない。）
出題傾向：ビジネス・日常生活のシーンが中心。屋内・屋外の両方が扱われる。
選択肢の数：(A) 〜 (D) の4つ

■ 主な注意点

● **写真の中央にだけ注目しない**
写真の中央にあるもの〔いる人〕についてのみ描写されるわけではない。周辺のものも含めて，全体を見渡しながら各英文を聞き取る必要がある。

● **「何がどういう状況か？」「誰が何をどのような状況で行なっているか？」を捉える**
人物が写っている写真では，動作を表す部分（動詞周辺）がポイントになることが多い。

● **位置関係を素早く確認**
動作や状況の他に，位置に関する問題も多く出題される。

● **単数形・複数形を聞き取る**
例えば写真に写っている事物・人が単数の場合，複数形で表された描写文は最後まで聞かなくとも誤りと判断できる。単数形と複数形は紛らわしいので注意したい。

● **数量を表す語（句）で引っかからない**
all, some, few, a few, quite a few, a number of などの数量を表す表現を正確に聞き取り，写真との整合性を確認しながら聞く。

● **類似した発音の語に惑わされない**
hood と food のように発音の似た単語が出る場合がある。

PART 1

ココキケ
POINT 01

登場人物の表情・状態を表す形容詞に注意！

- 登場人物の心理状況を推測する。
- 表情だけでなく全身が確認できる場合，何をしているかにも注目する。

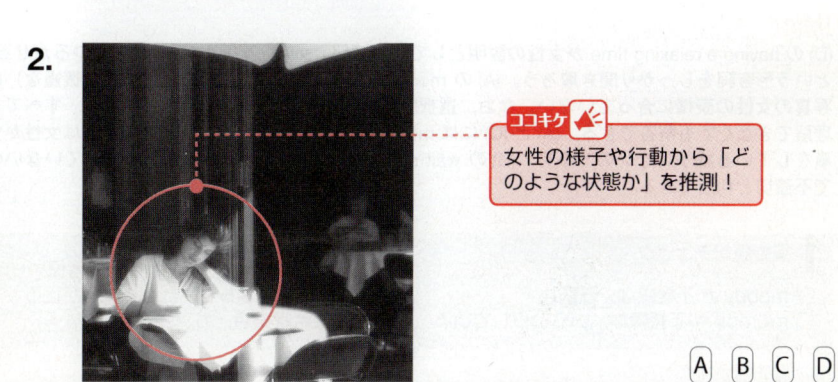

CD1-1

1.

ココキケ 表情や行為に注目！

Ⓐ Ⓑ Ⓒ Ⓓ

2.

ココキケ 女性の様子や行動から「どのような状態か」を推測！

Ⓐ Ⓑ Ⓒ Ⓓ

UNIT 01

15

正解・解説　POINT 01

Answers: 1. (A)　2. (D)

【スクリプト】
(A) The man is obviously frustrated.
(B) The man is so upset he is crying loudly.
(C) The man is aghast at his colleague's action.
(D) The man is extremely delighted.

【訳】
(A) 男性は明らかに悩んでいる。
(B) 男性はひどく動揺しているので大声で泣いている。
(C) 男性は同僚の行動に驚いている。
(D) 男性は非常に喜んでいる。

【解説】
(A) の frustrated（悩んでいる，いらいらしている）が写真の男性の説明として最も適切。(B) は upset（動揺している）の部分は正しいが，後半の「大声で泣いている」部分が明らかに写真に合っていない。(C) は colleague（同僚）が写真に写っていないので不可。(D) の delighted（喜んでいる）は男性の説明としては不適切。

重要語句チェック

- frustrated = 悩んでいる，いらいらしている
- upset = 気が動転している，動揺している
- aghast = びっくりして，愕然として
- colleague = 同僚
- action = 振る舞い，行動
- extremely = 非常に
- delighted = 喜んでいる

【スクリプト】
(A) The woman is moody because she doesn't like her meal.
(B) The woman is grumpy over the wait staff.
(C) The woman is enjoying her meal.
(D) The woman is having a relaxing time in a café.

【訳】
(A) 女性は自分の食事が気に入らないので不機嫌である。
(B) 女性は給仕スタッフに対していらいらしている。
(C) 女性は食事を楽しんでいる。
(D) 女性はカフェで落ち着いたひとときを過ごしている。

【解説】
(D) の having a relaxing time が女性の説明として最も適切。relaxing（落ち着いた，くつろがせる）という形容詞をしっかり聞き取ろう。(A) の moody（不機嫌な）や (B) の grumpy（不機嫌な）は写真の女性の表情に合っていない。なお，選択肢には難しい形容詞も使われているが，すべてを理解できなくても解答できる。(A) と (C) には meal（食事）という語があるが，写真では女性が食事をしている様子はないので不可。(B) の wait staff（給仕スタッフ）も写真には写っていないので不適切と判断できる。

重要語句チェック

- moody = 不機嫌な，憂鬱な
- grumpy = 不機嫌な，いらいらしている
- wait staff = 給仕スタッフ，接客係
- relaxing = 落ち着いた，くつろがせる
- café = 喫茶店，カフェ

PART 1

POINT 02

ココキケ 📣

中心にある事物以外にも目を向けて瞬時に状況把握！

- 問題の対象となるのは写真の中心にあるものだけではない。
- 背景にある物の様子，状態にも注意を向けながら聞こう。

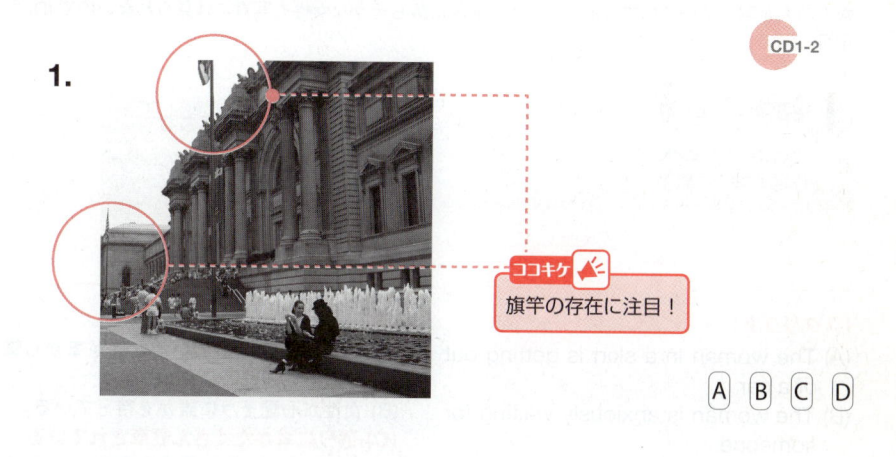

UNIT 01

CD1-2

1.

ココキケ 📣 旗竿の存在に注目！

Ⓐ Ⓑ Ⓒ Ⓓ

2.

ココキケ 📣 車が駐車されている様子を確認！

Ⓐ Ⓑ Ⓒ Ⓓ

17

正解・解説　POINT 02

Answers: 1. (B)　2. (C)

【スクリプト】
(A) There are many people looking out of the windows at the fountain.
(B) There are flag poles in front of the old building.
(C) There is no one near the fountain.
(D) The women are falling into the fountain.

【訳】
(A) 窓から噴水を見ている人たちが大勢いる。
(B) 古い建物の前に旗竿が立っている。
(C) 噴水の近くには誰もいない。
(D) 女性たちが噴水に落ちそうになっている。

【解説】
(B) は写真の中であまり目立っていない旗竿について説明しているが、これが正解。2本の旗竿が建物の前にある。建物の窓から外を見ている人は写っていないので (A) は不適切。噴水のそばに数人の人が写っているので (C) も不適切。噴水に落ちそうな女性も写真には見られないので (D) も不可。

重要語句チェック

- fountain = 噴水
- flag pole = 旗竿
- fall into ～ = ～に落ちる

【スクリプト】
(A) The woman in a skirt is getting out of a car.
(B) The woman is anxiously waiting for someone.
(C) There are many cars parked on the street.
(D) The woman has just got out of the car.

【訳】
(A) スカートをはいている女性が車から降りるところだ。
(B) 女性が心配そうに誰かを待っている。
(C) 通りに車がたくさん駐車されている。
(D) 女性はちょうど車から降りたところだ。

【解説】
写真で最も目立つ女性が正解の選択肢に出てきていないので注意しよう。写真の女性は車外にいるので (A) の「車から降りるところ」という説明は不適切。(B) は anxiously（心配そうに）という副詞が写真に合っていない。(D) の「車から降りたところ」はこの写真からは判断できないので不可。(C) は写真から確実に言える内容なのでこれが正解。

重要語句チェック

- anxiously = 心配そうに
- wait for ～ = ～を待つ

PART 1

ココキケ 📣
POINT 03

発音の似ている語で引っかからない！

- u と a の発音の違いに注意しよう。
- l と r の発音の違いに注意しよう。
- 一部発音が聞き取れなくても，その他が理解できればOKの場合もある。

CD1-3

1.

ココキケ 📣
男性の持っている物は bag。bug ではない！

Ⓐ Ⓑ Ⓒ Ⓓ

2.

ココキケ 📣
雲は clouds。clowns や crowded と聞き間違えない！

Ⓐ Ⓑ Ⓒ Ⓓ

UNIT 01

19

正解・解説　POINT 03

Answers: 1. (D)　2. (B)

【スクリプト】
(A) He's bugging his colleague.
(B) The bug in his hand is rather small.
(C) There are many annoying bugs around him.
(D) The man in a suit is carrying a bag.

【訳】
(A) 彼は同僚をいらいらさせている。
(B) 彼の手の中の虫はかなり小さい。
(C) 彼の周りにうっとうしい虫がたくさんいる。
(D) スーツを着た男性が鞄を持っている。

【解説】
bug と bag の聞き分けがポイント。bag を持っていると説明している (D) が正解。u [ʌ] と a [æ] の発音の区別をしっかり確認しておくこと。その他にも f と h の違い，b と v の違い，s と th の違いなどに注意しよう。

重要語句チェック
- bug = ～をいらいらさせる；虫，昆虫
- colleague = 同僚
- annoying = うっとうしい

【スクリプト】
(A) There are clowns everywhere.
(B) There are many clouds in the sky.
(C) Hardly any clouds are in the sky.
(D) The place is crowded with people.

【訳】
(A) 道化師がいたるところにいる。
(B) 空に多くの雲がある。
(C) 空にはほとんど雲がない。
(D) その場所は人々で混雑している。

【解説】
clown（道化師），cloud（雲），crowded（混雑した）の聞き分けがポイント。特に l と r の音の区別に注意しよう。写真では多くの雲が写っているので (B) が正解。なお，似た発音の語の聞き分けが難しい場合も，(D) の people のように写真に写っていないものが含まれている選択肢は誤りと判断できる。

重要語句チェック
- clown = ピエロ，道化師
- crowded = 混雑している

PART 1

ココキケ
POINT 04

位置を表す語を聞き逃さない！

- 人物が登場しない屋内の写真の場合，まず家具などの位置をチェック。
- behind, next to, on top of, on などの意味を確認しよう。
- statue, cathedral など，屋外にあるものを表す英単語に馴染んでおこう。

UNIT 01

CD1-4

1.

ココキケ バスケットの位置に注意！

Ⓐ Ⓑ Ⓒ Ⓓ

2.

ココキケ statue の位置に注意！

Ⓐ Ⓑ Ⓒ Ⓓ

正解・解説　POINT 04

Answers: 1. (D)　2. (C)

【スクリプト】
(A) There are plants behind the window.
(B) The table is right next to the basket.
(C) The plant is on top of the plate.
(D) **There is a basket placed on the floor.**

【訳】
(A) 窓の背後に植物がある。
(B) テーブルはバスケットの真横にある。
(C) 植物が皿の上に置かれている。
(D) **バスケットが床の上に置かれている。**

【解説】
写真ではバスケットが床の上にあるので (D) が正解。「室内」や「オフィス」、「街の風景」の写真では、behind、next to、on top of、on など場所を表す語句がポイントになることが多い。物の位置関係を把握する習慣をつけておきたい。

重要語句チェック

☐ plant ＝ 植物
☐ next to 〜 ＝ 〜の隣に
☐ on top of 〜 ＝ 〜の上に

【スクリプト】
(A) The cathedral is facing the building.
(B) The building is behind the cathedral.
(C) **There is a statue in front of a cathedral.**
(D) The statue is placed between the building and the cathedral.

【訳】
(A) 大聖堂がビルに面している。
(B) ビルが大聖堂の後ろにある。
(C) **大聖堂の前に像がある。**
(D) 像はビルと大聖堂の間に置かれている。

【解説】
大聖堂とビルと像の位置がポイント。写真の「像」の位置は「大聖堂の前」なので (C) が正解。face には名詞の「顔」という意味だけではなく、動詞の「〜に面する」という意味があることを覚えておきたい。

重要語句チェック

☐ cathedral ＝ 大聖堂
☐ face 〜 ＝ 〜に面する
☐ statue ＝ 像

PART 1

POINT 05

ココキケ

人物が1人の場合は動詞に集中して聞く！

- hail, stare, fix などの動詞に注意しながら人物の状態を確認しよう。
- 何かを手に持っている場合、どのように持っているのかに注目する。

UNIT 01

CD1-5

1.

ココキケ
女性の動作に注目！

Ⓐ Ⓑ Ⓒ Ⓓ

2.

ココキケ
男性がどのように何をしているかを瞬時に確認！

Ⓐ Ⓑ Ⓒ Ⓓ

正解・解説　POINT 05

Answers: 1. (A)　2. (A)

【スクリプト】
(A) The woman is hailing a taxi.
(B) The woman is taking a hike.
(C) The woman is considering purchasing a hat.
(D) The woman is giving someone a hand.

【訳】
(A) 女性はタクシーを呼び止めているところだ。
(B) 女性はハイキングしているところだ。
(C) 女性は帽子の購入を検討中だ。
(D) 女性は誰かに手を貸しているところだ。

【解説】
写真の女性は手を挙げている。この動作の説明として適切なのは (A) の hail a taxi（タクシーを呼び止める）。ショッピングやハイキングの場面ではないので (B) と (C) は不可。(D) の give 〜 a hand は「〜に手を貸す」という意味なので，写真に合っていない。hand という単語につられて選ばないように気をつけよう。

■ 重要語句チェック
- □ hail 〜 =（タクシー）を呼び止める
- □ take a hike = ハイキングをする
- □ consider 〜 = 〜を検討する，よく考える
- □ purchase 〜 = 〜を購入する

【スクリプト】
(A) The man is holding the cell phone in his left hand.
(B) The man is about to end the conversation.
(C) The man is staring at the cell phone.
(D) The man is trying to fix the cell phone.

【訳】
(A) 男性は左手に携帯電話を持っている。
(B) 男性は会話を終えるところだ。
(C) 男性は携帯電話をじっと見ている。
(D) 男性は携帯電話を修理しようとしている。

【解説】
写真の男性は左手に携帯電話を持っているので (A) が正解。(C) の stare at（じっと見る）も (D) の fix（修理する）も男性の動作を説明する動詞としては不適切。(B) は be about to ...（…しようとしている）の部分に注意。「会話を終えようとしている」という説明は写真に合っていない。

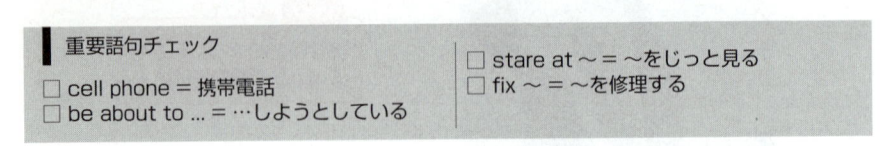

■ 重要語句チェック
- □ cell phone = 携帯電話
- □ be about to ... = …しようとしている
- □ stare at 〜 = 〜をじっと見る
- □ fix 〜 = 〜を修理する

PART 1

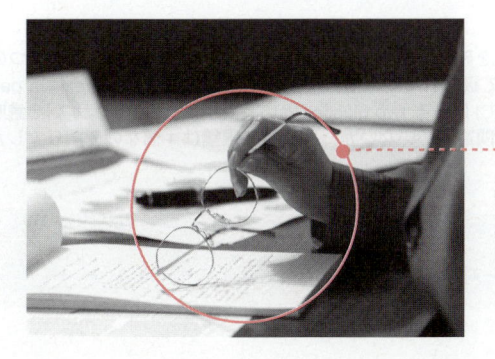

ココキケ

POINT 06

おおまかな数を確認するクセをつける！

- 具体的な数字だけでなく，「数え切れない」「少数の」といった表現にも注意。
- 特定の物の数え方を知り，引っかけ問題でつまずかないよう注意しよう。

UNIT 01

CD1-6

1.

ココキケ　「数え切れない」ビルがある！

Ⓐ Ⓑ Ⓒ Ⓓ

2.

ココキケ　「眼鏡」の数え方に注意！

Ⓐ Ⓑ Ⓒ Ⓓ

正解・解説　POINT 06

Answers: 1. (C)　2. (D)

【スクリプト】
(A) Some buildings can be seen on the horizon.
(B) There are a few buildings in the city.
(C) There are countless numbers of buildings.
(D) There is scarcely a building.

【訳】
(A) 地平線上にいくつかのビルが見える。
(B) 街の中に少数のビルがある。
(C) 無数のビルがある。
(D) ビルはほとんどない。

【解説】
建物の数がポイント。(A) の some，(B) の a few，(D) の scarcely（ほとんど…ない）は写真の建物の数の説明としては不適切。(C) の countless numbers of（無数の）が正しい。なお，選択肢にはないが，quite a few（かなり多数の）という表現も a few（少数の）との違いに注意して覚えておこう。

重要語句チェック

- □ on the horizon = 地平線上に
- □ a few = 少数の
- □ countless numbers of ～ = 無数の～
- □ scarcely = ほとんど…ない

【スクリプト】
(A) There are two glasses on the desk.
(B) Two pairs of glasses are placed on the desk.
(C) Someone is using two glasses.
(D) Someone is holding a pair of glasses.

【訳】
(A) 机の上にグラスが2個ある。
(B) 眼鏡が2個，机の上に置かれている。
(C) 誰かがグラスを2個使用している。
(D) 誰かが眼鏡を1個持っている。

【解説】
glass（グラス；眼鏡）の使い方を確認しておこう。「眼鏡」や「ズボン」のように2つのパーツが組み合わさって1つの物として扱われる物は常に複数形で使用し，数える場合は a pair of ～，two pairs of ～ を用いる。(A) や (C) にある two glasses という表現は「2個のグラス」を意味する。(B) は「眼鏡」の数え方としては間違っていないが，写真では眼鏡は1個なので誤り。したがって (D) が正解。

重要語句チェック

- □ a pair of ～ = 一組の～，一対の～

PART 1

ココキケ

POINT 07

主たる動作をする人，その動作を受ける人の状況を確認！

- 誰が何をしているか，されているかを瞬時に判断しよう。
- 動作主の服装・様子を確認し，似通った選択肢で引っかからないよう注意。
- 動作主の位置にも注意しよう。

CD1-7

1.

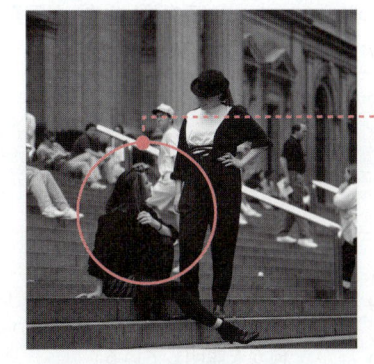

ココキケ 座っている女性の様子に注意！

Ⓐ Ⓑ Ⓒ Ⓓ

2.

ココキケ 男性の位置と動作に注目！

Ⓐ Ⓑ Ⓒ Ⓓ

Answers: 1. (A) 2. (A)

【スクリプト】
(A) The woman sitting on the steps is looking up at a woman in a hat.
(B) The woman wearing a hat is looking up at another woman.
(C) The woman in a hat is glaring at the woman sitting on the steps.
(D) The woman in a hat is holding out her hand.

【訳】
(A) 階段に座っている女性が帽子をかぶった女性を見上げている。
(B) 帽子をかぶった女性がもう一人の女性を見上げている。
(C) 帽子をかぶった女性が階段に座っている女性をにらみつけている。
(D) 帽子をかぶった女性が手を差し出している。

【解説】
中央の女性2人に注目し,「どちらが何をしているか」を素早く把握しよう。写真では階段に座っている女性が帽子をかぶっている女性を見上げているので (A) が正解。(B) の説明では逆になっている。(C) の glare（にらみつける）や (D) の hold out her hand（手を差し出す）は写真の女性を説明する動詞としては不適切。

重要語句チェック
□ glare at ～ ＝ ～をにらみつける
□ hold out ～ ＝ ～を差し出す

【スクリプト】
(A) The man in the center is explaining something.
(B) Two people sitting beside the man in glasses are explaining something.
(C) Two people are patiently explaining something to the man in the center.
(D) The man sitting in the center is putting something on the table.

【訳】
(A) 中央の男性が何かを説明している。
(B) 眼鏡の男性のそばに座っている2人が何かを説明している。
(C) 2人が辛抱強く真ん中の男性に何かを説明している。
(D) 中央に座っている男性がテーブルの上に何かを置いている。

【解説】
誰が話をしていて,誰が聞いているかがポイント。写真では中央の眼鏡の男性が何かを説明しているので (A) が正解。(B) も (C) も話し手と聞き手が逆になっている。「物を置いている」という動作は確認できないので (D) も不可。

重要語句チェック
□ in the center ＝ 中央の, 中央に
□ explain ～ ＝ ～を説明する
□ beside ～ ＝ ～のそばに
□ patiently ＝ 辛抱強く

PART 1

ココキケ
POINT 08

乗り物・道路などの状況を確認！

- 道路上の車の向きに着眼しよう。
- 電車・バス・道路・ホームなどの混雑具合をチェックしよう。
- 乗り物の様子（ドアや窓など）を確認しよう。
- 駐車スペースの混雑具合が出題されることも多い。

UNIT 01

CD1-8

1.

ココキケ タクシーの向きに注目！

Ⓐ Ⓑ Ⓒ Ⓓ

2.

ココキケ 電車のドアの状態に注目！

Ⓐ Ⓑ Ⓒ Ⓓ

正解・解説　POINT 08

Answers: 1. (A)　2. (D)

【スクリプト】
(A) All of the taxis are facing the same direction.
(B) There are a number of taxis being hailed by the people.
(C) The buses are parked next to the taxis.
(D) All of the taxis are parked near the building.

【訳】
(A) タクシーはすべて同じ方向を向いている。
(B) 多数のタクシーが人々に呼び止められている。
(C) バスがタクシーの横に駐車されている。
(D) タクシーはすべて建物のそばに駐車されている。

【解説】
タクシーはすべて同じ方向を向いているので (A) が正解。(A) のような「同じ方向を向いている」という選択肢は TOEIC によく出るので注意したい。写真にはタクシーを呼び止める人の姿は写っていないので (B) は不可。(C) はバスの位置を「タクシーの横」としている部分が誤り。(D) もタクシーの位置を「建物のそばに」と説明しているので不可。

重要語句チェック

- □ face ～ ＝ ～の方を向く，～に面する
- □ direction ＝ 方向
- □ hail ～ ＝ （タクシー）を呼び止める
- □ next to ～ ＝ ～の隣に

【スクリプト】
(A) The train is packed with rush-hour commuters.
(B) The train has just left the station.
(C) There are dozens of people coming out of the train.
(D) The train doors are still open.

【訳】
(A) 電車はラッシュアワーの通勤客で混雑している。
(B) 電車はたった今駅を出たところだ。
(C) 多数の人が電車から降りているところだ。
(D) 電車のドアはまだ開いている。

【解説】
写真からは電車が込み合っている様子は確認できないので (A) は不可。写真の電車のドアは開いているので，(B) の「駅を出たところ」は不適切で，(D) が正解となる。電車から出てくる人は写真には写っていないので (C) は不可。

重要語句チェック

- □ be packed with ～ ＝ ～で込み合っている
- □ commuter ＝ 通学者，通勤者
- □ dozens of ～ ＝ 数十の～，多数の～

REVIEW CD1-9-10

UNIT 02

1.

2.

3.

4.

5.

6.

7.

8.

9.

10.

REVIEW 解説

| | スクリプト |

1. CD1-9

(A) **The woman talking on the telephone is in a good mood.**
(B) The woman has just found a horrifying article in the newspaper.
(C) The woman is very upset and dismayed.
(D) The woman checking the newspaper article is totally embarrassed.

【語句】☐ be in a good mood = 機嫌が良い ☐ horrifying = 恐ろしい ☐ article = 記事 ☐ upset = 気が動転している, 動揺している ☐ dismayed = うろたえている ☐ totally = すっかり, 完全に ☐ embarrassed = 恥ずかしい, ばつが悪い

2. CD1-10

(A) The people on the skating rink are looking up at the statue.
(B) There are so many people on the skating rink they can hardly move.
(C) The statue in front of the tree is surrounded by people.
(D) **There is a tall building right behind the tree.**

【語句】☐ skating rink = スケートリンク, スケート場 ☐ statue = 像 ☐ hardly = ほとんど…ない ☐ surround ～ = ～を囲む

3. CD1-11

(A) The man has just turned on the laptop computer.
(B) **There is a plant placed by the wall.**
(C) The man in glasses is scribbling down something.
(D) There is a cup of coffee on the uncluttered table.

【語句】☐ turn on ～ = ～のスイッチを入れる ☐ laptop computer = ノートパソコン ☐ plant = 植物 ☐ scribble down ～ = ～を走り書きする ☐ uncluttered = 整頓された

√4. CD1-12

(A) The flags are being folded.
(B) The frogs are rather big.
(C) **There are three flags fluttering in the breeze.**
(D) Three frogs are by the windows.

【語句】☐ flag = 旗 ☐ fold ～ = ～を折りたたむ ☐ frog = カエル ☐ flutter = はためく ☐ breeze = そよ風

REVIEW 解説

訳	解説
(A) 電話で話をしている女性は機嫌が良い。 (B) 女性はたった今新聞で恐ろしい記事を見つけたところだ。 (C) 女性は非常に気が動転し，うろたえている。 (D) 新聞の記事をチェックしている女性は非常にばつの悪い思いをしている。	**正解：(A)　01 登場人物の表情・状態を表す形容詞に注意！** 写真の女性の表情は明るいので (A) が正解。(B) では「恐ろしい記事を…」とあるが，そのような記事を見つけたという表情ではない。(C) の upset（気が動転している）や dismayed（うろたえている）という形容詞も女性の様子を表すものとしては不適切。(D) の embarrassed（恥ずかしい）という表現も写真に合わない。
(A) スケートリンクにいる人々は像を見上げている。 (B) スケートリンクには非常に多くの人々がいるので，彼らはほとんど身動きが取れない。 (C) 木の前にある像は人々に囲まれている。 **(D) 木の真後ろに高いビルがある。**	**正解：(D)　02 中心にある事物以外にも目を向けて瞬時に状況把握！** 写真中央の木やスケートリンクに注意が向いてしまうが，それ以外の物も見落とさないようにしよう。この問題では，木の背後にあるビルについて説明している (D) が正解。写真に写っている人々はスケートをしているところで，視線の方向はさまざまなので，(A) は写真に合っていない。身動きが取れないというほどには，リンクは込み合っていないので (B) も不適。(C) は写真の中でかなり目立つ像についての描写だが，写真では像の背後は壁であり人々に囲まれているわけではないので不適。
(A) 男性はたった今ノートパソコンのスイッチを入れたところだ。 **(B) 壁のそばに植物が置かれている。** (C) 眼鏡をかけた男性が何かを走り書きしている。 (D) 整頓されたテーブルの上に一杯のコーヒーがある。	**正解：(B)　02 中心にある事物以外にも目を向けて瞬時に状況把握！** 写真の中央にいる男性のみに着眼せず，周りに置いてあるものにも注意を払おう。(A) は男性の行動について述べているが，このように「たった今…した」という完了の内容は写真からは判断できないことが多いので誤って選ばないように注意したい。(B) は写真後方にある小さな鉢植えの植物の場所を説明しており，正しい描写文である。(C) では scribble（走り書きする），(D) では uncluttered（整頓された）という語が写真の説明として不適切。
(A) 旗がたたまれているところだ。 (B) それらのカエルはかなり大きい。 **(C) 3つの旗がそよ風にはためいている。** (D) 3匹のカエルが窓の近くにいる。	**正解：(C)　03 発音の似ている語で引っかからない！** flag（旗）と frog（カエル）の聞き分けを試す問題。l と r の発音の違いは苦手な人が多いので，繰り返し CD で音声を確認しておく必要がある。写真では旗が風にはためいているので，(C) が正解。

スクリプト

5. CD1-13

(A) Shipping information is being given at the port.
(B) Some people are sipping water by the boat.
(C) They are shipping a cargo.
(D) There is no one on the ship.

【語句】 □ shipping information ＝ 発送情報, 出荷伝票　□ port ＝ 港　□ sip ～ ＝ ～を少しずつ飲む　□ ship ～ ＝ ～を発送する, 運送する　□ cargo ＝ 貨物, 船荷

6. CD1-14

(A) The painting is nicely hung on the door.
(B) There is a table between the two chairs.
(C) The table is right next to the chairs placed by the sofa.
(D) The flowers in the vase are on the chair.

【語句】 □ nicely ＝ 素敵に, 立派に　□ hang ～ ＝ ～を掛ける　□ next to ～ ＝ ～の隣に　□ vase ＝ 花瓶

7. CD1-15

(A) The woman is using a magnifying glass to read the newspaper.
(B) The woman is flipping through the newspaper.
(C) The woman is tearing up the newspaper.
(D) The woman sitting on the bench is reading something.

【語句】 □ magnifying glass ＝ 虫眼鏡, 拡大鏡　□ flip through ～ ＝ ～をパラパラめくる　□ tear up ～ ＝ ～を破る, ビリビリ裂く

8. CD1-16

(A) All of the five men are standing.
(B) Three of them are drinking something.
(C) Four female staff members are shouting at the man.
(D) Five people are discussing something in the office.

【語句】 □ female ＝ 女性の　□ staff member ＝ 社員　□ shout ＝ 叫ぶ, どなる

REVIEW 解説

UNIT 02

訳	解説
(A) 出荷伝票が港で渡されているところだ。 (B) 船のそばで水を少しずつ飲んでいる人たちがいる。 (C) 彼らは貨物を出荷しようとしている。 **(D) その船には誰もいない。**	**正解：(D)　03 発音の似ている語で引っかからない！** ship（船；発送する，運送する），sip（少しずつ飲む）という発音の似た語が登場している。単語を断片的に聞き取るのではなく，文全体に注意を向けることで無関係な内容の選択肢を排除していく必要がある。写真に人物は写っていないので (A) ～ (C) は不可で，(D) が正解。
(A) 絵が素敵な感じでドアに掛けられている。 **(B) 2つの椅子の間にテーブルがある。** (C) テーブルがソファーのそばに置かれた椅子のすぐ隣にある。 (D) 花瓶に入れられた花が椅子の上にある。	**正解：(B)　04 位置を表す語を聞き逃さない！** 写真では「壁」に絵が掛けられているが，(A) では「ドア」に掛けられていると説明しているので不適切。写真にはソファーは写っていないので(C)も不適切。the flowers in the vase（花瓶に入れられた花）は椅子の上ではなくテーブルの上にあるので，(D) も写真に合わない。
(A) 女性は新聞を読むのに拡大鏡を使用している。 (B) 女性は新聞をパラパラめくっているところだ。 (C) 女性は新聞を破っているところだ。 **(D) ベンチに腰掛けている女性は何かを読んでいるところだ。**	**正解：(D)　05 人物が1人の場合は動詞に集中して聞く！** (A) では magnifying glass（拡大鏡）という語が使われているが，この意味がわからなくても，新聞を読むために女性が何かを「使用している」様子は写真から確認できないので不適切と判断できる。(B) の flip through は雑誌や本，新聞などを「パラパラめくる」という意味で，写真に合っていない。(C) の tear up は「破る」という意味で，これも女性の動作の説明としては不適切。
(A) 5人の男性全員が立っている。 (B) 彼らのうち3人は何かを飲んでいる。 (C) 4人の女性社員が男性に向かってどなっている。 **(D) 5人がオフィスで何かを話し合っている。**	**正解：(D)　06 おおまかな数を確認するクセをつける！** (A) の描写は一瞬正しく聞こえてしまうかもしれないが，写真をよく見ると5人全員が男性なのではなく1人が女性なので誤り。写真では左の「2人」がカップを手にしているが，(B) は「彼らのうち3人」と説明しているので不適切。(C) では「4人の女性社員」とあるが，写真には1人の女性社員しか写っていないので誤り。

スクリプト

9. CD1-17

(A) The long-haired woman is about to hit the woman standing opposite from her.
(B) **The short-haired woman is aggressively talking to another woman.**
(C) The short-haired woman is about to sit down.
(D) The short-haired woman is willing to listen to the long-haired woman.

【語句】□ long-haired = 髪の長い　□ opposite from ～ = ～の向かい側に　□ short-haired = 髪の短い
□ aggressively = 攻撃的に，積極的に

10. CD1-18

(A) **Not even a single car can be seen on the bridge.**
(B) The traffic is extremely heavy on the bridge.
(C) There are only a few cars on the bridge.
(D) Many cars are caught in a traffic jam on the bridge.

【語句】□ traffic = 交通（量）　□ extremely = 非常に
□ traffic jam = 交通渋滞

REVIEW 解説

訳	解説
(A) 髪の長い女性は自分の向かい側に立っている女性を殴ろうとしている。 **(B) 髪の短い女性は別の女性に向かって攻撃的に話をしている。** (C) 髪の短い女性は今まさに腰を下ろそうとしている。 (D) 髪の短い女性は髪の長い女性の話に喜んで耳を傾けたいと思っている。	**正解：(B)**　**07 主たる動作をする人，その動作を受ける人の状況を確認！** 2人の女性について，どちらが何をしているか素早く確認すること。髪の長い女性は殴りかかろうとしている体勢ではないので (A) は不適切。(C) の about to sit down（座ろうとしている）は，髪の短い女性の説明としては不自然。(D) の willing to listen（喜んで耳を傾けたいと思っている）も，髪の短い女性の表情・態度に合っていない。
(A) 橋には車は1台も見られない。 (B) 橋の上の交通量は非常に多い。 (C) 橋の上には数台の車しかない。 (D) 多くの車が橋の上で交通渋滞に巻き込まれている。	**正解：(A)**　**08 乗り物・道路などの状況を確認！** 写真では橋の上を走る車は1台も確認できないので (A) が正解。(B), (D) では車の交通量が多いという部分が写真に合っていない。(C) は only a few cars「ほんの数台の車」の部分が不適切。

UNIT 02

PART 2

- **POINT 09** 同じ意味なのに違う表現に置き換えられるパターンに注意！
- **POINT 10** 質問と応答の時制の統一を確認する！
- **POINT 11** 質問と応答の主語の統一を確認する！
- **POINT 12** Yes/No で答えられる疑問文なのに，あえてそれ以外で答えるパターンに馴染む！
- **POINT 13** 質問に登場する難易度の高い語に惑わされない！
- **POINT 14** 疑問詞だけは何としても聞き取る！
- **POINT 15** Yes/No で答えられる疑問文
- **POINT 16** Yes/No では答えられない疑問文
- **POINT 17** 否定疑問文に惑わされない！
- **POINT 18** 付加疑問文に惑わされない！
- **POINT 19** 勧誘・提案の表現に対する応答に馴染む！
- **POINT 20** 依頼に対する応答に馴染む！
- **POINT 21** 似た発音の単語に注意！

PART 2　応答問題　傾向と対策

問題数：30
出題形式：1つの質問に対し，3つの応答が各1回ずつ放送される。その中で最も自然と思われる応答を1つ選択し，解答用紙にマークする。
（最初に放送される質問，その応答のいずれも問題冊子に印刷されていない。）
出題傾向：基本的な疑問詞を使った質問が多い。How ～ のようにさまざまなバリエーションをもつ疑問詞もよく使われる。付加疑問文・否定疑問文・選択疑問文も頻出する。
選択肢の数：(A) ～ (C) の3つ

■ 主な注意点

● 疑問文のパターンを復習しておく
疑問文の中でも付加疑問文・否定疑問文・選択疑問文の応答の仕方に注意。また，疑問文に見えても実は '提案' や '依頼' などを表すものもあるため，応答は慎重に選択する必要がある。

● 最初の発話の話者が「何を聞きたいか〔知りたいか〕」に意識を集中させる
5W1Hに注意するのが基本だが，特にHowはHow come ...? やHow many ...?, How often ...?, How much ...?, How far ...? のように疑問文のバリエーションが豊富なので，何を問われているかを注意深く聞き取らなければならない。

● 基本的にYesの後には肯定する内容が，Noの後には否定する内容がくる
最初の質問との整合性を確認しながら聞く。

● 単数・複数が一致しているかに注意
単一の物や人に対する質問の応答で they のような複数代名詞が使われていないか，複数の物や人に対して it や he, she などの単数代名詞が使われていないかに注意。

● 慣用表現や口語表現を覚える
口語的な表現も頻出するので，普段から意識して覚えるようにする。

PART 2

ココキケ
POINT 09

同じ意味なのに違う表現に置き換えられるパターンに注意！

- 熟語（put off など）を一言で言うとどうなるかに注意する。
- How come は Why とほぼ同じ意味。

CD1-19

1. Mark your answer on your answer sheet.

ココキケ
put off を1語で言うとどうなるか？

A B C

2. Mark your answer on your answer sheet.

ココキケ
How come ...? は '理由' を問う疑問文。

A B C

正解・解説　POINT 09

Answers: 1. (C)　2. (A)

【スクリプト】
Will the meeting be put off again?
(A) Yes, I will have to cancel it.
(B) Don't be so stubborn.
(C) No, because there is no reason for postponing it.

【訳】
会議はまた延期されるのですか？
(A) ええ，キャンセルしなくてはならないでしょう。
(B) そんな頑固な態度をとらないでください。
(C) いいえ，なぜなら延期の理由がありませんから。

【解説】
put off は「延期する」という意味で，1語に置き換えると (C) に登場する postpone となる。(A) の cancel は「キャンセルする」という意味で，2語で言い換えると call off になり，put off とは意味が異なる。(B) のように Yes/No を使わない応答パターンもよく登場するが，ここでは不自然。自然な例："Will I fail the test again?" "Well, don't be so pessimistic."（「またテストで赤点取るのかな？」「まあ，そんなに悲観的になるなよ。」）

重要語句チェック
- put off 〜 = 〜を延期する
- stubborn = 頑固な
- postpone 〜 = 〜を延期する

【スクリプト】
How come they had to fire as many as 3,000 people?
(A) Because of their financial problems, they had no alternative but to dismiss the employees.
(B) It was announced all of a sudden.
(C) John Thornton told them.

【訳】
どうして彼らは3千人も解雇しなくてはならなかったのですか？
(A) 財政難のため，従業員を解雇する以外の方法がなかったのです。
(B) 突然発表されたのです。
(C) ジョン・ソーントンが彼らに伝えたのです。

【解説】
How come …?（語順に注意！）が「どうして…なのか？」という意味の疑問文であることと同時に，fire が (A) の dismiss と同様に「解雇する」という意味の動詞であることも知らなければならない。TOEIC ではこのように，同じ意味を持つ複数の語彙が同一問題に登場することが多い。また，How で始まる疑問文が '方法' や '手段' を問うものとばかり思い込んでいると，(B) や (C) を選んでしまう結果になるので注意。

重要語句チェック
- fire 〜 = 〜を解雇する
- financial = 財政上の
- have no alternative but to … = …するより仕方ない
- dismiss 〜 = 〜を解雇する
- all of a sudden = 突然

PART 2

POINT 10

質問と応答の時制の統一を確認する！

- 質問の時制と応答の時制にズレがないか注意して聞こう。
- 時制の異なる動詞が複数登場するパターンに慣れよう。

CD1-20

1. Mark your answer on your answer sheet.　Ⓐ Ⓑ Ⓒ

> 過去の出来事の理由を問う質問。

2. Mark your answer on your answer sheet.　Ⓐ Ⓑ Ⓒ

> 面接したのは過去のこと。

正解・解説　POINT 10

Answers: 1. (B) 2. (B)

【スクリプト】
Will you tell me why you had to quit such a well-paid job last year?
(A) I don't get along with my current boss.
(B) I couldn't put up with my supervisor.
(C) Yes, it was a lucrative business.

【訳】
なぜ去年，あんなに給料のよい仕事を辞めなければならなかったのか教えていただけますか？
(A) 今の上司とうまが合わないからです。
(B) 上司に我慢ならなかったからです。
(C) ええ，それは儲かる商売でした。

【解説】
「去年の退職」について質問しているが，(A) は current，すなわち「今」の上司について現在形で答えていて，内容がかみ合っていない。(B) は時制が質問と一致し，内容も質問で問われた「理由」になっているので，これが正解。(C) は時制は質問と一致しているが，内容が退職の理由になっていないので不適切。

重要語句チェック
- quit ～ = ～をやめる
- well-paid = 給料のよい
- get along with ～ = ～とうまが合う
- current = 今の
- put up with ～ = ～を我慢する
- supervisor = 上司，管理者，監督者
- lucrative = 利益のあがる，儲かる

【スクリプト】
Do you know when they interviewed the candidates?
(A) Yes, they will interview them tomorrow afternoon.
(B) I'm not sure exactly when, but I think they interviewed them last week.
(C) Yes, it will be finished by tomorrow evening.

【訳】
彼らがいつ候補者らの面接をしたのか知っていますか？
(A) ええ，明日の午後に面接します。
(B) 正確にいつだったかはわかりませんが，先週面接したと思います。
(C) ええ，明日の晩までには終わるでしょう。

【解説】
Do you know の部分は現在形になっているが，when ... (いつ…か) の部分は interviewed と過去形になっているので注意が必要。(A) では will interview と未来形になっていて，時制が一致していない。(B) は他の選択肢より長くて紛らわしいが，I'm not sure と I think の部分が Do you know に呼応して現在形になっており，さらに その後の動詞が interviewed と過去形なので，時制が完全に一致している。(C) は (A) と同様に will be finished と未来形になっているので不適切。

重要語句チェック
- interview ～ = ～と面接する
- candidate = 候補者，志願者

48

PART 2

ココキケ
POINT 11

質問と応答の主語の統一を確認する！

複数の主語で問われたものに単数形の主語で答えていないか，単数の主語で問われたものに複数形の主語で答えていないかに注意。

CD1-21

1. Mark your answer on your answer sheet.

ココキケ
主語は複数？ 単数？

Ⓐ Ⓑ Ⓒ

2. Mark your answer on your answer sheet.

ココキケ
応答文にある代名詞に注意して聞こう！

Ⓐ Ⓑ Ⓒ

正解・解説　POINT 11

Answers: 1. (C)　2. (B)

【スクリプト】
Are both John and Mary qualified enough to apply for the position?
(A) If he wasn't qualified enough, he wouldn't have applied for it.
(B) Yes, she is qualified enough to apply for the post.
(C) John is, but I'm not too sure about Mary.

【訳】
ジョンもメアリーもその職に応募するのに十分な資格があるのですか？
(A) もし彼に十分な資格がなければ，彼はそれに応募しなかったでしょう。
(B) ええ，彼女はその職に応募するのに十分な資格があります。
(C) ジョンは資格があるのですが，メアリーについてはよくわかりません。

【解説】
質問の主語は John and Mary なので，それに合うような応答文を選択する必要がある。(A) では主語が he になっており，John と Mary の両方について問われているにもかかわらず，明らかに John について言及しているだけなので不可。(B) についても同様で，主語が she で Mary についてしか答えていないので不可。(C) については John と Mary の両方に言及しているので，これが正解。

重要語句チェック
- qualified = 資格がある，適任の
- apply for ～ = ～に応募する
- position = 職

【スクリプト】
Is Julie Simmons the one who came up with the idea at the meeting?
(A) Yes, they are.
(B) Yes, and I think she is a genius.
(C) Yes, and she found their idea fantastic.

【訳】
ジュリー・シモンズが会議の席でその案を思いついた人ですか？
(A) ええ，彼らです。
(B) ええ，それに私は彼女は天才だと思います。
(C) ええ，それに彼女は彼らの案は素晴らしいと思ったのです。

【解説】
質問の主語 Julie Simmons が一人の人物の名前なので，複数の they が主語の (A) は不適切。(B) は主語を she にしており，内容的にも自然。(C) も she を主語にしているが，their idea の their が誰を指すのか不明なので，応答として不自然。

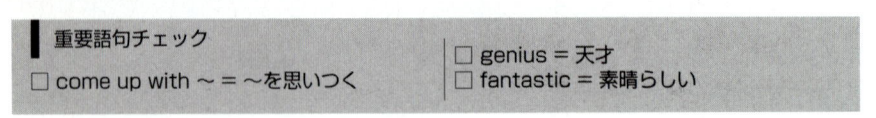

重要語句チェック
- come up with ～ = ～を思いつく
- genius = 天才
- fantastic = 素晴らしい

PART 2

ココキケ

POINT 12

Yes/No で答えられる疑問文なのに，あえてそれ以外で答えるパターンに馴染む！

- I have no idea. などを No の代わりに用いるパターンも多い。
- Yes/No と断言せず，'理由' や '状況' を述べて婉曲的に答えることがある。
- Sorry, but ... など，No の代わりとなる応答表現に馴染もう。

UNIT 03

CD1-22

1. Mark your answer on your answer sheet.　　Ⓐ Ⓑ Ⓒ

ココキケ
Yes/No でハッキリ応答するとは限らない。

2. Mark your answer on your answer sheet.　　Ⓐ Ⓑ Ⓒ

ココキケ
保留の表現に注意しよう。

正解・解説　POINT 12

Answers:　1. (C)　2. (C)

【スクリプト】
Do you have any idea when he is going to update the company website?
(A) I will do it by the end of the week.
(B) I'll probably have enough time to do it tomorrow.
(C) Sorry, but I have no idea.

【訳】
彼がいつ会社のウェブサイトを更新する予定かご存知ですか？
(A) 今週の終わりまでにやろうと思います。
(B) たぶん明日には私はそれをする時間が十分にあるでしょう。
(C) すみませんが，私にはわかりません。

【解説】
Do で始まる疑問文には Yes/No で答えることができるが，実際にはそれ以外のパターンも多い。また，この質問には you と he という2つの主語が存在するので紛らわしい。ウェブサイトの更新をするのは he だが，(A) と (B) では問いかけられた you（応答文では I）が更新することになり，かみ合わない。(C) は No に代わる表現で，Sorry, but I have no idea (when he is going to update the company website). のように省略部分を補うことができる。

> 重要語句チェック
>
> ☐ update ～ ＝ ～を更新する，最新の状態にする　　☐ website ＝ ウェブサイト

【スクリプト】
Can you tell me what could be the most problematic aspect of the project?
(A) Yes, it should be a risk-free project.
(B) Yes, it is definitely the biggest problem.
(C) Well, I need some time to collect enough information first.

【訳】
何がこのプロジェクトの最も問題の多い局面になりうるか，私に教えてくれますか？
(A) ええ，それはリスクを伴わないプロジェクトであるべきです。
(B) ええ，それが確かに最大の問題なのです。
(C) ええと，まず十分な情報を収集する時間が必要です。

【解説】
Can で始まる疑問文に対する応答は，Yes/No で答えるパターンばかりではない。特にこの問題のように依頼を表す Can you ...? には，Yes に代えて Sure.〔No problem.〕など，No に代えて I'm afraid I can't. などと答えることもある。(C) ではあえて Yes/No を表明せず，回答を保留している。(A), (B) のように最初に Yes/No を言うことも可能だが，(A) は依頼の内容とは無関係な内容が続いており，(B) は it の指す内容が不明なため不適切。

> 重要語句チェック
>
> ☐ problematic ＝ 問題のある　　☐ risk-free ＝ リスクを伴わない，安全な
> ☐ aspect ＝ 局面　　☐ definitely ＝ 確かに，間違いなく
> 　　　　　　　　　　　☐ collect ～ ＝ ～を集める

PART 2

ココキケ
POINT 13

質問に登場する難易度の高い語に惑わされない!

- 知らない語句が登場しても正解できる可能性は大きい。焦らず集中すること。
- 主語や時制の一致確認だけでも判断できる場合がある。
- Yes/No に続く内容に矛盾点がないかどうかで判断できる場合がある。

CD1-23

1. Mark your answer on your answer sheet.　　　Ⓐ Ⓑ Ⓒ

> ココキケ
> 主語や時制の一致を確認すれば排除できる選択肢があるはず。

2. Mark your answer on your answer sheet.　　　Ⓐ Ⓑ Ⓒ

> ココキケ
> Yes/No の後に続く部分に矛盾がないかどうかの確認も重要。

正解・解説　POINT 13

Answers: 1. (A)　2. (B)

【スクリプト】
Are you sure you took inventory last month?
(A) Yes, I did it on June 30.
(B) Yes, I'm sure you did.
(C) I'm really sorry but I wasn't too sure about it.

【訳】
あなたは確かに先月棚卸しをしたのですか？
(A) ええ，6月30日にしました。
(B) ええ，あなたがしたと確信しています。
(C) 本当に申し訳ないのですが，私はそれについてよくわかりませんでした。

【解説】
仮に take inventory という言い回しがわからなくても正解できる。（このようにわからない語や語句があっても正解できる問題が TOEIC には頻出している。）(B) では質問の you took ... に呼応して I did とすべきところを you did となっている点が不適切。(C) では Are you sure という現在形の疑問文に対して I wasn't too sure という過去形で応答しており時制が不適切。よって残る (A) が正解だという目安がつくだろう。消去法で攻めれば正解できるパターン。

■ 重要語句チェック

☐ take inventory = 棚卸しをする

【スクリプト】
Don't we need to take measures to prevent further problems?
(A) Yes, we don't need to do it.
(B) We do, but it's not a simple procedure.
(C) No, we need to prevent problems somehow.

【訳】
さらなる問題を防ぐために手を打つ必要が我々にはあるのではないですか？
(A) ええ，その必要はありません。
(B) ありますが，簡単なことではないのです。
(C) いいえ，我々は何とかして問題を防ぐ必要があります。

【解説】
take measures, prevent, further などの語句を知らなくても正解は可能。(A) では Yes，つまり「手を打つ必要があります」という肯定の返事に we don't need ...（手を打つ必要なし）という否定の内容が続き，意味をなさない。(C) はこの逆で，No と否定しながら we need ... という肯定の内容が続いているため，やはり不適切。(B) の We do の do は need to take measures to prevent further problems を受けている。

■ 重要語句チェック

☐ take measures = 措置を講じる，手を打つ
☐ prevent ～ = ～を防ぐ
☐ further = さらなる
☐ procedure = 手続き，手順

PART 2

ココキケ

POINT 14

疑問詞だけは何としても聞き取る！

- How come ...? や What ... for? の意味に注意しよう。意味を取り違えると応答もミスする！
- How で始まる文は特に注意。何を問われているかに注意して聞こう！

CD1-24

1. Mark your answer on your answer sheet.   Ⓐ Ⓑ Ⓒ

ココキケ
How come ...? は'理由'を問う疑問文。

2. Mark your answer on your answer sheet.   Ⓐ Ⓑ Ⓒ

ココキケ
What ... for？も'理由'を問う疑問文。

正解・解説　POINT 14

Answers: 1. (A)　2. (A)

【スクリプト】
How come he resigned so abruptly?
(A) Because he was totally stressed out.
(B) He sent his boss a letter of resignation by mail.
(C) He signed the contract and sent it back to the company.

【訳】
なぜ彼はこんなに突然退職したのですか？
(A) ストレスで完全に参っていたからです。
(B) 彼は郵便で上司に辞表を送りました。
(C) 彼は契約書にサインして会社に返送しました。

【解説】
文の始めにくる疑問詞だけを聞き取ればよい問題も多いが，これは How come の意味を知らないと正解できない。このような例もあるので，「最初の疑問詞1語を聞き取ろう」と努めるだけでなく，文全体を聞き取って引っかからないように注意することも必要である。How come ...? は「なぜ…なのか？」という'理由'を問う疑問文なので，'方法'を答えている (B) と「何をしたのか」を答えている (C) は不適切である。

重要語句チェック

- □ resign ＝ 辞職する，退職する
- □ abruptly ＝ 突然に
- □ totally ＝ すっかり，完全に，まったく
- □ be stressed out ＝ ストレスで参っている
- □ letter of resignation ＝ 辞表，退職届
- □ contract ＝ 契約書

【スクリプト】
What did you do that for, Bob?
(A) Well, I had to pay the bill somehow, that's why.
(B) I spoke to the manager on the phone.
(C) I went to the service counter and asked a few questions.

【訳】
ボブ，どうしてそんなことをしたの？
(A) ええと，何とかして請求書の支払いをしなくてはならなかった，というわけです。
(B) 電話で部長に話をしました。
(C) サービスカウンターに行っていくつか質問をしました。

【解説】
質問を言い換えると Why did you do that, Bob? となり，これは'理由'を問う疑問文である。文頭の疑問詞さえ聞き取れれば正解できる問題も多いが，What ... for? の文では最後の for まできちんと聞くよう集中しないと，「何を（が）」を問う問題と勘違いしてしまう可能性があるので注意。(A) は文の後半の that's why（それが理由です）という部分からもわかるように，理由を答えているので正しい。(B), (C) の内容は理由ではなく，「何をしたか」という行動内容の説明にすぎない。

重要語句チェック

- □ bill ＝ 請求書
- □ service counter ＝ サービスカウンター

PART 2

ココキケ 📢
POINT 15

Yes/No で答えられる疑問文

- Do, Does, Did などで始まる文（選択疑問文以外）には Yes/No で応答可。
- Can, Could などで始まる文には Yes/No で応答可。
- be 動詞で始まる文にも Yes/No で応答可。

CD1-25

1. Mark your answer on your answer sheet.

> ココキケ 📢
> Do you …? は Yes/No で答えることが多い。

Ⓐ Ⓑ Ⓒ

2. Mark your answer on your answer sheet.

> ココキケ 📢
> Can you … ? も Yes/No で答えることが多い（が例外に注意）。

Ⓐ Ⓑ Ⓒ

正解・解説　POINT 15

Answers: 1. (A)　2. (A)

【スクリプト】
<u>Do you</u> have an idea for a great product or new service?
(A) Yes, of course.
(B) A great product should be invented immediately.
(C) New service will promote sales.

【訳】
優れた製品または新しいサービスのアイディアがありますか？
(A) ええ，もちろん。
(B) 優れた製品が早急に発明されるべきです。
(C) 新しいサービスが売り上げを促進するでしょう。

【解説】
Do や Does，Did で始まる疑問文には Yes/No で答えることが多い。(A) は「ええ，もちろん」と Yes を使って答えており，of course の後には I have an idea for a great product or new service が続くと思われる。(B)，(C) はともに質問に対して直接答えていないので不適切。

重要語句チェック

☐ product = 商品，製品
☐ invent ～ = ～を発明する
☐ promote ～ = ～を促進する
☐ sales = 売り上げ，販売

【スクリプト】
<u>Can you</u> describe in detail the problem that was caused by the driver?
(A) I'm sorry I can't, because I wasn't there.
(B) I was there with the driver the whole time.
(C) Yes, the driver caused the problem.

【訳】
その運転手が引き起こした問題を詳しく説明してもらえますか？
(A) すみませんが説明できません。というのも私はそこにいなかったので。
(B) 私はずっとその運転手とそこにいたのです。
(C) ええ，その運転手が問題を引き起こしたのですよ。

【解説】
Can で始まる疑問文にも Yes/No で答えることが多いが，この問題ではそうではない。(A) は No と断言する代わりに I'm sorry I can't. (すみませんができません) と柔らかく答えている。「問題を説明してもらえるか？」という質問に対し，(B) は明確な返事をせず，無関係な事実を述べているだけなので不適切。(C) も「ええ」と答えつつ，すでに質問者が知っていることを繰り返しているだけなので不適切である。

重要語句チェック

☐ describe ～ = ～を説明する，述べる
☐ in detail = 細部にわたって，詳細に
☐ cause ～ = ～を引き起こす

PART 2

ココキケ
POINT 16

Yes/No では答えられない疑問文

- 具体的な情報・応答を求める疑問文には Yes/No では答えない。
- 選択疑問文には Yes/No では答えない。

CD1-26

1. Mark your answer on your answer sheet.

> ココキケ
> 疑問詞で始まる疑問文には Yes/No ではなく具体的に答える。

Ⓐ Ⓑ Ⓒ

2. Mark your answer on your answer sheet.

> ココキケ
> 選択疑問文

Ⓐ Ⓑ Ⓒ

59

正解・解説　POINT 16

Answers: 1. (B)　2. (A)

【スクリプト】
What do you think he was trying to say about the proposal?
(A) Yes, he was trying to say it's feasible.
(B) I think he was trying to say it won't work.
(C) No, he wasn't trying to say anything.

【訳】
その提案について彼は何を言おうとしていたのだと思いますか？
(A) ええ、彼はそれなら実行可能だと言おうとしていたのです。
(B) それはうまくいかないだろうと彼は言おうとしていたのだと思います。
(C) いいえ、彼は何も言おうとしていませんでした。

【解説】
疑問詞で始まる疑問文には原則として Yes/No では答えない。(A) は Yes で答えている点が不適切。(B) と同様に I think he was trying to say ... のように答えればよい。(C) も No で答えている点が不適切。I don't think he was trying to say anything. のようにすればよい。

■ 重要語句チェック
- □ proposal = 提案
- □ feasible = 実行可能な
- □ work = うまくいく

【スクリプト】
Would you like me to pick you up or would you rather take a taxi home?
(A) I'd appreciate it if you could pick me up.
(B) Yes, I would.
(C) No, I wouldn't mind taking a taxi at all.

【訳】
車で迎えに来てほしいですか、それともタクシーで家に帰る方がいいですか？
(A) 車で迎えに来ていただけたらありがたいです。
(B) ええ、そうします。
(C) いいえ、タクシーに乗るのはまったく嫌ではありません。

【解説】
複数の中から1つを選択することを求める疑問文に対しては、Yes/No では答えないと覚えておこう。(B)、(C) はともにこの原則に従わない応答となっており、不適切。

■ 重要語句チェック
- □ pick up ～ = ～を車で拾う、車で迎えに行く
- □ appreciate ～ = ～を感謝する、ありがたく思う
- □ mind ～ = ～を嫌だと思う

PART 2

ココキケ
POINT 17

否定疑問文に惑わされない！

● 否定疑問文に対して Yes と答えると何を肯定することになるか？
● 否定疑問文に対して No と答えると何を否定することになるか？
● Yes/No と，その後に続く部分に整合性があるかを考えよう。

UNIT 03

CD1-27

1. Mark your answer on your answer sheet.   Ⓐ Ⓑ Ⓒ

> ココキケ
> 否定疑問文に Yes で答えると，その後に続く内容は？

2. Mark your answer on your answer sheet.   Ⓐ Ⓑ Ⓒ

> ココキケ
> 否定疑問文に Yes で答えると，何を肯定することになる？

61

正解・解説　POINT 17

Answers: 1. (B)　2. (C)

【スクリプト】
Don't you think it's the opportunity of a lifetime?
(A) Yes, you think so.
(B) To be frank with you, I don't think it's such a big deal.
(C) Yes, I don't think it's a good opportunity.

【訳】
一生の中でも最高のチャンスだとは思いませんか？
(A) ええ，あなたはそう思っています。
(B) 率直に言うと，そんなに大したことではないと思います。
(C) ええ，私はそれが良いチャンスだとは思いません。

【解説】
「…だと思いませんか？」という質問に Yes と答えると，Yes, I do (= I think). という意味になる。(A) は Yes, I think so. と言うべきところを，質問の主語である you をそのまま使っているので不適切。(C) では Yes (…だと思う) という肯定の返答の後に I don't think … (思っていない) という否定の内容が続いているため，意味をなさない。肯定の返事 (Yes) には肯定の内容が，否定の返事 (No) には否定の内容が続くと覚えておこう。

> **重要語句チェック**
>
> ☐ opportunity = 機会，チャンス，好機
> ☐ of a lifetime = 生涯最高の
> ☐ to be frank with you = 率直に言うと
> ☐ big deal = 大事なこと

【スクリプト】
Isn't Emilio's proposal much more creative than Yolanda's?
(A) Yes, it isn't as creative as Yolanda's.
(B) No, I think his proposal is more creative.
(C) Yes, Yolanda's proposal lacks creativity.

【訳】
エミリオの提案はヨランダの提案よりずっと独創的ではありませんか？
(A) ええ，ヨランダの提案ほど独創的ではありませんね。
(B) いいえ，私は彼の提案の方がより独創的だと思います。
(C) ええ，ヨランダの提案には独創性が欠けていますね。

【解説】
Yes には肯定の内容が，No には否定の内容が続くと覚えておこう。(A) は Yes (エミリオの提案の方が独創的) と言いながら，その後に「ヨランダのものほどではない」と否定する内容が続くので不適切。(B) は逆に No といったん否定しつつ，その後に「エミリオの提案の方が独創的」と肯定する文が続いている点がおかしい。(C) のみ Yes とその後に続く内容が一致している。

> **重要語句チェック**
>
> ☐ proposal = 提案
> ☐ creative = 創造的な，独創的な
> ☐ lack ～ = ～が欠けている
> ☐ creativity = 創造性，独創性

PART 2

ココキケ
POINT 18

付加疑問文に惑わされない！

- Yes の後に否定表現，No の後に肯定表現を続けないこと。
- 日本語の「はい」と英語の Yes の違いを十分に理解しておこう。

UNIT 03

CD1-28

1. Mark your answer on your answer sheet.　　A　B　C

> ココキケ
> Yes/No の後に続く部分に矛盾がないかに注目。

2. Mark your answer on your answer sheet.　　A　B　C

> ココキケ
> mind の意味と答え方に注意！

63

正解・解説 POINT 18

Answers: 1. (A) 2. (B)

【スクリプト】
You and your husband will join us at the party later, won't you?
(A) We wish we could, but we have another appointment tonight.
(B) Yes, we won't.
(C) No, we will join you later but not now.

【訳】
あなたとご主人は後でパーティーの場で私たちと合流するんですよね？
(A) そうできたらいいんだけど，今晩は別の約束があるのです。
(B) ええ，合流はしません。
(C) いいえ，後で合流しますが今は無理です。

【解説】
(A) は Yes とも No とも答えていないが，We wish we could という表現で「パーティーに行きたいが無理」という意味を表している。(B) では Yes（後で合流します）に we won't (join you at the party later)（合流しません）という否定の内容が続いているので意味をなさない。(C) は No と言うことにより「合流することはない」と否定したにもかかわらず，直後に「後で合流します」と言い，やはりつじつまの合わない内容になっている。

> 重要語句チェック
> □ appointment = 約束

【スクリプト】
You don't mind my proofreading the report, do you?
(A) Yes, thank you.
(B) No, not at all.
(C) Yes, I'd really appreciate it.

【訳】
私がそのレポートを校正しても嫌じゃないですよね？
(A) はい（嫌です），どうもありがとう。
(B) いいえ，全然気にしませんよ。
(C) はい（嫌です），そうしていただけたらありがたいですよ。

【解説】
Yes を「はい」と訳してしまうと (A)，(C) はともに正しく聞こえてしまうが，英語の Yes には肯定の内容しか続かないので，(A) は Yes, (I mind your proofreading the report,) thank you.（はい，あなたがレポートの校正をするのは嫌です。どうもありがとう）という意味不明の応答になってしまう。(C) も同様。(B) は No（気にしない）に not at all（全然…ない）が続いており，自然な応答である。

> 重要語句チェック
> □ proofread ～ = ～を校正する
> □ appreciate ～ = ～を感謝する，ありがたく思う

PART 2

ココキケ
POINT 19

勧誘・提案の表現に対する応答に馴染む！
「…してはどうですか？」を表す決まり文句の意味を誤解しない。

CD1-29

1. Mark your answer on your answer sheet.

> ココキケ
> 「Why で始まる疑問文には Because で答える」という概念を捨てる！

A B C

2. Mark your answer on your answer sheet.

> ココキケ
> What do you say to 〜? の意味と応答の仕方に注意。

A B C

正解・解説　POINT 19

Answers: 1. (A)　2. (B)

【スクリプト】
Why don't you apply for the position and see what happens?
(A) Hmmm, I should give it a try, shouldn't I?
(B) Because I haven't done it yet.
(C) I don't think you should do it.

【訳】
その仕事に応募して，どうなるか様子を見てみたらどうですか？
(A) うーん，試してみるべきですよね？
(B) まだそれをしていないからです。
(C) あなたはそうしない方がいいと思いますよ。

【解説】
Why don't you ...? は「…したらどうですか？」という提案を表す表現としてしばしば使われる。「Why で始まる文には Because で答える」と思い込んでいると，(B) のようにまったく意味不明の応答を選択してしまいかねないので注意。「自分に対する提案」だから I don't think I should do it. と答えるべきなのに，(C) では主語が you になっている点が不適切。

> 重要語句チェック
>
> ☐ Why don't you ...? = …したらどうですか？
> ☐ apply for 〜 = 〜に応募する
> ☐ position = 職
> ☐ give it a try = 試してみる，やってみる

【スクリプト】
What do you say to going out for coffee or something?
(A) You can politely ask her with a smile on your face.
(B) Sounds good.
(C) I won't say anything to your boss, so don't worry.

【訳】
コーヒーか何か飲みに出かけませんか？
(A) にっこりしながら丁寧に彼女にお願いすればいいのです。
(B) いいですね。
(C) あなたの上司には何も言わないから，心配しないでください。

【解説】
What do you say to 〜? は「〜はいかがですか？」という意味の勧誘表現。「何を言うの？」という意味ではないので注意が必要。「お願いの方法」について述べている (A) や，「何も言いませんよ」という内容の (C) は応答としてはまったく不適切である。

> 重要語句チェック
>
> ☐ What do you say to 〜? = 〜はいかがですか？
> ☐ politely = 礼儀正しく，丁寧に

PART 2

ココキケ
POINT 20

依頼に対する応答に馴染む！

- 動詞 mind の意味・用法，応答パターンに注意。
- Would it be possible ...? に対する応答文の主語に注意。

CD1-30

1. Mark your answer on your answer sheet.

ココキケ
mind の用法と答え方に注意。

A B C

2. Mark your answer on your answer sheet.

ココキケ
丁寧な依頼表現への答え方に注意。

A B C

67

正解・解説　POINT 20

Answers: 1. (A) 2. (B)

【スクリプト】
Would you mind helping me translate the document into Spanish?
(A) Sorry but I'm all tied up.
(B) Yes, I'll help you.
(C) No, I am trying to finish writing up my report.

【訳】
この書類をスペイン語に翻訳する手伝いをするのはお嫌ですか？
(A) すみませんが忙しくて手が離せない状態なんです。
(B) ええ（嫌です），お手伝いしましょう。
(C) いいえ（嫌ではありません），自分のレポートを書き上げようとしているところなのです。

【解説】
Would you mind …ing? という表現は日本語では「…していただけませんか？」と訳すことが多いが，この mind は「嫌だと思う」という意味なので，「…するのは嫌ですか？」と頭の中で解釈しておく方が安全である。したがって (B) では No（嫌ではありません），(C) では Yes（嫌です）と言わなければ，後に続く内容とかみ合わない。

重要語句チェック	
☐ Would you mind …ing? 　＝ …していただけませんか？	☐ translate 〜 ＝ 〜を翻訳する ☐ document ＝ 書類 ☐ be tied up ＝ 忙しくて手が離せない

【スクリプト】
Would it be possible for you to contact Mr. Sasaki in Tokyo by noon?
(A) I will call them by noon.
(B) It might not be possible as I will be attending an important meeting.
(C) Yes, you can contact him by noon at the latest.

【訳】
正午までに東京の佐々木氏に連絡していただくことは可能ですか？
(A) 彼らに正午までに電話します。
(B) 重要な会議に出席しているでしょうから，連絡できないかもしれません。
(C) ええ，遅くとも正午までにあなたは彼に連絡することができます。

【解説】
Would it be possible for you to …? は「…していただくことは可能ですか？」という丁寧な依頼表現である。(A) は質問の Mr. Sasaki（単数）を them（複数）で表しているので不適切。また，(C) は質問の you に頼んでいるのだから返答は Yes, I can … とすべきなのに，you を主語にしている点が誤り。依頼表現には常に Yes/No で答えるとは限らないので，注意して文全体を聞き取りたい。

重要語句チェック	
☐ contact 〜 ＝ 〜に連絡する	☐ at the latest ＝ 遅くとも

PART 2

POINT 21

似た発音の単語に注意！

- 似た発音の単語は Part 2 では頻出！ 語彙のチェックは入念に！
- キーワードと発音の似た語を含む選択肢は「引っかけ」であることが多い！

CD1-31

1. Mark your answer on your answer sheet.

> ココキケ
> expire の意味がわかれば renew との関係がわかる。

Ⓐ Ⓑ Ⓒ

2. Mark your answer on your answer sheet.

> ココキケ
> キーワードと発音の似た語を含む選択肢に注意。

Ⓐ Ⓑ Ⓒ

正解・解説 POINT 21

Answers: 1. (B) 2. (B)

【スクリプト】
Does your contract expire on March 12?
(A) Yes, we're definitely expanding business into new areas.
(B) Yes, but I am going to renew it.
(C) Yes, I owe him an explanation.

【訳】
あなたの契約は3月12日に切れるのですか？
(A) ええ，私たちは必ず事業を新たな分野に拡大させる予定です。
(B) ええ，でも契約を更新するつもりです。
(C) ええ，私は彼に説明する義務があります。

【解説】
expire, expand, explanation などが紛らわしいが，どれも TOEIC には頻出する語なので覚えておきたい。また renew には「（契約など）を更新する」という意味の他に「（図書）を継続して借りる」という意味もあり，これも TOEIC でよく登場するので覚えておこう。

重要語句チェック

- □ expire ＝（契約などが）満期になる，期限が切れて無効になる
- □ expand ～ ＝ ～を広げる，拡大する
- □ renew ～ ＝（契約など）を更新する
- □ owe ～ ... ＝ …を～（人）に対して負っている
- □ explanation ＝ 説明

【スクリプト】
Will you read my report and correct errors if any?
(A) OK, I'll collect them.
(B) Sorry, but I'm up to my neck in the problems with the new projects.
(C) Of course I do.

【訳】
私のレポートを読んで，もし間違いがあれば訂正してくれませんか？
(A) いいですよ，私が集めましょう。
(B) すみませんが，新しいプロジェクトの問題に忙殺されているんです。
(C) もちろんします。

【解説】
質問にある correct と (A) にある collect の違いを聞き取ることが重要。また，質問は Will you で始まっているので，応答に現在形 (do) が用いられている (C) は誤りであると気づかなければならない。

重要語句チェック

- □ correct ～ ＝ ～を訂正する
- □ error ＝ 誤り，間違い
- □ if any ＝ もしあれば
- □ collect ～ ＝ ～を集める
- □ be up to one's neck in ～ ＝ ～で大変な状況にある，～で非常に忙しい

REVIEW CD1-32-44

1. Mark your answer on your answer sheet.
2. Mark your answer on your answer sheet.
3. Mark your answer on your answer sheet.
4. Mark your answer on your answer sheet.
5. Mark your answer on your answer sheet.
6. Mark your answer on your answer sheet.
7. Mark your answer on your answer sheet.
8. Mark your answer on your answer sheet.
9. Mark your answer on your answer sheet.
10. Mark your answer on your answer sheet.
11. Mark your answer on your answer sheet.
12. Mark your answer on your answer sheet.
13. Mark your answer on your answer sheet.

REVIEW 解説

スクリプト	訳

1. Does he still plan to distribute the brochures to the clients today?
CD1-32 (A) Yes, I think they will.
(B) Yes, but I still don't think it's necessary to give them out.
(C) No, because he plans to do it by himself.

彼はまだ顧客に今日パンフレットを配るつもりでいるのですか？
(A) ええ，彼らはそうするだろうと思います。
(B) ええ，でも配る必要はないと私は今も思っています。
(C) いいえ，なぜなら彼は自分だけでそうするつもりですから。

---

2. When are they expecting you to submit your analysis to HDX International?
CD1-33 **(A) By Monday morning, I guess.**
(B) They did just a couple of days ago.
(C) By the end of last week.

いつ分析結果をHDXインターナショナル社に提出するよう彼らは君に要求しているのですか？
(A) 月曜の朝までにだと思います。
(B) 彼らはちょうど2日前にしました。
(C) 先週末までにです。

---

3. How did you know Sam and Tim would be so interested in working abroad?
CD1-34 (A) Because I told you a long time ago.
(B) I just knew.
(C) Because he wanted to go to London.

サムとティムが外国で働くことにそんなに興味を示すなんて，どうしてわかったのですか？
(A) ずっと前に私があなたに言ったからです。
(B) ただわかっていたというだけです。
(C) 彼はロンドンに行きたかったからです。

---

4. Is it possible for me to get the information from Mr. Tang?
CD1-35 (A) Yes, they are able to give you all the information you need.
(B) I don't think so.
(C) No, they'll be out of town until Monday afternoon.

私がタン氏からその情報を得ることは可能ですか？
(A) ええ，彼らはあなたが必要な情報をすべてあなたに提供することができます。
(B) 不可能だと思います。
(C) いいえ，彼らは月曜の午後まで不在です。

---

5. How much money is allocated for the project?
CD1-36 **(A) Approximately 20,000 dollars.**
(B) By asking for contributions.
(C) He said all of it is located in Switzerland.

いくらのお金がそのプロジェクトに割り当てられているのですか？
(A) 約2万ドルです。
(B) 寄付を求めることによってです。
(C) 彼によるとそのすべてがスイスにあるそうです。

REVIEW 解説

解説

正解：(B)　09　同じ意味なのに違う表現に置き換えられるパターンに注意！
(A) は Does he ...? と問われているのに，I think に続く部分で he does ではなく they will と答えているので不適切。(B) では distribute の代わりに give out という表現が使われているが，どちらも「～を配布する，配る」という意味なので正しい応答になっている。(C) は No という応答とそれに続く部分の内容が矛盾しているので不適切。

【語句】☐ distribute ～ = ～を配布する，配る　☐ brochure = パンフレット　☐ client = 顧客, 得意先　☐ give out ～ = ～ を配る　☐ by oneself = 自分だけで，独力で

正解：(A)　10　質問と応答の時制の統一を確認する！
質問にある expect ～ to ... は「～に…することを求める」という意味で，単なる予想ではなく'命令・要求'の表現。未来に起こることについて尋ねている。(A) の Monday morning は過去にも未来にもなりうるが，ここでは「(次の) 月曜の朝」と理解できるので応答として適切。(B)，(C) は明らかに過去のことを言っているので不適切。

【語句】☐ expect ～ to ... = ～に…することを求める，要求する　☐ submit ～ = ～を提出する　☐ analysis = 分析，分析結果

正解：(B)　11　質問と応答の主語の統一を確認する！
質問では Sam and Tim（複数）について尋ねているので，応答では誰について答えているのか曖昧になっていないかをチェックする。(C) は he（単数）で受けていて，誰を指すのかわからないので不適切。(B) は I just knew (that they would be so interested in working abroad). ということで，Sam と Tim 両者についての応答になっている。(A) は主語を I で受けているが，How did you know（どうしてわかったのですか）という質問に対する答えになっていない。

正解：(B)　12　Yes/No で答えられる疑問文なのに，あえてそれ以外で答えるパターンに馴染む！
be 動詞で始まる疑問文にいつも Yes/No で答えるわけではない。(A) は Mr. Tang という単数の語を they という複数形で受けているので不適切。(C) も同様に they で受けているので不可。(B) は No に代わる言い方で，so it is possible for you to get the information from Mr. Tang を意味している。

正解：(A)　13　質問に登場する難易度の高い語に惑わされない！
質問にある allocate（割り当てる，配分する）という動詞の意味がわからなくても，文頭の How much money さえ理解できれば，'金額'に関する質問だと推測できる。したがって'金額'を答えている (A) が正解。'方法'を答えている (B) や'場所'を答えている (C) は不適切と判断できる。

【語句】☐ allocate ～ = ～を割り当てる，配分する　☐ approximately = 約　☐ ask for ～ = ～を求める　☐ contribution = 寄付

スクリプト	訳
6. What do you think will happen if I refuse to supervise him? CD1-37 **(A) Nothing, I guess.** (B) I think it was a terrible decision. (C) Because his supervisor is demanding.	私が彼を監督することを拒んだらどうなると思いますか？ **(A) 何も起こらないでしょうね。** (B) ひどい決断だったと思います。 (C) 彼の上司の要求が厳しいからです。
7. Are you officially allowed to access the Internet while you are at work? CD1-38 (A) No, I need to access the Internet quite often. (B) I allow you to do so if it's really necessary. **(C) Yes, as long as I use the Internet for business purposes.**	仕事中にネットにアクセスすることを正式に許可されているのですか？ (A) いいえ、私はかなり頻繁にネットにアクセスする必要があります。 (B) 本当にそれが必要なのであれば、あなたがそうすることを許可します。 **(C) ええ、業務上の目的でネットを使用するのであればね。**
8. Does that brand-new laptop computer in the office belong to you or to Jane? CD1-39 **(A) It's actually John's.** (B) Yes, Jane does. (C) No, the computer in the office is actually quite old.	オフィスにあるあの新品のノートパソコンはあなたのものですか、それともジェーンのものですか？ **(A) 実はジョンのものなんです。** (B) ええ、ジェーンはします。 (C) いいえ、オフィスにあるあのコンピュータは実はかなり古いのです。
9. Can't you make an appointment to meet with your advisor and ask for his advice? CD1-40 (A) Yes, because he is too busy. **(B) Maybe I can but I'm not sure when he'll be back.** (C) Of course you can.	顧問の方と会う約束をして彼にアドバイスを求めることはできないのですか？ (A) ええ（できます）、彼はあまりにも忙しいので。 **(B) できるかもしれませんが、彼がいつ戻ってくるのかわからないのです。** (C) もちろんあなたはできますとも。
10. Timothy Holmes won't agree to such a drastic idea, will he? CD1-41 (A) Yes, he won't. (B) No, he will definitely love the idea. **(C) I really don't know, Bob.**	ティモシー・ホームズはそんな極端なアイディアには同意しないですよね？ (A) はい（同意するでしょう）、彼は同意しないでしょう。 (B) いいえ（同意しないでしょう）、彼は絶対にそのアイディアを気に入りますよ。 **(C) 私には本当にわかりませんよ、ボブ。**

REVIEW 解説

解説

正解：(A)　14　疑問詞だけは何としても聞き取る！

質問は疑問詞 What の後に do you think という挿入句の入った疑問文である。(A) は Nothing (will happen if you refuse to supervise him), I guess. を省略した応答で，これが正解。(B) は「ひどい決断だった」と過去形で答えている点が不適切。(C) は Because で始まって'理由'を答えているので，What do you think ...? に対する返答になっていない。

【語句】□ happen = 起こる　□ refuse 〜 = 〜を拒む　□ supervise 〜 = 〜を監督する，管理する　□ terrible = ひどい　□ supervisor = 上司，管理者，監督者　□ demanding = 要求が厳しい

正解：(C)　15　Yes/No で答えられる疑問文

be 動詞で始まる疑問文の答えは Yes/No で始まることが多い（それ以外の場合ももちろんある）。(A) は「許可されているか？」という質問に対して No (許可されていません) と答えているにもかかわらず，「頻繁にアクセスが必要」と続けているので不自然。(B) では応答者が「許可される」側ではなく，「許可を与える」側になっているので不適切。(C) は「はい (許可されています)」と答え，それに続く as long as ... で許可に伴う'条件'が述べられているので，適切な応答である。

【語句】□ officially = 正式に　□ allow 〜 = 〜を許可する，許す　□ as long as ... = …する限りは，…である限りは　□ business purpose = 業務上の目的

正解：(A)　16　Yes/No では答えられない疑問文

複数のものから一つを選択することを求める疑問文に対しては Yes/No では応答しない。したがって，(B) と (C) は不適切である。正解の (A) は It's actually John's (laptop computer). という文である。「あなたのものかジェーンのものか」と尋ねられて，実のところ (actually) どちらでもなくジョンのものだと言っている。

【語句】□ brand-new = 新品の　□ laptop computer = ノートパソコン　□ belong to 〜 = 〜に属する，〜の所有である

正解：(B)　17　否定疑問文に惑わされない！

(A) では Yes (できます) と肯定しているにもかかわらず，続く部分で「彼はあまりにも忙しいので (できません)」と前の内容と矛盾することを言っているのでつじつまが合わない。(C) は Of course と認め，続く内容も肯定なので正しく聞こえるが，主語が I (応答者) でなく you になっている点が誤り。

【語句】□ make an appointment = (会う) 約束をする　□ advisor = 顧問，相談役　□ ask for 〜 = 〜を求める

正解：(C)　18　付加疑問文に惑わされない！

Yes/No を「はい」「いいえ」と直訳すると (A)，(B) ともに正しく聞こえてしまうが，Yes/No は自分の意見の内容や状況が肯定文なら Yes，否定文なら No と使い分ける。(A) は Yes と応答してでいったん「同意するでしょう」と肯定しながら，続く部分が he won't (agree to such a drastic idea) という否定なので意味をなさない。(B) では No と言って「同意しないでしょう」と否定しつつ，続く部分で「絶対に気に入りますよ」と肯定意見を言っているので不適切。「わからない」と言っている (C) が正解。

【語句】□ agree to 〜 = 〜に同意する　□ drastic = 極端な，思い切った　□ definitely = 絶対に

	スクリプト	訳
11. CD1-42	Shall we make an official proposal for a merger? **(A) Yes, that's what we should do as soon as possible.** (B) No, I think it's necessary. (C) You shall make a proposal immediately.	合併を正式に提案しませんか？ **(A) ええ，それこそ我々ができるだけ早急にすべきことですね。** (B) いいえ，私はそれが必要なことだと思います。 (C) あなたはすぐに提案をすべきです。
12. CD1-43	Heidi, do you mind evaluating the work Samuel has done so far? **(A) Not at all.** (B) Yes, I'll do it for you, Sam. (C) Yes, you can count on me anytime.	ハイジ，今までサミュエルがしてきた仕事を評価するのは嫌ですか？ **(A) 全然嫌ではありません。** (B) ええ（嫌です），あなたの代わりにやってあげますよ，サム。 (C) ええ（嫌です），いつでも私を頼ってくれていいんですよ。
13. CD1-44	How far is it from the branch in Chicago? (A) Well, we can have brunch near the office. (B) She came all the way from Chicago wearing a fur jacket. **(C) I think it's only about a ten-minute walk.**	シカゴ支部からどれくらい離れているのですか？ (A) ええと，オフィスのそばでブランチを食べられます。 (B) 彼女は毛皮のジャケットを着てはるばるシカゴからやってきたのです。 **(C) 歩いてたった 10 分程だと思います。**

REVIEW 解説

解説

正解：(A)　19　勧誘・提案の表現に対する応答に馴染む！

Shall we ...? は「…しませんか？」という提案の意味を表す。(B) では No と答えて否定しているのにその後で「必要だ」と肯定しているので不適切。No, I don't think it's necessary. なら正しい応答。(C) は，質問の主語が we であるにもかかわらず，主語が you になっている点が不適切である。(A) のように we を使うのが適切。

【語句】□ Shall we ...? = …しませんか？　□ official = 正式の　□ merger = 合併

正解：(A)　20　依頼に対する応答に馴染む！

Do you mind ...ing? は「…してくださいますか？」という意味の依頼の表現。mind は「嫌だと思う」という意味の動詞なので，Yes という返答は「はい，嫌です」という意味になってしまうので注意。「…するのは嫌ですか？」と直訳しておけば，混乱しないだろう。(A) は (I do) not (mind) at all.（全然嫌ではありません）という意味で応答として適切。(B) は Yes と答えることで「嫌だ」と意思表示しつつ，「してあげましょう」という内容が続いており不適切。(C) も同様に Yes とそれ以降の内容が合っていない。

【語句】□ Do you mind ...ing? = …してくださいますか？　□ evaluate ~ = ~を評価する　□ so far = 今までのところ，これまでには　□ count on ~ = ~を頼りにする　□ anytime = いつでも

正解：(C)　21　似た発音の単語に注意！

How far ...? は '距離' を聞いているので，「徒歩約 10 分」と答えている (C) が正解。(A)，(B) は内容的にはまったく質問に合っていないが，far と fur や branch と brunch のように，似た発音の語彙が出てくるので注意。これらの発音の違い（a と u の違い）は判別が難しいので，繰り返し聞いて違いに慣れる必要がある。

【語句】□ branch = 支部，支店　□ brunch =（昼食兼用の）遅めの朝食，ブランチ　□ all the way = はるばる
□ fur = 毛皮

UNIT 04

PART 3

- **POINT 22** 2人の話者の感情・意見は同じか，対照的か？
- **POINT 23** 第三者に関する話者の意見を推測する！
- **POINT 24** 話者の心情を理解する！
- **POINT 25** 会話では直接触れられていないことを想像する！
- **POINT 26** アドバイスや指示の内容を確実に理解する！
- **POINT 27** 場所や時間，数など具体的な情報に注目する！
- **POINT 28** 理由を問われ，それに答えるパターンに馴染む！
- **POINT 29** 日時，場所，実行すべき事柄をすべて聞き取る！
- **POINT 30** 話者2人の関係を理解する！
- **POINT 31** 代名詞の中身を勘違いしない！
- **POINT 32** スケジュールに関する内容は順を追って理解する！
- **POINT 33** 話者の行動の内容，順番に注意する！
- **POINT 34** "the same"の意味する内容を把握する！
- **POINT 35** 先に質問文を読んでおいて，問われる内容を予測する！
- **POINT 36** よく問われる質問文を押さえておく！

PART 3 会話問題　傾向と対策

問題数：30
出題形式：2人の人物による会話が1回だけ放送される。会話を聞き，その内容に関する3つの設問について正しいものをそれぞれ1つずつ選択し，解答用紙にマークする。
（会話文は問題冊子に印刷されていないが，設問と選択肢はすべて印刷されている。）
出題傾向：会話の中に場所・数字・名前などが複数登場し，それらに関する情報を問う設問が多い。また，話者の意図・感情を問う問題，どこで会話が起こっているか，あるいは会話の後に何が起こるかなどを予想させる問題も多い。
選択肢の数：(A)～(D)の4つ

■ 主な注意点

● 具体的な情報を聞き逃さない
複数の具体的数字，人名，日付，地名などが登場することが多い。それぞれが何について言及されているかに注目して聞く。

● 会話が起こっている状況を想像しながら聞く
どこで，どういう人たちが，何について話しているのかに注意を集中させる。

● 感情を表す言葉に注意する
depressed, excited, embarrassed, upset のような形容詞を用いて具体的に人の様子について表現される場合もあれば，暗に示される場合もある。

● 会話の後の話者の行動を想像する
「話者は会話の後どうするつもりか？」といった種類の設問も多い。会話の内容だけを漠然と理解するのではなく，話者の発言から会話後の様子や行動を想像しながら聞く必要もある。

● 言い換えに注意する
選択肢では，会話で使われているものとは違う表現が用いられることも多い。

PART 3

ココキケ
POINT 22

2人の話者の感情・意見は同じか，対照的か？

- 話題は何かを確実に聞き取る。
- I see what you mean but … など，接続詞に注意して話者の真意を聞き取る。

CD1-45

1. How does the woman feel about the company in Hong Kong?

(A) They should not take over the project.
(B) They don't know much about the project.
(C) They might do a good job.
(D) They should decide to leave their project to another company.

Ⓐ Ⓑ Ⓒ Ⓓ

2. How does the man feel about the subsidiary company taking over the project?

(A) Not positive
(B) Convinced that it will be a success
(C) Satisfied
(D) Ecstatic

Ⓐ Ⓑ Ⓒ Ⓓ

3. What does the woman think the man should do?

(A) Make an objection
(B) Not be annoyed about the project being taken over
(C) Work with creative professionals
(D) Leave the company to work in Hong Kong

Ⓐ Ⓑ Ⓒ Ⓓ

> **ココキケ**
> 話者2人の意見の相違に注意する。接続詞を聞き取ることで「同意」なのか「反対」なのか「意見がまとまっていない」のかが理解できることが多い。

UNIT 05

Answers: **1.** (C)　**2.** (A)　**3.** (B)

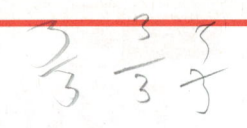

【スクリプト】

M: I don't understand why they decided to leave our project to the subsidiary company in Hong Kong.
F: Well, I think the main purpose is to bring in some new ideas from them, and **1.** I do think it may be worth a shot as they have such creative professionals from around the world.
M: I see what you mean but **2.** I'm not too convinced they should completely take over the project.
F: Now that the implementation of the project is the responsibility of the subsidiary company, **3.** just leave it to them.

【設問】

1. How does the woman feel about the company in Hong Kong?
(A) They should not take over the project.
(B) They don't know much about the project.
(C) They might do a good job.
(D) They should decide to leave their project to another company.

2. How does the man feel about the subsidiary company taking over the project?
(A) Not positive
(B) Convinced that it will be a success
(C) Satisfied
(D) Ecstatic

3. What does the woman think the man should do?
(A) Make an objection
(B) Not be annoyed about the project being taken over
(C) Work with creative professionals
(D) Leave the company to work in Hong Kong

【設問訳】

1. 女性は香港の会社についてどう感じていますか？
(A) プロジェクトを引き継ぐべきではない。
(B) 彼らはそのプロジェクトについてあまり知らない。
(C) 良い仕事をしてくれるかもしれない。
(D) 他の会社にプロジェクトを委ねる決定をすべきだ。

2. 男性は子会社がプロジェクトを引き継ぐことについてどう感じていますか？
(A) 肯定的ではない
(B) 成功するだろうと確信している
(C) 満足している
(D) 有頂天になっている

3. 女性は男性がどうするべきだと思っていますか？
(A) 異議を唱えるべきである
(B) プロジェクトが引き継がれることを気にするべきではない
(C) 創意に富んだ専門家陣と働くべきである
(D) 香港で働くことができるよう会社を去るべきである

正解・解説　POINT 22

【スクリプト訳】
M: なぜ彼らが僕たちのプロジェクトを香港の子会社に委ねることに決めたのか，理解できないよ。
F: そうね，主な目的は，彼らからいくつか新しいアイディアを取り入れることだと思うの。それに彼らには世界中からの非常に創意に富んだ専門家陣がいるから，やってみる価値はあると思うわ。
M: 君の言うことはわかるけれど，彼らがプロジェクトを完全に引き継ぐべきだとはあまり確信が持てないね。
F: そのプロジェクトの遂行はもう子会社の責任なのだから，彼らに任せておけばいいのよ。

【解説】
1. 正解：(C)
女性の I do think it may be worth a shot（やってみる価値はあるかもしれない）という言葉から，女性は男性とは違って概ね子会社への企画委譲にポジティブな見解であることがわかる。したがって「(任せてみれば) 良い仕事をするかもしれない」という (C) が正解。

2. 正解：(A)
I'm not too convinced they should completely take over the project（彼らがプロジェクトを完全に引き継ぐべきだとはあまり確信が持てない）という男性のセリフから，男性は肯定的な気持ち (positive) ではないことが理解できる。

3. 正解：(B)
女性の2つ目のセリフの最後に「彼らに任せておけばよい」とあるので，「気にするな」とする (B) が一番近いと判断できる。(C), (D) にも会話に登場する語句，表現が含まれているので，惑わされないように十分注意する。leave 〜 to ... で「〜を…に任せる，委ねる」の意。

正解・解説　POINT 22

重要語句チェック

- □ decide to … = …することに決める
- □ project = プロジェクト，事業計画，企画
- □ subsidiary company = 子会社，系列会社
- □ purpose = 目的，意図
- □ worth 〜 = 〜に値する
- □ shot = 試み
- □ creative = 創造力のある，創意に富んだ
- □ professional = 専門家
- □ convinced = 確信した
- □ completely = 完全に
- □ take over 〜 = 〜を引き継ぐ
- □ now that … = 今や…なので
- □ implementation = 遂行；実現
- □ ecstatic = 有頂天の
- □ make an objection = 異議を唱える

Useful Expressions (1) ──────────────〈電話〉

- □ **extension** = 内線（番号）　*Ex.* **What's your extension number?**（あなたの内線番号は何番ですか？）
- □ **message** = メッセージ　*Ex.* **May I leave a message?**（伝言を残してもいいですか？）
- □ **give 〜 a message** = 〜に伝言する　*Ex.* **May I give her your message when she gets back?**（彼女が戻ったらあなたの伝言を伝えてもいいですか？）
- □ **answering machine** = 留守番電話
- □ **call back** = 折り返し電話をかける，後ほど電話する
- □ **return one's call** = 折り返し電話をかける
- □ **be engaged** = 使用中である，ふさがっている　*Ex.* **The number you dialed is engaged〔busy〕.**（あなたのかけた番号は現在使用中です。）
- □ **hold on〔hold〕** = 電話を切らずに待つ　*Ex.* **Can you hold for a minute?**（ちょっとお待ちいただけますか？）
- □ **transfer a call** = 電話を転送する
- □ **number** = 番号　*Ex.* **What number are you calling?**（何番におかけになっていますか？）
- □ **wrong number** = 番号違い　*Ex.* **I'm afraid you have the wrong number.**（電話番号をお間違えのようです。）

PART 3

ココキケ
POINT 23

第三者に関する話者の意見を推測する！

- 話題の中心となる人について,「どういう人物か」を捉える。
- Positive, Negative 面に関する話者双方の意見を聞き取る。
- 意見の食い違いの具体的ポイントを捉える。

CD1-46

1. How does the man feel about Dylan?

　(A) He is too idle.
　(B) He is remote.
　(C) His business background isn't strong enough.
　(D) He is indifferent to HDX International.

A B C D

2. How does the woman feel about Dylan's decision?

　(A) He is too silly.
　(B) He just needs some more time.
　(C) He should definitely apply for the position.
　(D) He is too picky.

A B C D

3. What does the woman think about the man's opinion about Dylan?

　(A) Too bitter
　(B) Understanding
　(C) Cruel
　(D) Amusing

A B C D

> **ココキケ**
> 各々が第三者に対しどう感じているか理解するよう努める。相手の言い分を否定しているか,肯定しているか,第三者に対してどのような表現（形容詞など）が使われているかに注意する。

UNIT 05

85

Answers: 1. (A) 2. (B) 3. (A)

【スクリプト】

M: I tried to persuade Dylan to apply for an open position at HDX International but he was totally indifferent.
F: It sounds like a great opportunity for someone like him, though.
M: Yeah. They are looking for someone with a strong business background and he'd be the perfect candidate. I guess he's just too lazy to apply for a new job.
F: Don't be so harsh. He probably only needs a little more time to set a new career goal.

【設問】

1. How does the man feel about Dylan?
(A) He is too idle.
(B) He is remote.
(C) His business background isn't strong enough.
(D) He is indifferent to HDX International.

2. How does the woman feel about Dylan's decision?
(A) He is too silly.
(B) He just needs some more time.
(C) He should definitely apply for the position.
(D) He is too picky.

3. What does the woman think about the man's opinion about Dylan?
(A) Too bitter
(B) Understanding
(C) Cruel
(D) Amusing

【設問訳】

1. 男性はディランについてどう感じていますか？
(A) 怠惰すぎる。
(B) よそよそしい。
(C) 彼の職務経歴は十分に素晴らしいものではない。
(D) HDXインターナショナル社に対して無関心だ。

2. 女性はディランの決断についてどう感じていますか？
(A) あまりにも愚かである。
(B) 彼にはもっと時間が必要なだけである。
(C) 彼は絶対にそのポジションに応募すべきである。
(D) 彼は選り好みが激しすぎる。

3. 女性は男性のディランに対する意見についてどう思っていますか？
(A) 厳しすぎる
(B) 理解がある
(C) 冷酷である
(D) 面白い

正解・解説　POINT 23

【スクリプト訳】
M: ディランに HDX インターナショナル社の空きのポジションに応募するように説得しようとしたんだけど，彼はまったく無関心だったよ。
F: 彼のような人には素晴らしいチャンスみたいなのにね。
M: ああ。彼らは優れた職務経歴のある人を探しているし，彼なら完璧な候補者になれるのに。彼はただ怠け者すぎて新しい職を求めないんだと思うよ。
F: そんなに手厳しいことを言わないで。きっと新しい職業上の目的を定めるのにもう少し時間が必要なだけなのよ。

【解説】
1. 正解：(A)
男性の2つ目のセリフに I guess he's just too lazy to apply for a new job.（彼はただ怠惰すぎて新しい仕事に志願しないんだと思う）とある。したがって (A) が正解。選択肢では lazy という語が idle と言い換えられていることに注意。

2. 正解：(B)
女性は最初のセリフで「彼のような人には良いチャンスだ」と認めつつ，後で He probably only needs a little more time to …（彼はきっと…するのにもう少し時間が必要なだけだ）と言っている。よって女性の真意は「彼には時間が必要だろう」と感じていると理解できる。

3. 正解：(A)
最後の女性の Don't be so harsh.（そんなに手厳しいことを言わないで）というセリフで，女性の男性に対する気持ちが理解できる。したがって (A) が正解。選択肢では harsh の代わりに bitter という形容詞が使われているので注意。TOEIC のリスニングでは，このように会話やナレーションに登場する語（句）が選択肢では言い換えられるパターンが多いことも覚えておきたい。

正解・解説　POINT 23

重要語句チェック

- [ ] persuade 〜 = 〜を説得する
- [ ] apply for 〜 = 〜に応募・志願する
- [ ] indifferent = 無関心な
- [ ] opportunity = 機会，チャンス，好機
- [ ] background = 経歴
- [ ] candidate = 候補者
- [ ] lazy = 怠惰な
- [ ] harsh = 手厳しい
- [ ] idle = 怠惰な，ぐうたらな
- [ ] remote = よそよそしい
- [ ] silly = 愚かな
- [ ] picky = 選り好みする，気難しい
- [ ] bitter = 苦々しい，厳しい
- [ ] understanding = 理解（力）のある
- [ ] cruel = 冷酷な，残酷な
- [ ] amusing = 面白い，楽しい

Useful Expressions (2) 〈オフィス〉

- [ ] **Do you mind ...ing?** = …してもらえますか？　*Ex.* **Do you mind making three copies of this report?**（この報告書の写しを3部とっていただけませんか？）
- [ ] **refrain from 〜** = 〜を控える　*Ex.* **Please refrain from smoking in the office.**（オフィス内での喫煙は控えてください。）
- [ ] **supervisor** = 上司，管理者，監督者
- [ ] **business trip** = 出張
- [ ] **cover for 〜** = 〜の代理をする　*Ex.* **Angie will cover for me until I get back from New York.**（私がニューヨークから戻るまでアンジーが代理を務めます。）
- [ ] **be in charge** = 担当である，責任者である　*Ex.* **John is in charge.**（ジョンが責任者です。）
- [ ] **give 〜 a hand** = 〜を手伝う　*Ex.* **Can you give me a hand?**（ちょっと手伝ってくれませんか？）
- [ ] **photocopier** = コピー機
- [ ] **printing room** = 印刷室
- [ ] **assistance** = 手伝い，援助　*Ex.* **May I ask for your assistance?**（お手伝いをお願いしてもいいですか？）
- [ ] **secretary** = 秘書
- [ ] **assemble 〜** = 〜をまとめる，整理する　*Ex.* **Sue assembled the documents for Mr. Heim.**（スーがハイム氏のために書類を整理しました。）

PART 3

POINT 24

話者の心情を理解する!

- 何に関する会話が、どこで起こっているのかを大まかに理解する。
- 話者の気持ちを表現する形容詞に集中して聞く。
- 会話中または後の心情の変化を予想する。

CD1-47

1. How does the woman feel about being transferred to another department?

(A) Happy but slightly worried
(B) Ecstatic and grateful
(C) Devastated
(D) Totally miserable

Ⓐ Ⓑ Ⓒ Ⓓ

2. How does the man think the woman will do in the accounting department?

(A) She'll feel too intimidated to do a good job.
(B) She'll do fine.
(C) She'll be overwhelmed by her new responsibilities.
(D) She'll acquire more skills and knowledge as an accountant.

Ⓐ Ⓑ Ⓒ Ⓓ

3. How does the woman feel after the conversation?

(A) More positive
(B) Totally depressed
(C) Slightly upset
(D) Rejected

Ⓐ Ⓑ Ⓒ Ⓓ

> ココキケ
> 人の状態を表す形容詞に集中すると同時に、「こうなるだろう」という話者の予測を示すセリフを聞き取っていく。

Answers: 1. (A) 2. (B) 3. (A)

【スクリプト】
M: How do you feel about being transferred to the accounting department?
F: Very, very excited, and I still can't believe my own luck. Part of me wishes to stay in this department for another year or two, though. That'd help me acquire more skills and knowledge as an accountant.
M: I see what you mean, Joanne. Just don't feel intimidated. You'll find the new responsibilities both rewarding and challenging.
F: Thanks, Mark, for cheering me up. I'll try and shake off the negative feelings.

【設問】
1. How does the woman feel about being transferred to another department?
(A) Happy but slightly worried
(B) Ecstatic and grateful
(C) Devastated
(D) Totally miserable

2. How does the man think the woman will do in the accounting department?
(A) She'll feel too intimidated to do a good job.
(B) She'll do fine.
(C) She'll be overwhelmed by her new responsibilities.
(D) She'll acquire more skills and knowledge as an accountant.

3. How does the woman feel after the conversation?
(A) More positive
(B) Totally depressed
(C) Slightly upset
(D) Rejected

【設問訳】
1. 女性は別の課に異動になることをどう思っていますか？
(A) うれしいがちょっと心配している
(B) 有頂天になるほどうれしくて感謝している
(C) 落ち込んでいる
(D) 完全にみじめな気分になっている

2. 男性は女性が経理課でどのような仕事ぶりを発揮すると思っていますか？
(A) 彼女はおじけづきすぎて，良い仕事ができない。
(B) 彼女ならうまくやれる。
(C) 彼女は自分の新しい職務に圧倒されてしまう。
(D) 彼女は会計士としてより多くの手腕と知識を身につける。

3. この会話の後で女性はどのように感じていますか？
(A) より前向きになっている
(B) 完全に意気消沈している
(C) わずかに気が動転している
(D) 拒絶された気分になっている

正解・解説　POINT 24

【スクリプト訳】
M: 経理課に異動になるのはどんな気分だい？
F: ものすごくワクワクしてるし，まだ自分の幸運が信じられない気分よ。この課にあと1年か2年いられたらな，とも思うけどね。そうすれば会計士としてより多くの手腕と知識を得ることができるだろうから。
M: 言いたいことはわかるよ，ジョアン。ただ，おじけづいてはダメだよ。君なら新しい職務が価値のある，やりがいのあるものだとわかるだろうから。
F: 励ましてくれてありがとう，マーク。ネガティブな気持ちを振り払うよう頑張ってみるわ。

【解説】
1. 正解：(A)
女性の Very, very excited, and … という発言から，異動についてはとてもうれしいという気持ちを持っていることが伝わってくる。よってこの時点で (C) や (D) は除外できる。また，その後で女性は「(とはいえ) 今の部署にもう少しいられたらよかった。その方が会計士としてより多くの手腕と知識を得ることができるだろうから」とも述べていることから，早い異動による不安も感じていることを汲み取れる。したがって (A) が正解。

2. 正解：(B)
男性の You'll find the new responsibilities both rewarding and challenging.（君なら新しい職務が価値のある，やりがいのあるものだとわかるだろう）というセリフから，この女性であればうまくやるだろうという男性の期待がわかる。

3. 正解：(A)
女性の最後の I'll try and shake off the negative feelings.（ネガティブな気持ちを払拭するよう頑張ってみます）というセリフから，女性がより前向きな気分になりつつあることが理解できる。

正解・解説　POINT 24

■ 重要語句チェック

- □ transfer 〜 ＝ 〜を移動〔異動〕させる
- □ accounting department ＝ 経理課
- □ excited ＝ ワクワクした
- □ skill ＝ 熟練，腕前
- □ accountant ＝ 会計士
- □ intimidated ＝ おじけづいた，及び腰の
- □ rewarding ＝ 報われる，得るところがある
- □ challenging ＝ やりがいがある，手腕を問われる
- □ cheer up 〜 ＝ 〜を励ます，元気づける
- □ shake off 〜 ＝ 〜を払いのける，振り払う
- □ slightly ＝ わずかに
- □ grateful ＝ ありがたく思う
- □ devastated ＝ ひどく心を乱された，落ち込んだ
- □ miserable ＝ みじめな，悲惨な
- □ overwhelmed ＝ 圧倒された，困惑した
- □ upset ＝ 気が動転した
- □ rejected ＝ 拒絶された

Useful Expressions (3) ·· 〈会議〉

- □ suggestion〔proposal〕＝ 提案
- □ opinion ＝ 意見　*Ex.* Don't we need opinions about different manufacturers in the US?（アメリカの異なる製造業者に関する意見も必要ではないですか？）
- □ minutes ＝ 議事録　*e.g.* take minutes（議事録をとる）
- □ agenda ＝ 議題，議題の一覧表
- □ decision ＝ 決定，決議
- □ postpone〔put off〕〜 ＝ 〜を延期する
- □ cancel〔call off〕〜 ＝ 〜を中止する，取りやめる
- □ reschedule 〜 ＝ （スケジュール・計画）を変更する
- □ attend〔participate in〕〜 ＝ 〜に出席〔参加〕する
- □ chair〔chairperson〕＝ 議長
- □ attendee〔participant〕＝ 出席者
- □ absentee ＝ 欠席者，不在者
- □ be present at the meeting ＝ 会議に出席している
- □ call a meeting ＝ 会議を招集する　*Ex.* He called a meeting to discuss a number of serious issues.（彼は多くの深刻な問題を話し合うために会議を招集しました。）
- □ feasible ＝ 実現可能な，実行可能な
- □ AGM（＝ annual general meeting）＝ 年次総会
- □ CEO（＝ chief executive officer）＝ 最高経営責任者

PART 3

ココキケ
POINT 25

会話では直接触れられていないことを想像する！

- 何・誰に関する話題なのかを確実に捉える。
- 何・誰がどういう状況にあるのかを理解する。
- 各々の話者のセリフから，「ズバリ何を言わんとしているか？」を理解する。

CD1-48

1. What does the man want to do?

   (A) Replace Pierre with someone who speaks better Spanish
   (B) Have Pierre train more staff members from France
   (C) Keep their French clients satisfied
   (D) Have Pierre take a Spanish proficiency test

   A B C D

2. What does the woman want to do about Pierre?

   (A) Fire him
   (B) Train him better with French supervisors
   (C) Keep him as a staff member
   (D) Replace him with someone else immediately

   A B C D

3. What does the man imply?

   (A) The Spanish clients are less important than the French staff members.
   (B) The Spanish clients are more important than Pierre.
   (C) The woman should acquire better communicative skills.
   (D) The woman should find a French interpreter immediately.

   A B C D

> **ココキケ**
> 会話中の婉曲的表現に注意し，「話者の真意」を理解する。質問文や選択肢で直接的表現で表されている内容が，会話では誰によってどう表現されているかに注意する。

UNIT 05

Answers: **1.** (A) **2.** (C) **3.** (B)

【スクリプト】

M: Pierre has made little progress with his Spanish. ^{1.}I guess it's time for us to start considering finding someone else who can work and communicate better with our Spanish clients.

F: You are absolutely right about his Spanish proficiency but ^{2.}we shouldn't forget he's a great asset to our company. He has trained so many of our new staff members from France, remember?

M: Yes, that's true, but ^{3.}keeping our Spanish clients satisfied is definitely a priority for us.

【設問】

1. What does the man want to do?
(A) **Replace Pierre with someone who speaks better Spanish**
(B) Have Pierre train more staff members from France
(C) Keep their French clients satisfied
(D) Have Pierre take a Spanish proficiency test

2. What does the woman want to do about Pierre?
(A) Fire him
(B) Train him better with French supervisors
(C) **Keep him as a staff member**
(D) Replace him with someone else immediately

3. What does the man imply?
(A) The Spanish clients are less important than the French staff members.
(B) **The Spanish clients are more important than Pierre.**
(C) The woman should acquire better communicative skills.
(D) The woman should find a French interpreter immediately.

【設問訳】

1. 男性はどうしたいと思っていますか？
(A) **もっとスペイン語が上手な人をピエールの後任にしたい**
(B) ピエールにより多くのフランス人社員の教育をさせたい
(C) 自分たちのフランスの得意先を満足させておきたい
(D) ピエールにスペイン語の検定試験を受けさせたい

2. 女性はピエールについてどうしたいと思っていますか？
(A) 彼を解雇したい
(B) フランス人上司と一緒に彼をよりよく教育したい
(C) **彼を社員としてキープしておきたい**
(D) ただちに他の誰かと彼を入れ替えたい

3. 男性は何を言わんとしているのですか？
(A) スペインの得意先はフランス人社員ほど重要ではない。
(B) **スペインの得意先はピエールよりも重要である。**
(C) 女性はもっとコミュニケーションの技量を身につけるべきである。
(D) 女性はすぐにフランス語の通訳を見つけるべきである。

正解・解説　POINT 25

【スクリプト訳】
M: ピエールはスペイン語がほとんどうまくなっていないですね。スペインの得意先ともっと上手にコミュニケーションをとって仕事ができる，他の誰かを見つけることを考慮し始める時期だと思います。
F: 彼のスペイン語技能についてはまったくあなたのおっしゃる通りですね。ですが彼が我が社にとって非常に貴重な存在であることも忘れるべきではありませんね。彼が非常に多くのフランス出身の社員を教育してきたんですよ，覚えておいでですか？
M: ええ，それは本当ですが，スペインの得意先を満足させておくことが明らかに我々の優先事項ですよ。

【解説】
1. 正解：(A)
男性の最初のセリフに I guess it's time for us to … with our Spanish clients.（スペインの得意先ともっと上手にコミュニケーションをとって仕事ができる人を探すことを考える時期だ）とある。したがって (A) が正解。選択肢では replace ～ with …（～を…と交代する）という表現に置き換えられている。

2. 正解：(C)
女性は we shouldn't forget he's a great asset to our company（彼が我が社にとって非常に貴重な存在であることも忘れるべきではない）と言っているので，社員としてピエールをキープしておきたいという意思が理解できる。

3. 正解：(B)
ピエールが社にとって非常に貴重な存在だと言う女性に対し，男性は keeping our Spanish clients satisfied is definitely a priority for us（スペインの得意先を満足させておくことが明らかに我々の優先事項だ）と答えている。ここから，ピエールという一社員よりもスペインの顧客の方が大事だと男性は言いたいものと理解できる。

正解・解説　POINT 25

重要語句チェック

- make progress = 進歩する
- consider ～ = ～を熟考する
- client = 顧客，得意先
- proficiency = 熟達，技能
- asset = 貴重なもの，利点
- satisfied = 満足した
- priority = 優先事項
- replace ～ with ... = ～を…と取り替える
- fire ～ = ～を解雇する（= dismiss）
- supervisor = 上司，管理者，監督者
- imply ～ = ～を暗示する，ほのめかす
- communicative = 伝達の，コミュニケーションのための
- interpreter = 通訳（者）

Useful Expressions (4) ─────────────── 〈人事〉

- qualify = 資格を得る
- qualified = 資格のある，適任の
- overqualified = 資格過剰な
- résumé〔CV (= curriculum vitae)〕= 履歴書
- cover letter = カバーレター，添え状
- letter of reference = 人物証明書
- reference = 照会先
- candidate = 候補者
- interview = 面接；面接する
- educational background = 学歴
- business background = 職務経歴
- in detail = 詳細に
- apply for ～ = ～に申し込む
- accomplishment = 業績
- submit〔turn in〕～ = ～を提出する
- commensurate = 相応の，見合った　*Ex.* Your salary is commensurate with your experience.（あなたの給与は経験相応のものです。）

PART 3

POINT 26

アドバイスや指示の内容を確実に理解する！

- 誰が誰に，どういった状況で指示しているのかを捉える。
- 話者2人の関係を理解する。
- いつ，何を，どのように，なぜ，誰に…といった基本情報を捉える。

CD1-49

1. When does the man want the woman to call Mr. Gomez?

   (A) As soon as she can
   (B) Tomorrow morning
   (C) By noon
   (D) As soon as he gets back from Chicago

A B C D

2. Why does the man want the woman to call Mr. Gomez?

   (A) So she can reschedule the meeting for him.
   (B) So she can tell Mr. Gomez he owes Bob an apology.
   (C) So she can ask Mr. Gomez about the accident in Chicago.
   (D) So she can tell Mr. Gomez the meeting has to be cancelled.

A B C D

3. What does the man want the woman to tell Mr. Gomez?

   (A) All about the accident in the factory
   (B) When he is coming back to the office
   (C) That he is sorry and that he'll get in touch with him as soon as he gets back
   (D) That the accident was disastrous

A B C D

> **ココキケ**
> 誰が誰に依頼しているかを捉えることが先決。Will you …?, Tell ＋ 人 …, Make sure … といった表現に注意し，続く内容を完全に理解する。

Answers: 1. (A) 2. (D) 3. (C)

3/3

【スクリプト】

M: **Will you call Mr. Gomez now** and tell him **I have to cancel our meeting?** Our meeting is planned for tomorrow morning but Lynn just called from Chicago and told me an accident occurred in the factory there. I have to be there by noon at the latest.

F: OK, Bob. When will you be able to meet with him?

M: I'm not sure. **Just tell him I apologized and tell him I'll contact him as soon as I get back.** Make sure you don't tell him about the accident.

【設問】

1. When does the man want the woman to call Mr. Gomez?
(A) As soon as she can
(B) Tomorrow morning
(C) By noon
(D) As soon as he gets back from Chicago

2. Why does the man want the woman to call Mr. Gomez?
(A) So she can reschedule the meeting for him.
(B) So she can tell Mr. Gomez he owes Bob an apology.
(C) So she can ask Mr. Gomez about the accident in Chicago.
(D) So she can tell Mr. Gomez the meeting has to be cancelled.

3. What does the man want the woman to tell Mr. Gomez?
(A) All about the accident in the factory
(B) When he is coming back to the office
(C) That he is sorry and that he'll get in touch with him as soon as he gets back
(D) That the accident was disastrous

【設問訳】

1. 男性はいつ女性にゴメス氏への電話をかけてほしいのですか？
(A) なるべく早く
(B) 明日の朝
(C) 正午までに
(D) 彼がシカゴから戻り次第すぐ

2. 男性はなぜ女性にゴメス氏への電話をかけてほしいと思っているのですか？
(A) 自分に代わって女性が会議のスケジュールを立て直せるように。
(B) 彼女がゴメス氏に，ゴメス氏はボブに謝罪しなくてはならないと言えるように。
(C) 彼女がシカゴの事故についてゴメス氏にたずねることができるように。
(D) 彼女からゴメス氏に会議をキャンセルしなくてはならないことを伝えられるように。

3. 男性は女性に，ゴメス氏に何を伝えてほしいのですか？
(A) 工場での事故についての全容
(B) 彼がいつオフィスに戻ってくるか
(C) 彼が申し訳なく思っていて，戻り次第すぐに連絡するつもりであること
(D) その事故が悲惨なものであったということ

正解・解説　POINT 26

【スクリプト訳】
M: ゴメスさんに今すぐ電話して，会議をキャンセルしなくてはならないと伝えてくれるかい？ 会議は明日の朝に予定されているんだけど，リンがシカゴから電話してきて，シカゴの工場で事故が起こったと言うんだ。遅くとも正午までにはあちらに行かねばならない。
F: わかりました，ボブ。いつなら彼に会えるのですか？
M: わからない。ただ私が謝っていたこと，また戻り次第すぐ連絡することを伝えてくれ。彼には事故のことは言わないように。

【解説】
1. 正解：(A)
冒頭の男性のセリフに Will you call Mr. Gomez now and ...（ゴメスさんに今すぐ電話して…）とあるので，ただちに電話してほしいことがわかる。

2. 正解：(D)
女性は When will you be able to meet with him?（いつなら彼に会えるのですか？）と聞いているが，男性は I'm not sure.（わからない）と答えている。いつ会えるかわからなければ会議の計画を reschedule することはできないので (A) は不適切だと判断できる。男性の冒頭の Will you call Mr. Gomez now and tell him I have to cancel our meeting?（ゴメスさんに今すぐ電話して，会議をキャンセルしなくてはならないと伝えてくれるかい？）のセリフより，とりあえずの電話の目的は会議をキャンセルすることだとわかる。

3. 正解：(C)
男性の最後のセリフに Make sure you don't tell him about the accident.（彼には事故のことは言わないように）とあるので，(A) は明らかに不適切。会話内では apologize（謝罪する）という表現が (C) では he is sorry に，また contact（連絡する）という表現は get in touch with ～という表現に書き換えられている。

正解・解説　POINT 26

重要語句チェック

- occur = 発生する，起こる
- at the latest = いくら遅くとも
- apologize = 謝罪する
- contact 〜 = 〜に連絡する
- reschedule 〜 = 〜のスケジュールを組み直す
- owe 〜 … = 〜に…の借りがある，〜に対して…を負っている
- apology = 謝罪
- get in touch with 〜 = 〜に連絡を取る
- disastrous = 悲惨な

Useful Expressions (5) 〈銀行〉

- savings account = 普通預金口座
- checking account = 当座預金口座
- joint account = 共同口座
- deposit 〜 = 〜を預金する　*Ex.* I have decided to deposit a certain amount of money each month. （私は毎月決まった額を預金することにしました。）
- withdraw 〜 = 〜を引き出す　*Ex.* I'd like to withdraw $100 from my account. （私は自分の口座から100ドル引き出したいのです。）
- bank statement = 銀行取引明細書
- transact = 取引する
- transaction balance = 取引残高
- mortgage = 貸付金，住宅ローン
- check = 小切手
- endorse 〜 = （手形など）に裏書きする　*Ex.* You must endorse the back of your check. （小切手の裏に裏書きしていただかなければなりません。）
- debit card = デビットカード
- ATM（= automated teller machine）= 現金自動預払機
- PIN（= personal identification number）= 暗証番号
- interest = 利子，金利
- currency = 通貨
- bank balance = 銀行残高　*Ex.* I'd like to check my bank balance. （銀行残高を照会したいのです。）

PART 3

POINT 27

場所や時間，数など具体的な情報に注目する！

- どこに，どうやって，何時に，誰が，誰と…という具体的情報を聞き取る。
- "OK." などの了解は何に対するものか理解する。
- 時刻に注目する。また，簡単な計算を要する場合もあるので注意。

CD1-50

1. Where is the man going to pick up the woman?
    (A) Outside his office
    (B) At the station
    (C) By Emilio's
    (D) Outside the woman's office

    A B C D

2. What time will the man pick up the woman?
    (A) At about 1:00 pm
    (B) At about 5:00 pm
    (C) At about 7:00 pm
    (D) At about 7:15 pm

    A B C D

3. How many people will be in the man's car after he picks up the woman?
    (A) Three
    (B) Four
    (C) Five
    (D) Six

    ココキケ
    複数の場所，人名，時間，情報などが登場するので，それぞれが何を表しているのかに注意して聞く。

    A B C D

Answers: **1.** (C) **2.** (D) **3.** (C)

【スクリプト】
F: Will you pick me up at the station after work?
M: Well, the station is actually far from where I work. Perhaps I can pick you up by Emilio's, the Italian restaurant we went to once. It only takes about 5 minutes to drive there and it's fairly close to your office.
F: All right. What time will you be there?
M: Probably at about quarter past seven. I am also picking up Sally, Jose and his friend on my way to Emilio's, but I promise I won't keep you waiting for long.

【設問】

1. Where is the man going to pick up the woman?
(A) Outside his office
(B) At the station
(C) By Emilio's
(D) Outside the woman's office

2. What time will the man pick up the woman?
(A) At about 1:00 pm
(B) At about 5:00 pm
(C) At about 7:00 pm
(D) At about 7:15 pm

3. How many people will be in the man's car after he picks up the woman?
(A) Three
(B) Four
(C) Five
(D) Six

【設問訳】

1. 男性はどこで女性を拾うつもりですか？
(A) 彼の職場の外
(B) 駅
(C)「エミリオズ」のそば
(D) 女性の職場の外

2. 男性は何時に女性を拾うでしょう？
(A) 午後1時頃
(B) 午後5時頃
(C) 午後7時頃
(D) 午後7時15分頃

3. 女性を拾った後、男性の車には何人が乗っていることになるでしょうか？
(A) 3人
(B) 4人
(C) 5人
(D) 6人

正解・解説　POINT 27

【スクリプト訳】
F: 仕事の後，駅のところで拾ってくれる？
M: そうだな，実は，駅は僕の職場から遠いんだ。僕たちが一度行ったことのあるイタリアンレストランの「エミリオズ」のそばなら拾ってあげられるかも。そこなら車でほんの5分くらいだし，君のオフィスからもかなり近いしね。
F: いいわ。何時に来られる？
M: たぶん7時15分頃だね。「エミリオズ」に行く途中でサリーとホセとホセの友人も拾うから。でも長くは待たせないと約束するよ。

【解説】
1. 正解：(C)
最初に女性は Will you pick me up at the station（駅のところで拾ってくれる？）とお願いしているが，男性は Perhaps I can pick you up by Emilio's と「エミリオズ」のそばで拾うことを提案し，女性もその提案に All right と答えている。

2. 正解：(D)
男性の最後のセリフに Probably at about quarter past seven. とある。quarter は「4分の1」の意味で，時間の場合は60分の4分の1，すなわち15分のことである。よって男性の言う quarter past seven は7時15分と理解できる。

3. 正解：(C)
男性の最後のセリフに I am also picking up Sally, Jose and his friend on my way to Emilio's（「エミリオズ」に行く途中でサリーとホセとホセの友人も拾う）とある。よって女性を拾った後は「ドライバーである男性」「女性」「サリー」「ホセ」「ホセの友人」の5人となる。なお Emilio はイタリア料理店の名前であって，車に同乗する人の名前ではないので注意したい。

正解・解説　POINT 27

重要語句チェック

- ☐ pick up 〜 = 〜を車で拾う
- ☐ actually = 実際は
- ☐ fairly = かなり
- ☐ close to 〜 = 〜に近い
- ☐ keep 〜 waiting = 〜を待たせたままにする

Useful Expressions (6) ──〈電話〉

- ☐ **Could you please put me through to the accounts department?**
  （会計課にこの電話をおつなぎいただきたいのですが。）
- ☐ **Extension 657, please.**
  （内線番号 657 をお願いします。）
- ☐ **Would you like to leave a message?**
  （メッセージを残されますか？）
- ☐ **I'll call you back as soon as possible.**
  （なるべく早急にこちらからかけ直します。）
- ☐ **He's on another line.**
  （彼はただいま他の電話に出ております。）
- ☐ **I'm returning your call.**
  （折り返しお電話させていただいております。）
- ☐ **I left a brief message on the answering machine.**
  （留守番電話に短いメッセージを残しました。）
- ☐ **This is the accounts department, John Smith speaking.**
  （こちら会計課のジョン・スミスでございます。）
- ☐ **Whom would you like to speak to?**
  （お話したいのは誰ですか？）
- ☐ **Do you mind if I put you on hold for a second?**
  （少々お待ちいただいても構いませんか？）

PART 3

ココキケ
POINT 28

理由を問われ，それに答えるパターンに馴染む！

- 決定的な形容詞に続く情報を聞き落とさない。
- 各々の言い分を理解する。
- I know what you mean but ... に続く内容から真意・理由を理解する。

CD1-51

1. Why was Kenny depressed?
   (A) Because of what the woman said.
   (B) Because he lost some of his valuable clients.
   (C) Because the woman's performance was favorably accepted by the boss.
   (D) Because he didn't want to lose any more clients.

   Ⓐ Ⓑ Ⓒ Ⓓ

2. Why isn't the man happy?
   (A) Because he realizes that he was being too harsh to Kenny.
   (B) Because the woman was hard on Kenny.
   (C) Because the woman should get along better with their important clients.
   (D) Because the woman was spoiling Bob.

   Ⓐ Ⓑ Ⓒ Ⓓ

3. Why wasn't the woman nice to Kenny?
   (A) Because she didn't like his argument.
   (B) Because they've lost some valuable clients because of Kenny.
   (C) Because she can't afford to hire a new person.
   (D) Because she thinks he should've been nicer to her.

   Ⓐ Ⓑ Ⓒ Ⓓ

> **ココキケ**
> 話者がどういう理由で何をしたか，またそのことが原因でどう感じているかに注意する。

UNIT 05

Answers: 1. (A) 2. (B) 3. (B)

【スクリプト】
M: Your argument was valid in every aspect, but you should've tried a bit harder to be nice, Sandy. Kenny was quite depressed after your remarks about his performance.
F: I know what you mean, Bob, but I had to make it clear to him that he should be doing much better. We've already lost 5 of our most important clients because of him and we can't afford to lose any more.
M: Yeah, but I still think you could've been nicer to him.

【設問】
1. Why was Kenny depressed?
(A) Because of what the woman said.
(B) Because he lost some of his valuable clients.
(C) Because the woman's performance was favorably accepted by the boss.
(D) Because he didn't want to lose any more clients.

2. Why isn't the man happy?
(A) Because he realizes that he was being too harsh to Kenny.
(B) Because the woman was hard on Kenny.
(C) Because the woman should get along better with their important clients.
(D) Because the woman was spoiling Bob.

3. Why wasn't the woman nice to Kenny?
(A) Because she didn't like his argument.
(B) Because they've lost some valuable clients because of Kenny.
(C) Because she can't afford to hire a new person.
(D) Because she thinks he should've been nicer to her.

【設問訳】
1. なぜケニーは意気消沈していたのですか?
(A) 女性の発言のため。
(B) 自分の大切な顧客数名を失ってしまったから。
(C) 女性の実績が上司に好意的に受け入れられたから。
(D) これ以上顧客を失いたくなかったから。

2. 男性はなぜ快く思っていないのですか?
(A) 自分がケニーにあまりにも厳しすぎたとわかっているから。
(B) 女性がケニーに対して手厳しかったから。
(C) 女性は重要な顧客ともっと仲良くすべきだから。
(D) 女性はボブを甘やかしていたから。

3. 女性はなぜケニーに優しくなかったのですか?
(A) 彼の主張が気に入らなかったから。
(B) ケニーのせいで何人かの大切な顧客を失ったから。
(C) 新しい人を雇うゆとりがないから。
(D) 彼が彼女にもっと優しくするべきだったと思っているから。

正解・解説　POINT 28

【スクリプト訳】
M: サンディー，君の主張はあらゆる面で正当ではあったけれど，もうちょっと優しくしてあげようとしてもよかったのに。ケニーの仕事ぶりについて君が発言した後，彼はかなり落ち込んでいたよ。
F: あなたの言いたいことはわかるわ，ボブ。でももっとしっかりやるべきだって彼にはっきり言っておかなくてはならなかったのよ。彼のせいですでに最も重要な顧客のうち5人を失っているし，これ以上失う余裕はないのよ。
M: ああ，でもやっぱりもっと彼に優しくできただろうにって僕は思うよ。

【解説】
1. 正解：(A)
男性の最初のセリフに Kenny was quite depressed after your remarks about his performance.（ケニーの仕事ぶりについての君の発言の後，彼はかなり落ち込んでいた）とあるので，直接的な原因は女性の発言にあったものと理解できる。

2. 正解：(B)
男性の最初の you should've tried a bit harder to be nice（もうちょっと優しくしてあげようとしてもよかったのに），そして最後の but I still think you could've been nicer to him（でもやっぱりもっと彼に優しくできただろうにと思う）という発言から，男性は女性がケニーに対して厳しすぎたと不満に感じていることがわかる。

3. 正解：(B)
自分の態度を責める男性に対し，We've already lost 5 of our most important clients because of him（彼のせいですでに最も重要な顧客のうち5人を失っている）と女性は答えている。

UNIT 05

正解・解説　POINT 28

重要語句チェック

- argument ＝ 主張
- valid ＝ 正当な
- aspect ＝ 側面
- depressed ＝ 気落ちしている
- remark ＝ 発言
- performance ＝ 実績，功績
- afford to ... ＝ …する余裕がある
- valuable ＝ 貴重な，大切な
- favorably ＝ 好意的に
- harsh ＝ 厳しい
- hard on 〜 ＝ （人）につらくあたる
- get along ＝ 仲良くやっていく
- spoil 〜 ＝ 〜を甘やかす，増長する
- hire 〜 ＝ 〜を雇う

Useful Expressions (7) 〈オフィス〉

- I'm all tied up.
（今手が離せないのです。）
- Do you have a minute?
（ちょっといいですか？）
- Has anyone called?
（誰か電話をかけてきましたか？）
- How did the presentation go?
（プレゼンテーションはどうでしたか？）
- Did you manage to meet the deadline?
（締め切りにはどうにか間に合いましたか？）
- Who's in charge?
（責任者は誰ですか？）
- Make sure everything is arranged prior to his arrival.
（彼が到着する前に，間違いなくすべての手はずが整っているようにね。）
- Is the photocopier broken again?
（コピー機がまた壊れているの？）
- Don't fail to submit the report by 〜
（〜までに報告書を必ず提出するように）
- Did your supervisor mention workflow?
（あなたの上司は仕事の流れについて話しましたか？）

PART 3

ココキケ
POINT 29

日時，場所，実行すべき事柄をすべて聞き取る！

- I need to ... や I must ... に続く内容を捉える。
- 会話の起こっている場所を最初のセリフなどから推測する。
- urgently や immediately（すぐに），by（〜までに）などの重要情報を聞き取る。
- 結論・代替案などを捉える。

CD1-52

1. What does the man want to do?

(A) Make arrangements to send something to Sakura Technology
(B) Ask the woman to process their return
(C) Ask Tim to visit someone at HDX International for him
(D) Make arrangements to have something delivered to HDX International

A B C D

2. Where is this conversation taking place?

(A) At a post office
(B) At an office
(C) At HDX International
(D) At Sakura Technology

A B C D

3. When do they need a replacement product at HDX International?

(A) As soon as possible
(B) Sometime in the afternoon
(C) Early in the morning
(D) Any day of the week

A B C D

ココキケ
会話の場所，話者の要望，代替案，結論などに関する情報を，話の流れから総合的に捉えていく。断片的な理解では必ずひっかけ問題で失敗する。

Answers: **1.** (D) **2.** (B) **3.** (A)

【スクリプト】
M: Sally, can you make arrangements to get this replacement product dispatched to HDX International?
F: I'm all tied up right now, Jim, but I'll take care of it this afternoon.
M: If you are too busy now, I need to find someone else who can do it immediately. They called early this morning and they said they needed it urgently.
F: Oh, in that case, ask Tim. He's about to leave for Sakura Technology and perhaps he can drop the product at HDX International on his way there.

【設問】
1. What does the man want to do?
(A) Make arrangements to send something to Sakura Technology
(B) Ask the woman to process their return
(C) Ask Tim to visit someone at HDX International for him
(D) Make arrangements to have something delivered to HDX International

2. Where is this conversation taking place?
(A) At a post office
(B) At an office
(C) At HDX International
(D) At Sakura Technology

3. When do they need a replacement product at HDX International?
(A) As soon as possible
(B) Sometime in the afternoon
(C) Early in the morning
(D) Any day of the week

【設問訳】
1. 男性は何がしたいのですか？
(A) サクラ・テクノロジー社に何かを送る手配をしたい
(B) 女性に彼らの返品処理をお願いしたい
(C) 自分の代わりにティムにHDXインターナショナル社の誰かを訪問するよう頼みたい
(D) HDXインターナショナル社に何かを配達してもらう手配がしたい

2. この会話はどこで起こっているものですか？
(A) 郵便局
(B) オフィス
(C) HDXインターナショナル社
(D) サクラ・テクノロジー社

3. HDXインターナショナル社ではいつ代わりの商品を必要としているのですか？
(A) できるだけ早く
(B) 午後のいつか
(C) 朝早いうち
(D) その週のうちいつでも

正解・解説　POINT 29

【スクリプト訳】
M: サリー，この代わりの商品を HDX インターナショナル社に発送する手配をしてくれませんか？
F: 今忙しくて手が離せないんです，ジム。だけど今日の午後に手配します。
M: 君が今手が離せないなら，すぐにやってくれる人を誰か他に見つけなくては。今朝早く電話がかかってきて，緊急にこれが必要だと言われたのでね。
F: ああ，それならば，ティムに頼んでください。ちょうどサクラ・テクノロジー社に出かけるところなので，行く途中でついでに HDX インターナショナル社に商品を届けてくれるかもしれませんからね。

【解説】
1. 正解：(D)
男性の最初のセリフに can you make arrangements to get this replacement product dispatched to HDX International?（この代わりの商品を HDX インターナショナル社に発送する手配をしてくれませんか？）とある。dispatch は TOEIC でよく目にする単語で「発送する」の意。(D) では deliver（配達する）という表現に書き換えられている。

2. 正解：(B)
商品の発送について話しているので「郵便局などでは？」と勘違いしないように注意したい。この会話はオフィス内で商品の発送について同僚2人が話し合っている場面でのものである。

3. 正解：(A)
男性の2つ目のセリフにある I need to find someone else who can do it immediately.（すぐにやってくれる人を他に誰か見つけなくては）と They called early this morning and they said they needed it urgently.（今朝早く電話がかかってきて，緊急にこれが必要だと言われた）の2文から，彼らが「なるべく早く」代わりの商品を必要としていることがわかる。

正解・解説　POINT 29

■ 重要語句チェック

- ☐ make arrangements ＝ 手配する
- ☐ replacement product ＝ 代わりの商品
- ☐ dispatch 〜 ＝ 〜を発送する
- ☐ tied up ＝ 忙しくて手が離せない
- ☐ right now ＝ 今は；すぐに
- ☐ take care of 〜 ＝ 〜を処理する
- ☐ urgently ＝ 緊急に
- ☐ in that case ＝ もしそうであるなら，その場合には
- ☐ leave for 〜 ＝ 〜へ向けて出発する
- ☐ drop 〜 ＝ （荷物）を途中で降ろす
- ☐ process 〜 ＝ 〜を処理する
- ☐ take place ＝ 起こる

Useful Expressions (8) ―――――― 〈会議〉

- ☐ **I'd like to state our objectives for the meeting first.**
  （まず会議の目的を述べたいと思います。）
- ☐ **Could you repeat what you've just said?**
  （今おっしゃったことをもう一度繰り返していただけませんか？）
- ☐ **Are you for or against the proposal?**
  （あなたはその提案に賛成ですか，反対ですか？）
- ☐ **Do you have any questions?**
  （何かご質問はありますか？）
- ☐ **Please take a look at 〜**
  （〜をご覧ください）
- ☐ **I sent you a copy of the minutes last week.**
  （議事録のコピーを先週お送りしました。）
- ☐ **The following items were added to the agenda.**
  （次の事項が議題に追加されました。）
- ☐ **As we discussed before, ...**
  （以前我々が話し合ったように，…）
- ☐ **Shall we move on to the second point?**
  （次のポイントに移りましょうか？）
- ☐ **Could you take it from here, Sam?**
  （ここから先はお願いできますか，サム？）
- ☐ **Aren't we moving away from the point?**
  （話が要点からそれてはいませんか？）

PART 3

ココキケ
POINT 30

話者2人の関係を理解する！

- 'should have + 過去分詞' は目下か同等の相手に使うことに注意。
- supervisor などのキーワードを聞き逃さない。

CD1-53

1. Who is the man?
   (A) Someone working under Tiffany
   (B) Someone working under Bob
   (C) Someone who has just finished a presentation
   (D) Tiffany's supervisor

   Ⓐ Ⓑ Ⓒ Ⓓ

2. What does the man intend to do?
   (A) Give the woman criticism
   (B) Help the woman get accustomed to speaking in public
   (C) Make her a nice cup of coffee before her presentation
   (D) Offer the woman advice when needed

   Ⓐ Ⓑ Ⓒ Ⓓ

3. What will the woman do if she has the chance to do a presentation again?
   (A) Talk to Bob
   (B) Ask the man for some advice in advance
   (C) Look for some tangible data to make her questions clearer
   (D) Try to avoid making the same mistake that Tiffany made

   Ⓐ Ⓑ Ⓒ Ⓓ

> **ココキケ**
> 全体的な内容を聞き取ると同時に，双方のセリフから両者の関係を推測する習慣をつける。アドバイスや指示などを受ける側，与える側に大別された問題がよく出題される。

UNIT 06

113

Answers: 1. (D) 2. (D) 3. (B)

【スクリプト】

M: Your presentation was excellent, Tiffany, but ¹you should have clarified your points with some more tangible data. It would've made your explanation even more credible.

F: Yes. That would've also helped me answer some of the questions after the presentation. Bob did his presentation without asking his supervisor for advice beforehand and that ended up a disaster. I made the same mistake, though. ³I will ²definitely talk to you next time I have the chance to do a presentation.

M: ²You can always count on me. Come on, have some coffee.

【設問】

1. Who is the man?
(A) Someone working under Tiffany
(B) Someone working under Bob
(C) Someone who has just finished a presentation
(D) Tiffany's supervisor

2. What does the man intend to do?
(A) Give the woman criticism
(B) Help the woman get accustomed to speaking in public
(C) Make her a nice cup of coffee before her presentation
(D) Offer the woman advice when needed

3. What will the woman do if she has the chance to do a presentation again?
(A) Talk to Bob
(B) Ask the man for some advice in advance
(C) Look for some tangible data to make her questions clearer
(D) Try to avoid making the same mistake that Tiffany made

【設問訳】

1. この男性は誰ですか？
(A) ティファニーの下で働いている人
(B) ボブの下で働いている人
(C) プレゼンテーションをし終えたばかりの人
(D) ティファニーの上司

2. この男性はどうするつもりですか？
(A) 女性を批判するつもり
(B) 女性が人前で話すのに慣れるよう手助けをするつもり
(C) 女性がプレゼンテーションをする前に美味しいコーヒーを一杯入れてあげるつもり
(D) 必要な時に女性にアドバイスしてあげるつもり

3. もし再度プレゼンテーションをする機会があれば，女性はどうするつもりですか？
(A) ボブに相談するつもり
(B) 男性に前もってアドバイスを求めるつもり
(C) 自分の質問をより明確なものにするため，具体的なデータを探すつもり
(D) ティファニーと同じ間違いをしないように頑張るつもり

正解・解説　POINT 30

【スクリプト訳】

M: 君のプレゼンテーションは素晴らしかったよ，ティファニー。だけどもう少し具体的なデータを加えて論点を明確なものにするべきだったね。それがあれば君の説明ももっと信憑性のあるものになっただろうに。

F: ええ。それがあればプレゼンテーションの後の質問のいくつかに答える時も助かっていたでしょう。ボブは上司に前もってアドバイスを求めずにプレゼンテーションをして，結局大失敗に終わったのです。私も同じミスをしてしまったわけですけどね。次にプレゼンテーションをする機会があったら，絶対にご相談に伺います。

M: いつでも頼ってくれていいんだよ。さあ，コーヒーでも飲みなさい。

【解説】

1. 正解：(D)

女性の Bob did his presentation without asking his supervisor for advice beforehand and that ended up a disaster.（ボブは上司に前もってアドバイスを求めずにプレゼンテーションをして結局大失敗に終わった）や，I will definitely talk to you next time I have the chance to do a presentation.（次にプレゼンテーションをする機会があったら，絶対にご相談に伺います）というセリフから，男性が女性の supervisor（上司）にあたる人物であると理解できる。男性の you should have clarified 〜 という言い回しからも判断できよう。

2. 正解：(D)

I will definitely talk to you next time I have the chance to do a presentation. と言う女性に対し，男性は You can always count on me.（いつでも頼ってくれてよい）と答えているので，アドバイスするつもりだという意思が聞き取れる。

3. 正解：(B)

2. より「上司に相談する＝アドバイスを求める」つもりであることがわかる。女性のセリフから，Bob は上司にアドバイスを求めなかったためにプレゼンテーションで大失敗してしまった同僚だとわかるので (A) は不適切。また男性の最初のセリフに「tangible data（具体的なデータ）をプレゼンテーションに含むべきであった」とあり，「質問に含むべきだ」と言っているわけではないので (C) も不適切。(D) は Tiffany が女性本人なのでおかしい。

正解・解説　POINT 30

■ 重要語句チェック

- ☐ presentation ＝ プレゼンテーション
- ☐ excellent ＝ 非常に優れた
- ☐ clarify 〜 ＝ 〜を明確にする
- ☐ tangible ＝ 具体的な，明白な
- ☐ credible ＝ 信憑性のある
- ☐ supervisor ＝ 上司，管理者，監督者
- ☐ beforehand ＝ 前もって，あらかじめ
- ☐ end up 〜 ＝ 結局〜になる
- ☐ disaster ＝ 大失敗；災害
- ☐ definitely ＝ 間違いなく，確かに
- ☐ count on 〜 ＝ 〜を頼りにする
- ☐ criticism ＝ 批評，批判，非難
- ☐ get accustomed to 〜 ＝ 〜に慣れる
- ☐ in public ＝ 人前で
- ☐ in advance ＝ 前もって，あらかじめ

Useful Expressions (9) 〈交渉〉

☐ Well, let's get down to business.
　（では始めましょうか。）

☐ We are ready to compromise with you.
　（御社と歩み寄る準備はできております。）

☐ We will try our best to come up with an acceptable alternative.
　（納得のいく代替案を思いつけますよう，努力いたします。）

☐ We are really sorry but we can't sign the contract.
　（誠に申し訳ございませんが，契約書にサインはできません。）

☐ Could you explain how it will work for both of us?
　（我々双方にとってどのようにうまくいくのかをご説明いただけますか？）

☐ We need to settle our differences first, don't we?
　（まず我々は双方の意見の相違を解消する必要がありますよね？）

☐ Could you consider lowering the prices?
　（価格の引き下げをご検討いただけませんか？）

☐ We won't compromise on quality to provide less expensive goods.
　（より低価格の商品を提供するために品質面で妥協することはしません。）

☐ Such as?
　（例えば？）

PART 3

POINT 31

代名詞の中身を勘違いしない！

- 頻繁に登場する it や that に注意。代名詞は行動そのものを表すことも多い。
- 情報を整理しながら，話者の役割，予定，実行した事柄などを聞き取る。

CD1-54

1. What was the woman supposed to send to Mr. Cheng?

(A) A voice message
(B) An invoice
(C) A telephone
(D) Her office address

Ⓐ Ⓑ Ⓒ Ⓓ

2. What had the woman forgotten?

(A) To call back Mr. Cheng
(B) That Mr. Cheng sent a fax to her
(C) That Mr. Cheng called her three times last month
(D) To send an invoice to Mr. Cheng

Ⓐ Ⓑ Ⓒ Ⓓ

3. What was the woman supposed to do by the end of September?

(A) Send her new office address to Mr. Cheng
(B) Purchase a new telephone
(C) Send Mr. Cheng an itemized list of shipped goods
(D) Send Mr. Cheng an e-mail message

Ⓐ Ⓑ Ⓒ Ⓓ

> **ココキケ**
> 固有名詞だけでなく，何らかの動作そのものを it や that で表現する場合も多い。話者各々の述べる内容を聞きながら整理し，会話に登場する代名詞が何を指すのかに注意する。

UNIT 06

Answers: 1. (B) 2. (D) 3. (C)

【スクリプト】

M: Have you sent the invoice to Mr. Cheng? He phoned this morning and told me to tell you to send it immediately to his office address.

F: Oh, I had completely forgotten about it. I was supposed to send it by fax or mail by the end of September!

M: He sounded quite irritated and said he had phoned you at least three times last month to remind you of the invoice.

F: That's not true. If he had phoned me that often, I wouldn't have forgotten to do it.

【設問】

1. What was the woman supposed to send to Mr. Cheng?
(A) A voice message
(B) An invoice
(C) A telephone
(D) Her office address

2. What had the woman forgotten?
(A) To call back Mr. Cheng
(B) That Mr. Cheng sent a fax to her
(C) That Mr. Cheng called her three times last month
(D) To send an invoice to Mr. Cheng

3. What was the woman supposed to do by the end of September?
(A) Send her new office address to Mr. Cheng
(B) Purchase a new telephone
(C) Send Mr. Cheng an itemized list of shipped goods
(D) Send Mr. Cheng an e-mail message

【設問訳】

1. 女性はチェン氏に何を送ることになっていたのですか？
(A) 音声メッセージ
(B) 請求書
(C) 電話
(D) 彼女のオフィスの住所

2. 女性は何を忘れてしまっていたのですか？
(A) チェン氏に折り返し電話すること
(B) チェン氏が彼女にファックスを送ってきたこと
(C) チェン氏が先月彼女に3回電話をかけてきたこと
(D) 請求書をチェン氏に送ること

3. 女性は9月の終わりまでに何をすることになっていたのですか？
(A) チェン氏に新しいオフィスの住所を送る
(B) 新しい電話を購入する
(C) チェン氏に発送商品の明細書を送付する
(D) チェン氏に電子メールを送る

正解・解説　POINT 31

【スクリプト訳】
M: 請求書をチェンさんに送りましたか？ 今朝電話をかけてきて，彼の職場の住所の方に早急に送るよう君に伝言するように言われたんですが。
F: ああ，すっかり忘れていました。ファックスか郵便で9月の終わりまでに送ることになっていたのでした！
M: かなりイライラした声で，請求書について念を押すために先月少なくとも3回は君に電話したと言っていましたよ。
F: それは違います。もしそんなに電話をくれていたなら，送り忘れることはなかったでしょうからね。

【解説】
1. 正解：(B)
女性のセリフに I was supposed to send it by ～（それを～で送ることになっていた）とあるが，この it は直前の男性のセリフの Have you sent the invoice to Mr. Cheng? の the invoice（請求書）を指していることがわかる。

2. 正解：(D)
女性の最初のセリフに I had completely forgotten about it（すっかり忘れていた）とあるが，この it は男性のセリフにある「チェンさんに請求書を送ること」を表す代名詞となっている。

3. 正解：(C)
女性の最初のセリフの後半に I was supposed to send it by fax or mail by the end of September!（ファックスか郵便で9月の終わりまでに送ることになっていた）とある。I was supposed to send（送ることになっていた）と言っているので，purchase（購入する）を含む (B) は不適切であるとすぐに判断できる。send に続く it は the invoice（請求書）を指すが，選択肢では an itemized list of shipped goods と書き換えられていることに注意。

UNIT 06

正解・解説 POINT 31

重要語句チェック

- ☐ invoice = 請求書，送り状
- ☐ completely = 完全に
- ☐ be supposed to ... = …することになっている
- ☐ irritated = イライラしている
- ☐ remind ~ of ... = ~に…のことを思い出させる
- ☐ voice message = 音声メッセージ
- ☐ itemized list = 項目別表，明細書
- ☐ shipped = 発送された

Useful Expressions (10) 〈人事〉

- ☐ **I am self-employed.**
  （私は自営業をしています。）
- ☐ **Why have you decided to leave your current job?**
  （どうして現在の仕事を辞めることに決めたのですか？）
- ☐ **The first candidate isn't qualified enough.**
  （最初の候補者は十分な資格がありません。）
- ☐ **Isn't the second candidate overqualified?**
  （2番目の候補者は資格過剰ではありませんか？）
- ☐ **Are you ready for new challenges?**
  （新たなチャレンジに対する心の準備はできていますか？）
- ☐ **Could you describe your current responsibilities?**
  （現在の職責についてお話していただけますか？）
- ☐ **Can you work under a lot of pressure?**
  （プレッシャーが大きい中で仕事することはできますか？）
- ☐ **We'll contact you by ~**
  （~までにご連絡差し上げます）
- ☐ **Do you prefer to work independently or on a team?**
  （一人で仕事する方が好きですか，それともチームの一員として仕事する方が好きですか？）
- ☐ **What relevant experience do you have?**
  （この仕事に関連した，どのような経験をお持ちなのですか？）

PART 3

ココキケ
POINT 32

スケジュールに関する内容は順を追って理解する！

- at の後に続く時刻を正確に聞き取る。
- quarter to ... や quarter past ... のような特有の時間表現に慣れる。
- 訪問場所の数や訪問順に注意。

CD1-55

1. What time is the bus leaving?
   (A) At 8:13 am
   (B) At 8:30 am
   (C) At 9:00 am
   (D) At 9:15 am

   Ⓐ Ⓑ Ⓒ Ⓓ

2. How many places are they visiting before going to the Wine Museum?
   (A) Two
   (B) Three
   (C) Four
   (D) Five

   Ⓐ Ⓑ Ⓒ Ⓓ

3. When are they visiting the vineyard and the winery?
   (A) Early in the morning
   (B) At 8:30 am
   (C) At noon
   (D) Before noon

   Ⓐ Ⓑ Ⓒ Ⓓ

UNIT 06

ココキケ
時間・場所・予定・ツアーに関するルールなど、itinerary（旅程）に関しては具体的な情報が問われることが多い。順を追って必要情報を聞き取っていくとよい。

Answers: **1.** (D) **2.** (A) **3.** (D)

【スクリプト】
M: What time are we leaving the hotel?
F: We will leave the hotel at 8:30 and board Fantastic Travel Bus. The bus will leave ^{1.}at quarter past nine so we'll have to get up early.
M: What's our schedule like in the morning?
F: We are going to the Wine Museum in Morrilton. ^{2. 3.}We will visit a vineyard and a winery on our way there though, so we can enjoy the sights of the countryside and learn more about wines. We will have lunch in the Museum Café at around noon.

【設問】
1. What time is the bus leaving?
(A) At 8:13 am
(B) At 8:30 am
(C) At 9:00 am
(D) At 9:15 am

2. How many places are they visiting before going to the Wine Museum?
(A) Two
(B) Three
(C) Four
(D) Five

3. When are they visiting the vineyard and the winery?
(A) Early in the morning
(B) At 8:30 am
(C) At noon
(D) Before noon

【設問訳】
1. バスが出発するのは何時ですか？
(A) 午前 8 時 13 分
(B) 午前 8 時 30 分
(C) 午前 9 時
(D) 午前 9 時 15 分

2. ワイン博物館に行く前に何カ所を訪問する予定ですか？
(A) 2 カ所
(B) 3 カ所
(C) 4 カ所
(D) 5 カ所

3. 彼らはいつブドウ園とワイナリーを訪問する予定ですか？
(A) 早朝
(B) 午前 8 時 30 分
(C) 正午
(D) 正午より前

正解・解説　POINT 32

【スクリプト訳】
M: 我々は何時にホテルを出発するのですか？
F: ホテルは8時30分に出発し，ファンタスティック・トラベル・バスに乗ります。バスは9時15分に出発しますから，早く起きなくてはなりませんね。
M: 午前中のスケジュールはどのようなものなのですか？
F: モリルトンのワイン博物館に行くのです。そこに行く途中で，田舎の景色を楽しんだりワインについてもっと学んだりできるよう，ブドウ園とワイナリーを訪問しますけどね。正午頃には博物館内のカフェでお昼ご飯をいただく予定です。

【解説】
1. 正解：(D)
女性の最初のセリフに The bus will leave at quarter past nine（バスは9時15分に出発します）とある。quarter は「4分の1」という意味で，時間の場合は60分の4分の1，すなわち15分ということになる。

2. 正解：(A)
女性の2つ目のセリフに We will visit a vineyard and a winery on our way there（そこに行く途中でブドウ園とワイナリーを訪問する）とある。there は the Wine Museum を指す。よって博物館に到着する前に訪れる場所は2つであることがわかる。

3. 正解：(D)
2. で「博物館に到着する前にブドウ園とワイナリーを訪問する」ことを確認したが，女性の最後の発言に We will have lunch in the Museum Café at around noon.（正午頃には博物館内のカフェでお昼ご飯を食べる）とあるので，正午より前にブドウ園とワイナリーを訪れることになり，(C) は除外される。したがって (D) が正解。

正解・解説　POINT 32

重要語句チェック

- □ board 〜 = 〜に搭乗する
- □ vineyard = ブドウ園
- □ winery = ワイナリー
- □ on one's way = 途中で
- □ countryside = 田舎

Useful Expressions (11) 〈オフィス機器・ＩＴ〉

- □ **May I use this computer?**
  （このパソコンを使ってもいいですか？）
- □ **Is the e-mail down again?**
  （メールがまた使えなくなっているのですか？）
- □ **The computers in the office need routine maintenance.**
  （オフィスのパソコンには定期的なメンテナンスが必要です。）
- □ **You should install anti-virus software.**
  （ウィルス除去ソフトをインストールするべきです。）
- □ **Are the printers on?**
  （プリンターの電源は入っていますか？）
- □ **Don't we need to upgrade the computers and software?**
  （パソコンとソフトのアップグレードが必要ではありませんか？）
- □ **Will you put them through a shredder?**
  （それらをシュレッダーにかけてくださいますか？）
- □ **How did you switch it on?**
  （どうやってスイッチを入れたのですか？）

PART 3

ココキケ
POINT 33

話者の行動の内容，順番に注意する！

- end up ... に続く内容は，実際に話者のとった行動や陥った状況を表す。
- the day before ... ときたら，具体的にいつなのか前の情報から理解する。
- 場所などの具体的な情報が複数登場したら，場所ごとに情報を整理しながら聞く。

CD1-56

1. How long was the man in Dallas?
 (A) Two days
 (B) Five days
 (C) Six days
 (D) Nine days

2. When did the man call his client?
 (A) On the 2nd
 (B) On the 5th
 (C) On the 6th
 (D) On the 7th

3. Where did the man call his client from?
 (A) From Dallas
 (B) From Houston
 (C) From New York
 (D) From Washington DC

A B C D

A B C D

A B C D

> **ココキケ**
> 日程や期間，滞在場所など複数の情報が多く出る典型的TOEIC問題。情報を整理しつつ，余分な情報に惑わされないように注意したい。

UNIT 06

125

Answers: **1.** (B) **2.** (C) **3.** (A)

【スクリプト】

F: So, how long were you in Dallas, Nick?
M: Well, my original plan was to stay there for four days, but ¹I ended up staying there for five days. Because of the tornado that hit the area on June 6, they cancelled my flight home.
F: Oh, so you just got back to Houston on the 7th?
M: Yes. ²The day before I got back here I had to call my client in New York to put off our important meeting in Washington DC. That was quite stressful.

【設問】

1. How long was the man in Dallas?
(A) Four days
(B) Five days
(C) Six days
(D) Nine days

2. When did the man call his client?
(A) On the 4th
(B) On the 5th
(C) On the 6th
(D) On the 7th

3. Where did the man call his client from?
(A) From Dallas
(B) From Houston
(C) From New York
(D) From Washington DC

【設問訳】

1. 男性はどのくらいの期間ダラスにいたのですか？
(A) 4日
(B) 5日
(C) 6日
(D) 9日

2. 男性が顧客に電話をかけたのは何日ですか？
(A) 4日
(B) 5日
(C) 6日
(D) 7日

3. 男性はどこから顧客に電話をかけたのですか？
(A) ダラスから
(B) ヒューストンから
(C) ニューヨークから
(D) ワシントンDCから

正解・解説　POINT 33

【スクリプト訳】
F: で，どれくらいの期間ダラスにいたの，ニック？
M: ええっと，元の予定では4日間の滞在予定だったんだけど，結局5日間いることになってしまったんだ。6月6日にあの地域を襲った竜巻のせいで，僕の帰りの飛行機はキャンセルになったんだよ。
F: ああ，じゃあ7日にヒューストンに戻ってきたばかりなの？
M: そうさ。ここに帰ってくる前の日，ワシントンDCでの重要な会議を延期するためにニューヨークの顧客に電話しなくてはならなかったんだ。ストレス一杯だったよ。

【解説】
1. 正解：(B)
男性の1つ目のセリフに I ended up staying there for five days（結局5日間いることになってしまった）とある。ここでの there は Dallas のこと。

2. 正解：(C)
男性の2つ目のセリフに The day before I got back here I had to call my client in New York to put off our important meeting in Washington DC.（ここに帰ってくる前の日，ワシントンDCでの重要な会議を延期するためにニューヨークの顧客に電話しなくてはならなかった）とある。その前に「7日に帰ってきたの？」という女性の問いに Yes と答えているので，「前の日」は6日であると理解できる。

3. 正解：(A)
男性が帰ってくる前にいた場所は，（女性が冒頭で言ったように）ダラスである。ダラスも含めると会話に登場する地名が4つある。混乱しないよう聞き取りたい。ダラス＝男性が滞在していた場所，ヒューストン＝男性が戻ってきた場所，ニューヨーク＝男性が電話をかけた顧客の所在地，ワシントンDC＝重要な会議を行うはずだった場所。以上から電話をしたのは前日まで滞在していたダラスである。

重要語句チェック

- original = 最初の，本来の
- end up …ing = 結局…することになる
- tornado = トルネード，竜巻
- flight = フライト，（飛行機の）便
- put off 〜 = 〜を延期する
- stressful = ストレスの多い

Useful Expressions (12) 〈クレーム〉

- **We haven't received our order yet.**
  （まだ注文の品を受け取っていません。）
- **How come the shipping is so late?**
  （なぜ発送がそんなに遅れているのですか？）
- **Didn't you confirm the shipping date?**
  （発送日を確認しなかったのですか？）
- **We have to charge a $5 cancellation fee.**
  （5ドルのキャンセル料を請求しなければなりません。）
- **I'd like to inquire about my order.**
  （私の注文したものについて問い合わせたいのですが。）
- **I would like to speak to the manager immediately.**
  （すぐに支配人と話がしたいです。）
- **There seems to be a problem.**
  （問題があるようです。）
- **It's badly damaged.**
  （ひどく傷んでいるのです。）
- **I'd like to ask you some questions regarding the pricing of our order.**
  （我々の注文した商品の価格についていくつか質問したいと思います。）
- **I'll send it back for a full refund.**
  （それを送り返すので，全額返金していただきたい。）

PART 3

POINT 34

"the same" の意味する内容を把握する！

- 具体的な内容に続く the same に要注意。
- 誰が何について the same という表現を使っているのかで惑わされないよう注意。

CD1-57

1. How does the man feel about the first candidate?

(A) He presented himself very well.
(B) He didn't sound confident enough.
(C) He was very timid.
(D) He needed more confidence.

Ⓐ Ⓑ Ⓒ Ⓓ

2. What does the woman say the second candidate has?

(A) Confidence
(B) An excellent educational background
(C) Communicative skills
(D) Few years of experience

Ⓐ Ⓑ Ⓒ Ⓓ

3. What will they probably say to Mr. Branson?

(A) That the second candidate is better than the first
(B) That the first candidate seemed incompetent
(C) That both of the candidates have confidence and strong communicative skills
(D) That they need someone like the first candidate

Ⓐ Ⓑ Ⓒ Ⓓ

> ココキケ
> 話者の言わんとしているポイントをつかみ，the same の内容を理解していく。

UNIT 06

Answers: 1. (A)　2. (B)　3. (D)

【スクリプト】
F: ¹The first candidate sounded very confident and I really liked the way he presented himself in the interview.
M: ¹I felt the same. The second one has years of experience but she seemed rather timid. That could be a problem as this position requires strong interpersonal skills.
F: Exactly. ²The first one has a great educational background and the same can be said for her too, ³but we need someone confident with communication skills.
M: Yes. Perhaps we should tell Mr. Branson the same thing you've just said.

【設問】

1. How does the man feel about the first candidate?
(A) He presented himself very well.
(B) He didn't sound confident enough.
(C) He was very timid.
(D) He needed more confidence.

2. What does the woman say the second candidate has?
(A) Confidence
(B) An excellent educational background
(C) Communicative skills
(D) Few years of experience

3. What will they probably say to Mr. Branson?
(A) That the second candidate is better than the first
(B) That the first candidate seemed incompetent
(C) That both of the candidates have confidence and strong communicative skills
(D) That they need someone like the first candidate

【設問訳】

1. 男性は最初の候補者についてどう感じていますか？
(A) 彼は自己表現がとてもうまかった。
(B) 彼は十分に自信があるようには聞こえなかった。
(C) 彼は非常におどおどしていた。
(D) 彼にはもっと自信が必要だった。

2. 女性は2人目の候補者には何があると述べていますか？
(A) 自信
(B) 素晴らしい学歴
(C) コミュニケーション能力
(D) ほんのわずかしかない経験年数

3. 彼らはおそらくブランソン氏に何と言うでしょうか？
(A) 2人目の候補者の方が1人目よりも良い
(B) 最初の候補者は能力がないように見えた
(C) 候補者は2人とも自信と優れたコミュニケーション能力がある
(D) 自分たちには最初の候補者のような人が必要である

正解・解説　POINT 34

【スクリプト訳】
F: 最初の候補者はとても自信に満ちているように聞こえたし，面接での自己表現の仕方が私は非常に気に入りましたね。
M: 私も同じように感じました。2人目は何年もの経験があるのですが，かなりおどおどしている様子に見えました。これは問題になりかねませんね。この仕事は対人関係を築く優れた能力を必要とするものですから。
F: その通りです。はじめの人は素晴らしい学歴がありますし，それは彼女についても同じことが言えるのですが，我々に必要なのは自信があってコミュニケーション能力に長けた人です。
M: そうですね。ブランソンさんには今あなたがおっしゃったのと同じことを言うべきかもしれませんね。

【解説】
1. 正解：(A)
会話の冒頭で The first candidate sounded very confident and I really liked the way he presented himself in the interview.（最初の候補者はとても自信に満ちているように聞こえたし，面接での自己表現の仕方が私はとても気に入った）と言う女性に対して，男性が I felt the same.（私も同じように感じた）と答えていることから，女性と同意見であることがわかる。

2. 正解：(B)
女性の2つ目のセリフに The first one has a great educational background and the same can be said for her too（はじめの人は素晴らしい学歴があるし，それは彼女についても同じことが言える）とあるので，2人目の候補者にも素晴らしい学歴があると言っていることがわかる。したがって(B)が正解。(D)の few という語は無冠詞の場合「無い」ということが焦点となり，「(経験が)ほとんどない」という意味になる。

3. 正解：(D)
女性の最後のセリフに we need someone confident with communication skills（我々に必要なのは自信があってコミュニケーション能力に長けた人だ）とある。これに対して「ブランソンさんには今あなたがおっしゃったのと同じことを言うべきかもしれません」と男性は答えている。話者2人は会話の前半で最初の候補者のコミュニケーション能力を評価しているので，「彼のような人材が必要だ」と述べるだろうと推測できる。

UNIT 06

正解・解説　POINT 34

重要語句チェック
- candidate = 候補者，志願者
- confident = 自信のある
- present 〜 = 〜を紹介する，見せる
- interview = 面接
- experience = 経験
- timid = 物怖じした，内気な
- require 〜 = 〜を必要とする
- interpersonal = 対人関係の
- incompetent = 能力のない

Useful Expressions (13) 〈プレゼンテーション〉

- ☐ I'd like to start by showing you 〜
  （〜をお見せすることから始めたいと思います）
- ☐ My talk will take about fifty minutes.
  （私の話は約 50 分間の予定です。）
- ☐ I will be happy to answer your questions at the end of my presentation.
  （プレゼンテーションの最後に皆さんのご質問に喜んでお答えいたします。）
- ☐ We have some time for comments and questions.
  （コメントやご質問をいただく時間がいくらかございます。）
- ☐ Can everybody see the pie chart?
  （皆さん，円グラフが見えますでしょうか？）
- ☐ As the data shows, this hasn't been a very successful plan.
  （データからもわかるように，これはあまり成功したプランではありませんでした。）
- ☐ Could you please look at this chart?
  （この表をご覧いただけますか？）
- ☐ I'd like to expand on the point I've just explained.
  （今説明申し上げたポイントから話を展開させたいと思います。）
- ☐ It is clear how successful this strategy was.
  （この戦略がいかに成功したかは明らかです。）
- ☐ We have produced statistically valid and useful data.
  （我々は統計的にも正当で役立つデータを生み出したのです。）

PART 3

POINT 35

先に質問文を読んでおいて，問われる内容を予測する！

- 5W1Hなど，問われるポイントを素早く理解してから聞く。
- ゆとりがあれば選択肢にも目を通し，紛らわしい内容につまずかない。
- 場所などの具体的内容を問う問題があれば，必ず複数の類似情報が登場する。

CD1-58

1. What has Ken Leeds done?
  (A) Contacted Ms. Sherman
  (B) Called Ms. Sherman on the appointed day
  (C) Told Tara that she shouldn't make any mistakes
  (D) Made a serious mistake

Ⓐ Ⓑ Ⓒ Ⓓ

2. Who does the man think the woman is talking about?
  (A) Ken Landon
  (B) Bob
  (C) Ken Leeds
  (D) Ms. Sherman

Ⓐ Ⓑ Ⓒ Ⓓ

3. Where does Ms. Sherman live?
  (A) In London
  (B) In Leeds
  (C) In Santa Monica
  (D) In Kent

Ⓐ Ⓑ Ⓒ Ⓓ

> ココキケ
> 情報量が多いので，まず「何を問われているか」を確認することが重要になる。問われている内容の答えを探しながら情報整理して聞くことが大切。

Answers: **1.** (D) **2.** (C) **3.** (C)

【スクリプト】

F: I can't believe Ken Landon failed to contact Ms. Sherman on the appointed day. She just called and she was furious. Didn't I repeatedly tell him that he wasn't allowed to make any more mistakes that could cost us clients? Perhaps a verbal warning isn't enough.

M: Oh, maybe you are talking about Ken Leeds, Tara. Ken Leeds is the one who deals with clients in the Santa Monica area.

F: Is that so? I told Bob Ken Landon made another mistake!!

【設問】

1. What has Ken Leeds done?
(A) Contacted Ms. Sherman
(B) Called Ms. Sherman on the appointed day
(C) Told Tara that she shouldn't make any mistakes
(D) Made a serious mistake

2. Who does the man think the woman is talking about?
(A) Ken Landon
(B) Bob
(C) Ken Leeds
(D) Ms. Sherman

3. Where does Ms. Sherman live?
(A) In London
(B) In Leeds
(C) In Santa Monica
(D) In Kent

【設問訳】

1. ケン・リーズは何をしたのですか？
(A) シャーマンさんに連絡した
(B) 期日にシャーマンさんに電話をかけた
(C) タラにミスをしてはならないと言った
(D) 重大なミスをした

2. 男性は女性が誰について話していると思っていますか？
(A) ケン・ランドン
(B) ボブ
(C) ケン・リーズ
(D) シャーマンさん

3. シャーマンさんはどこに住んでいるのですか？
(A) ロンドン
(B) リーズ
(C) サンタ・モニカ
(D) ケント

正解・解説　POINT 35

【スクリプト訳】
F: ケン・ランドンが期日にシャーマンさんに連絡し損なったなんて信じられません。今しがた彼女からお電話があって，激怒していらっしゃいました。彼には顧客を失ってしまうようなミスはこれ以上してはならないと再三に渡って言いませんでしたっけ？ 口頭での注意だけでは十分ではないのかもしれません。
M: ああ，タラ，もしかしてケン・リーズのことを言っているのではないですか。サンタ・モニカ地域の顧客と取引があるのはケン・リーズですよ。
F: そうなんですか？ ケン・ランドンがまた失敗したとボブに言っちゃいましたよ！

【解説】
1. 正解：(D)
あらかじめ質問文に目を通すと Ken Leeds という名前があるので，似た名前に惑わされないよう Ken Leeds に関する情報を慎重に聞き取っていく。女性が最初に言う内容に男性が応じて maybe you are talking about Ken Leeds（もしかしてケン・リーズのことを言っているのではないか）と言っているので，Ken Leeds のしでかした内容が最初の女性のセリフに含まれていると推測すればよい。

2. 正解：(C)
1. と同様，質問文をまず読んでおけば，話者のうち1人が勘違いしている可能性があるとあらかじめ予想できる。maybe you are talking about Ken Leeds という男性のセリフから判断できる。

3. 正解：(C)
質問文をあらかじめ読んでおいて，地名に注意して聞き取っていく。ただし，このような問題の場合は地名や地名に似た語が会話に含まれることが多いので注意が必要。この問題では具体的に「Ms. Sherman lives in ＋場所」というそのものズバリの言及はないが，女性の最初のセリフからシャーマンさんが顧客であると理解できた後に，男性の Ken Leeds is the one who deals with clients in the Santa Monica area.（サンタ・モニカ地域の顧客と取引があるのはケン・リーズです）というセリフが続くので，シャーマンさん＝サンタ・モニカ在住と理解できる。

UNIT 06

正解・解説　POINT 35

重要語句チェック

- fail to ... = …し損なう
- contact 〜 = 〜に連絡する
- appointed day = 期日，約束の日
- furious = 激怒した
- repeatedly = 繰り返し，再三に渡り
- be allowed to ... = …することを許される
- cost 〜 ... = 〜に…を失わせる
- client = 顧客，得意先
- verbal warning = 口頭での注意
- deal with 〜 = 〜と取引する，取り扱う

Useful Expressions (14) 〈営業・販売〉

- ☐ Free samples are available if you are interested in our products.
  (もし弊社の商品に興味がおありでしたら，試供品もございます。)
- ☐ Shall I send you our latest brochure?
  (弊社の最新カタログをお送りいたしましょうか？)
- ☐ Would you like to try this?
  (こちらをお試しになってみますか？)
- ☐ You can try them before you decide to purchase any.
  (どれを購入するかお決めになる前に，試してみても構いませんよ。)
- ☐ We have just reduced the price by 20 percent.
  (ちょうど価格を20%下げたところなのです。)
- ☐ We can offer a seasonal discount for this product.
  (この商品に関しましては季節割引させていただきます。)
- ☐ This costs nearly twice as much in other shops.
  (この商品は他の店だとほぼ倍のお値段ですよ。)
- ☐ I think our prices are much lower on average.
  (平均すると我々の販売価格はずっと安いと思います。)
- ☐ This is the best value.
  (こちらがお買い得です。)
- ☐ It is definitely worth the price.
  (それは間違いなく値段だけの価値がありますよ。)

PART 3

ココキケ
POINT 36

よく問われる質問文を押さえておく！

- 話し合われている内容を総合的に理解する。
- 会話の後の展開がどうなるか想像しながらセリフを聞く。
- 具体的内容をピックアップしながら聞く習慣をつける。

CD1-59

1. What are they discussing?
   - (A) Budget account
   - (B) Budget audit
   - (C) Budget cutbacks
   - (D) Budget Bureau

   A B C D

2. When will the meeting start?
   - (A) At three
   - (B) At five
   - (C) At six
   - (D) At ten

   A B C D

3. What will the speakers probably do after the conversation?
   - (A) Ask their colleagues to write a report
   - (B) Write a report
   - (C) Talk to their colleagues about the agenda
   - (D) Proofread a report by six

   A B C D

ココキケ
会話の起こっている場所，話者の立場，具体的な会話の内容やその目的，話者の感情，生じている問題の種類などが問われることが多い。

UNIT 06

Answers: **1.** (C) **2.** (C) **3.** (B)

【スクリプト】

M: Don't you think we should reconsider the budget? We need at least 35,000 dollars to complete the project successfully.
F: That's right, but I just heard more <u>cuts in the budget</u>[1.] are expected in our department early in 2010.
M: So did I. We'll have to find some alternative ways to avoid further budget cuts.
F: I agree with you. The agenda for tomorrow's meeting includes budgets so [3.] <u>we should write up a report</u> by the time it starts <u>at six</u>[2.] and bring up the subject.

【設問】

1. What are they discussing?
(A) Budget account
(B) Budget audit
(C) Budget cutbacks
(D) Budget Bureau

2. When will the meeting start?
(A) At three
(B) At five
(C) At six
(D) At ten

3. What will the speakers probably do after the conversation?
(A) Ask their colleagues to write a report
(B) Write a report
(C) Talk to their colleagues about the agenda
(D) Proofread a report by six

【設問訳】

1. 彼らは何について話し合っていますか？
(A) 予算品目
(B) 予算監査
(C) 予算削減
(D) 主計局

2. 会議が始まるのはいつですか？
(A) 3時
(B) 5時
(C) 6時
(D) 10時

3. 会話の後，話者たちはおそらく何をするでしょうか？
(A) 同僚にレポートを書いてもらうよう依頼する
(B) レポートを書く
(C) 同僚に議題について話す
(D) 6時までにレポートを校正する

正解・解説　POINT 36

【スクリプト訳】
M: 予算を再考する必要があると思いませんか？ 首尾良くこのプロジェクトを終えるには少なくとも3万5千ドル必要です。
F: その通りですが，我々の課では2010年の頭にさらなる予算削減が見込まれていると聞いたところです。
M: 私も聞きました。さらなる予算削減を回避するために代わりの手段を見つけなくてはなりませんね。
F: 同感です。明日の会議の議題に予算も含まれていますから，6時の開始までにレポートをまとめてこの問題を提起すべきですね。

【解説】
1. 正解：(C)
「話者は何を話し合っているか？」はTOEICではよく問われる。選択肢では似た表現が並んでおり，しかも会話内の cuts in the budget や budget cuts が同じ意味の budget cutbacks に置き換わっていることにも注意したい。

2. 正解：(C)
女性の最後のセリフの The agenda for tomorrow's meeting includes budgets so we should write up a report by the time it starts at six and bring up the subject.（明日の会議の議題に予算も含まれているので，6時の開始までにレポートをまとめてこの問題を提起すべきだ）から，正解は(C)の6時。

3. 正解：(B)
会話の後で何をするか，何が生じるかなどを話の流れから推測する問題も頻出である。会話の最後に so we should write up a report by the time it starts at six とあるので，話者たちは明日の会議が始まる6時までに「レポートを書く」であろうと推測できる。

正解・解説　POINT 36

重要語句チェック

- reconsider 〜 ＝ 〜を再考する，再審議する
- budget ＝ 予算
- complete 〜 ＝ 〜を仕上げる，終える，完成させる
- successfully ＝ 成功のうちに，首尾よく
- cut ＝ 削減，縮小
- department ＝ 部，部門，課
- alternative ＝ 代わりの
- further ＝ さらなる
- agenda ＝ 議題
- bring up 〜 ＝ 〜を持ち出す，提起する
- subject ＝ テーマ，話題
- budget account ＝ 予算品目
- budget audit ＝ 予算監査
- budget cutback ＝ 予算削減
- Budget Bureau ＝ 主計局

Useful Expressions (15) 〈アポイント〉

- **I would like to make an appointment to visit you as soon as possible.**
  （なるべく早急にお伺いするお約束をしたいのですが。）
- **Would it be possible to visit Mr. Penn early next week?**
  （来週の早い時期にペン氏を訪問してもよろしいでしょうか？）
- **How about next Tuesday?**
  （来週の火曜日はいかがでしょうか？）
- **Is Wednesday convenient for you?**
  （水曜日のご都合はよろしいでしょうか？）
- **Would that be okay with you?**
  （それで構いませんか？）
- **Would it be convenient for you?**
  （そちらのご都合はそれで大丈夫ですか？）
- **Could we set up an appointment for our next meeting?**
  （次回の会議の日時を設定してもいいですか？）
- **We'd appreciate it if you could visit us at your earliest convenience.**
  （ご都合がつき次第，弊社をご訪問いただければありがたく存じます。）
- **I would like to talk to you about this at your earliest convenience.**
  （なるべく早くあなたにこの件についてお話したいと思います。）

REVIEW CD1-60-61

1. What does the man think about Hobbs & Johnson?
(A) Their monetary problems are quite serious.
(B) They will continue to give them financial support.
(C) They will provide continuous technical assistance.
(D) They are not facing any major problems.

2. What does the woman think about the man's opinion?
(A) Too optimistic
(B) Too pessimistic
(C) Too objective
(D) Too subjective

3. What does the woman think they can expect?
(A) A new contract with Hobbs & Johnson
(B) Major financial crisis
(C) Technical assistance
(D) Constant financial support

4. How does the man feel about selling one of the cars?
(A) Optimistic
(B) Not happy
(C) Positive
(D) Excited

5. How does the woman feel about the man's wife?
(A) She is reasonable.
(B) She is too stubborn.
(C) She should stop being so mean.
(D) She is hard to understand.

6. How does the man feel about his wife?
(A) She should give up and sell the cars.
(B) She is both wise and understanding.
(C) She is too negative about the plan to sell one of their cars.
(D) She should be more understanding about his feelings.

7. How does the woman feel about being recommended as a chief negotiator?
(A) Happy and excited
(B) Happy but not sure at all
(C) Totally upset
(D) Embarrassed

8. Who is Mr. Lloyd?
(A) Their client
(B) One of their bosses at work
(C) Someone from HDX International
(D) Someone who works under them

9. What is the woman implying about Jonathan?
(A) He is not the right person to take over the job.
(B) He is her boss.
(C) He is not as good as she is as a negotiator.
(D) He is more competent.

---

10. What does the man want the woman to do?
(A) Ask Brad to install computer software
(B) Install computer software by herself
(C) Have Bill install anti-virus software for her
(D) Help Brad find the lost files

11. Why does the man want the woman to follow his advice?
(A) So that they can access some personal data.
(B) So that they can keep the computers free from viruses.
(C) So that they can update the software regularly.
(D) So that they can delete less important files.

12. Who will the woman probably talk to after this conversation?
(A) Bill
(B) Meg
(C) Brad
(D) John

13. How many people are coming to the office party?
(A) Thirteen
(B) Fifteen
(C) Thirty
(D) Fifty

14. What time will the man finish decorating the office?
(A) At 6:45
(B) At 7:00
(C) At 7:15
(D) At 7:50

15. Where will the party guests meet the man?
(A) In the office
(B) At the exit
(C) At the office entrance
(D) Unknown

---

16. What can be inferred about the relationship between the man and the woman?
(A) The woman is the man's assistant.
(B) The woman used to be the man's secretary.
(C) The woman was the man's interviewer.
(D) The woman was the man's colleague a year ago.

17. What does the woman intend to do?
(A) Offer help
(B) Ask the man to help her get used to the new work environment
(C) Ask him to explore the building
(D) Talk to him

18. What type of position does the man have?
(A) The woman's boss
(B) A subordinate to the woman
(C) A recruiter
(D) An interviewer

19. What will the woman do first thing in the morning?
   (A) Take a document to Sakura International
   (B) Meet Mr. Branson
   (C) See her clients
   (D) Go to Paris

20. What will the man do before going to the post office?
   (A) Make an appointment to meet Mr. Branson
   (B) Attend a conference in Paris
   (C) Go to Sakura International
   (D) Buy a coat

21. What is the main reason that the man is leaving the office?
   (A) He has to meet someone at Sakura International.
   (B) He has to meet the woman's clients.
   (C) He has to reschedule a meeting with Mr. Branson.
   (D) He has to go to the post office.

---

22. What did the man do?
   (A) Canceled a contract
   (B) Successfully contacted an interesting company
   (C) Sampled some products
   (D) Provided a company with free samples of their products

23. What will they probably do in the near future?
   (A) Spend more months packing free samples
   (B) Kick-start their new career
   (C) Contact more companies
   (D) Carry out another drastic plan

24. When will the woman start collecting addresses of similar companies in California?
   (A) Probably soon
   (B) After they get the contract signed
   (C) After producing more free samples
   (D) When they come up with another idea to attract attention

25. Who will probably conduct the training session?
   (A) Mr. Gibbons
   (B) Mr. Minogue
   (C) Mr. Gibbons and Mr. Minogue
   (D) Ms. Freeland or Mr. Ryan

26. What does the man think about Ms. Freeland?
   (A) She is not involved in enough projects.
   (B) Her engineering background is not so excellent.
   (C) She should be the one to conduct the session.
   (D) She should ask Mr. Ryan to conduct the session.

27. What does the woman think about Ms. Freeland?
   (A) She is not as experienced as Mr. Ryan.
   (B) She is an ideal person to conduct the session.
   (C) Her engineering background isn't as superb as Mr. Ryan's.
   (D) Her projects are all successful enough to draw people's attention.

---

28. Where are the speakers?
   (A) Police station
   (B) Insurance company
   (C) Accident scene
   (D) Telephone company

29. Why does the woman need the man's insurance policy number?
   (A) So that he can fix the car by himself.
   (B) So that the insurance company can offer him money to purchase a new car.
   (C) So that the insurance company can make arrangements to have the man's car fixed free of charge.
   (D) So that they can identify the man as their client.

30. Which of the following is NOT needed if the woman is to check the man's insurance policy number?
   (A) The man's e-mail address
   (B) The man's driver's license number
   (C) The man's telephone number
   (D) The man's name

REVIEW 解説 CD1-60

スクリプト

M: I guess we shouldn't take it for granted that Hobbs & Johnson will continue to provide financial support to us.
F: How come? The contract that they signed says that they will offer continuous support to us as long as we cooperate with them as a provider of technical assistance.
M: Yes, but considering the major financial crisis they are facing, we can't be too optimistic.
F: Aren't you being too pessimistic, Andrew? They were rumored to be on the brink of bankruptcy once but they are still as powerful as ever.

設問

1. What does the man think about Hobbs & Johnson?
(A) Their monetary problems are quite serious.
(B) They will continue to give them financial support.
(C) They will provide continuous technical assistance.
(D) They are not facing any major problems.

2. What does the woman think about the man's opinion?
(A) Too optimistic
(B) Too pessimistic
(C) Too objective
(D) Too subjective

3. What does the woman think they can expect?
(A) A new contract with Hobbs & Johnson
(B) Major financial crisis
(C) Technical assistance
(D) Constant financial support

設問訳

1. 男性はホブス＆ジョンソン社についてどう考えていますか？
(A) 彼らの金銭的な問題はかなり深刻だ。
(B) 彼らは自分たちに財政援助をし続けてくれるだろう。
(C) 彼らは継続的な技術支援をしてくれるだろう。
(D) 彼らは重大な問題には直面していない。

2. 女性は男性の意見についてどう思っていますか？
(A) あまりにも楽観的
(B) あまりにも悲観的
(C) あまりにも客観的
(D) あまりにも主観的

3. 女性は自分たちが何を期待できると思っていますか？
(A) ホブス＆ジョンソン社との新たな契約
(B) 重大な財政危機
(C) 技術援助
(D) 継続的な財政援助

REVIEW 解説

訳

M: ホブス＆ジョンソン社が今後も我々に財政援助をしてくれるのを当然だと思うべきではない，と僕は考えています。

F: なぜですか？ 彼らが署名した契約書には，我々が技術援助の提供者として彼らに協力する限りは継続的に援助をしてくれると書いてありますよ。

M: ええ，でも彼らの直面している重大な財政危機を考慮すると，我々はそう楽観的ではいられないのです。

F: あなたは悲観的すぎやしませんか，アンドリュー？ 彼らは昔倒産寸前であると噂されましたが，今でも相変わらず影響力がありますよ。

解説　22　2人の話者の感情・意見は同じか，対照的か？

1. 正解：(A)
男性の2つ目のセリフの considering the major financial crisis they are facing, we can't be too optimistic（彼らの直面している重大な財政危機を考慮すると，我々はそう楽観的ではいられない）から，男性がホブス＆ジョンソン社の抱える金銭的な問題は深刻であると考えていることがわかる。

2. 正解：(B)
Aren't you being too pessimistic, Andrew?（あなたは悲観的すぎませんか，アンドリュー？）という女性のセリフから，女性は男性があまりにも悲観的に事態を捉えていると考えていることがわかる。

3. 正解：(D)
They were rumored to be on the brink of bankruptcy once but they are still as powerful as ever.（彼らは昔倒産寸前であると噂されましたが，今でも相変わらず影響力がありますよ）という女性のセリフから，女性は楽観的で，今後も財政援助が受けられると考えていることがうかがえる。

【語句】☐ take it for granted that ... = …を当然のことと考える　☐ financial = 金銭上の，財政上の　☐ contract = 契約　☐ continuous = 持続的な，絶え間ない　☐ cooperate = 協力する　☐ provider = 供給者　☐ technical assistance = 技術援助　☐ financial crisis = 財政危機　☐ face ~ = ~に直面する　☐ optimistic = 楽観的な　☐ pessimistic = 悲観的な　☐ rumor ~ = ~と噂する　☐ be on the brink of ~ = ~の寸前で　☐ bankruptcy = 倒産，破綻　☐ monetary = 財政上の，金銭的な　☐ objective = 客観的な　☐ subjective = 主観的な　☐ constant = 恒常的な，絶え間ない

> CD1-61

スクリプト

F: Did you know the price of gasoline is going up again?
M: Yeah, my wife told me about it this morning. It's upsetting news, especially because she says we should give up one of our cars and sell it as we can no longer afford to drive two cars.
F: It sounds like a good idea to me. You don't sound too positive about it, though.
M: My wife is being reasonable but she should know by now I have always cherished both of the cars.

設問	設問訳

4. How does the man feel about selling one of the cars?
(A) Optimistic
(B) Not happy
(C) Positive
(D) Excited

4. 男性は車のうち1台を売ることについてどう感じていますか？
(A) 楽観的である
(B) 快く思っていない
(C) 積極的である
(D) わくわくしている

5. How does the woman feel about the man's wife?
(A) She is reasonable.
(B) She is too stubborn.
(C) She should stop being so mean.
(D) She is hard to understand.

5. 女性は男性の妻についてどう感じていますか？
(A) 分別がある。
(B) あまりにも頑固である。
(C) そんなに意地悪な態度はやめるべきである。
(D) 理解しがたい。

6. How does the man feel about his wife?
(A) She should give up and sell the cars.
(B) She is both wise and understanding.
(C) She is too negative about the plan to sell one of their cars.
(D) She should be more understanding about his feelings.

6. 男性は自分の妻についてどう感じていますか？
(A) あきらめて車を売るべきだ。
(B) 賢明で理解がある。
(C) 車の1台を売る計画についてあまりにも否定的すぎる。
(D) 彼の気持ちにもっと理解を示すべきだ。

REVIEW 解説

訳

F: またガソリンが値上がりするって知ってた？
M: ああ，今朝そのことを妻に聞いたよ。ひどい話だよ。何しろ，もう車2台を運転する金銭的ゆとりなんてないから，1台をあきらめて売るべきだって彼女が言うんだから。
F: 私には良い案に聞こえるわ。あなたはそれについてあまり積極的ではないように聞こえるけどね。
M: 妻の言うことは理にかなっているけれど，僕がこれまでずっと両方の車を大事にしてきたことをもうわかっているはずなのに。

解説　24 話者の心情を理解する！

4. 正解：(B)
男性の最後のセリフに I have always cherished both of the cars（これまでずっと両方の車を大事にしてきた）とあるので，男性は当然車を売りたいとは感じておらず，妻の「車の1台を売却する」という意見については快く思っていないと推測できる。

5. 正解：(A)
車の1台を売却するという男性の妻の意見に対し，女性は It sounds like a good idea to me.（私には良い案に思える）と述べているので，男性の妻の意見は分別あるものだと思っていることがうかがえる。

6. 正解：(D)
My wife is being reasonable but she should know by now I have always cherished both of the cars.（妻の言うことは理にかなっているけれど，僕がこれまでずっと両方の車を大事にしてきたことをもうわかっているはずなのに）とある。つまり，妻の意見はもっともであるとは認めるものの，自分の感情をもっと理解してほしいと男性は感じている。(B) は「賢明な」という語があり，これに妻はあてはまると考えられるが，男性は妻を understanding（理解がある）とは考えていないため，不適切。

【語句】□ upsetting = 心を乱すような, 動揺させるような　□ no longer ~ = もはや~ない　□ afford to ... = …する（時間的・経済的な）余裕がある　□ positive = 積極的な, 楽観的な, 前向きな　□ reasonable = 分別のある, 理にかなった　□ cherish ~ = ~を大事にする　□ optimistic = 楽観的な　□ excited = わくわくした　□ stubborn = 頑固な　□ wise = 賢明な　□ understanding = 理解（力）のある　□ negative = 否定的な

CD1-62

スクリプト

M: The way you negotiated with HDX International was magnificent, Caroline.
F: Thanks, Michael. I was so nervous though when they asked me to give them some concrete information.
M: You still did a great job, though. When we get back to the office, I'll talk to Mr. Lloyd and recommend you as a chief negotiator. You are the right person for the position.
F: I'm flattered but I think you should recommend Jonathan, not me.

設問	設問訳
7. How does the woman feel about being recommended as a chief negotiator? (A) Happy and excited **(B) Happy but not sure at all** (C) Totally upset (D) Embarrassed	**7.** 女性は交渉責任者に推薦されることについてどう感じていますか？ (A) うれしくて興奮している **(B) うれしいがまったく自信がない** (C) 完全に動揺している (D) 恥ずかしい
8. Who is Mr. Lloyd? (A) Their client **(B) One of their bosses at work** (C) Someone from HDX International (D) Someone who works under them	**8.** ロイド氏とは誰ですか？ (A) 彼らの顧客 **(B) 職場の上司の一人** (C) HDX インターナショナル社の人 (D) 彼らのもとで働いている人
9. What is the woman implying about Jonathan? (A) He is not the right person to take over the job. (B) He is her boss. (C) He is not as good as she is as a negotiator. **(D) He is more competent.**	**9.** 女性はジョナサンについて何を言わんとしていますか？ (A) 彼はその仕事を引き継ぐ適任者ではない。 (B) 彼は彼女の上司である。 (C) 彼は彼女ほど交渉人として優秀ではない。 **(D) 彼の方が有能である。**

REVIEW 解説

訳

M: 君の HDX インターナショナル社との交渉の仕方は素晴らしかったよ，キャロライン。
F: ありがとう，マイケル。でも彼らが具体的な資料を出すよう私に求めてきた時にはとても緊張しました。
M: それでも素晴らしかったよ。オフィスに戻ったら，ロイドさんに話をして君を交渉責任者として推薦しておこう。君なら適任者だよ。
F: うれしいですが，私ではなくジョナサンを推薦するべきだと思います。

解説　25 会話では直接触れられていないことを想像する！

7. 正解：(B)
I'm flattered but I think you should recommend Jonathan, not me.（うれしいけれど，私ではなくジョナサンを推薦するべきだと思います）という女性のセリフから，女性はうれしく思いつつも交渉責任者に推薦される自信がないものと判断できる。

8. 正解：(B)
When we get back to the office, I'll talk to Mr. Lloyd and recommend you as a chief negotiator.（オフィスに戻ったら，ロイドさんに話をして君を交渉責任者として推薦しておこう）という男性のセリフが鍵である。「オフィスに戻ったら…」ということは，ロイド氏は話者らと同じ職場にいる人物である。また推薦を受けおそらく決定を下せる人物，さらに Mr. という敬称をつけて呼ばれる人物であることを考慮すると，ロイド氏は話者らの上司であると推測できる。

9. 正解：(D)
I'm flattered but I think you should recommend Jonathan, not me.（うれしいけれど，私ではなくジョナサンを推薦するべきだと思う）という女性の2つ目のセリフから，女性はジョナサンは自分より能力があると感じていることがうかがえる。

【語句】□ negotiate = 交渉する　□ magnificent = 立派な，堂々とした，すばらしい　□ nervous = 神経質な，緊張して　□ concrete = 具体的な　□ recommend 〜 = 〜を推薦する　□ chief negotiator = 交渉責任者　□ position = 身分，地位　□ I'm flattered. =（お世辞でも）うれしく思います。　□ upset = 気が動転した，動揺した　□ embarrassed = 恥ずかしい，ばつが悪い　□ take over 〜 = 〜を引き継ぐ　□ competent = 有能な

スクリプト

M: Meg, if you still haven't had anti-virus software installed on your computer, you should talk to Bill and ask him to install it for you.
F: Why? I don't think there is anything wrong with my computer.
M: To protect all the data that we have, we need to keep the computers in the office virus-free. Just have it installed and remember to update it regularly to maintain maximum protection. Brad said the most recently released viruses deleted the important files he had on his computer.
F: Thanks for your advice, John.

設問	設問訳
10. What does the man want the woman to do? (A) Ask Brad to install computer software (B) Install computer software by herself **(C) Have Bill install anti-virus software for her** (D) Help Brad find the lost files	**10.** 男性は女性に何をしてほしいと思っていますか？ (A) ブラッドにコンピュータのソフトをインストールするようにお願いしてほしい (B) 自分でコンピュータのソフトをインストールしてほしい **(C) ビルに彼女のためにウィルス対策ソフトをインストールしてもらいたい** (D) ブラッドがなくしたファイルを見つけるのを手伝ってほしい
11. Why does the man want the woman to follow his advice? (A) So that they can access some personal data. **(B) So that they can keep the computers free from viruses.** (C) So that they can update the software regularly. (D) So that they can delete less important files.	**11.** 男性はなぜ女性に自分のアドバイスに従ってほしいと思っているのですか？ (A) 自分たちが個人情報を入手できるように。 **(B) 自分たちがコンピュータをウィルスに感染していない状態に保てるように。** (C) 自分たちが定期的にソフトウェアをアップデートすることができるように。 (D) 自分たちがより重要でないファイルを消去できるように。
12. Who will the woman probably talk to after this conversation? **(A) Bill** (B) Meg (C) Brad (D) John	**12.** この会話の後で女性はおそらく誰に話をするでしょう？ **(A) ビル** (B) メグ (C) ブラッド (D) ジョン

REVIEW 解説

訳

M: メグ，もしまだ自分のパソコンにウィルス対策ソフトをインストールしてもらっていないのであれば，ビルに話をしてインストールしてくれるように頼むべきだよ。
F: なぜ？ 私のパソコンはどこも悪いところはないと思うのだけれど。
M: 僕たちのデータをすべて保護するには，オフィス内のパソコンをウィルスのない状態に保っておく必要があるんだ。とにかくインストールしてもらって，最大限の保護を維持するために定期的にアップデートするのを忘れないようにね。ブラッドが，一番最近流れたウィルスに，パソコンに保存していた重要なファイルを消されてしまったと言っていたよ。
F: 忠告をどうもありがとう，ジョン。

解説　26 アドバイスや指示の内容を確実に理解する！

10. 正解：(C)
男性の最初のセリフに you should talk to Bill and ask him to install it for you（ビルに話をしてそれをインストールしてくれるよう頼むべきだ）とある。この it は anti-virus software を指す。これが男性の女性へのアドバイス内容そのものである。

11. 正解：(B)
男性の2番目のセリフに To protect all the data that we have, we need to keep the computers in the office virus-free.（僕たちのデータすべてを保護するには，オフィス内のコンピュータをウィルスのない状態に保っておく必要がある）とある。よって，忠告に従ってもらいたい理由は「コンピュータをウィルス感染から守りたいから」であると理解できる。

12. 正解：(A)
男性の最初のセリフに you should talk to Bill and ask him to install it for you（ビルに話をしてそれをインストールしてくれるよう頼むべきだ）とあるので，女性はアドバイスに従ってソフトをインストールしてくれるビルに相談に行くだろうと推測できる。メグはこの会話をしている女性本人，ブラッドはウィルスによってパソコン内の重要なファイルを失ってしまった人物，ジョンはこの会話の中で女性に忠告を与えている男性である。

【語句】□ anti-virus software ＝ ウィルス対策ソフト　□ install ～ ＝ ～をインストールする　□ protect ～ ＝ ～を守る，保護する　□ virus-free ＝ ウィルスのない　□ update ～ ＝ ～を更新する，最新の状態にする　□ regularly ＝ 定期的に　□ maintain ～ ＝ ～を維持する　□ maximum ＝ 最大限の　□ protection ＝ 保護，防御　□ release ～ ＝ ～を放つ　□ delete ～ ＝ ～を削除する　□ by oneself ＝ 自分一人で　□ access ～ ＝ ～にアクセスする，～を入手する

スクリプト

M: Do you have any idea how many people will come to the office party?
F: There will be thirteen people to join us. Fifteen people have called to decline the invitation but we'll still have enough people to make the office warming party enjoyable.
M: I see. Well, I'll finish decorating the office by quarter to seven. Will you tell those thirteen people to wait for me to come out and greet them at the entrance at seven?
F: No problem.

設問	設問訳
13. How many people are coming to the office party? **(A) Thirteen** (B) Fifteen (C) Thirty (D) Fifty	**13.** 何人の人が社内パーティーにやってきますか？ **(A) 13人** (B) 15人 (C) 30人 (D) 50人
14. What time will the man finish decorating the office? **(A) At 6:45** (B) At 7:00 (C) At 7:15 (D) At 7:50	**14.** 男性は何時にオフィスの装飾を終えますか？ **(A) 6時45分** (B) 7時 (C) 7時15分 (D) 7時50分
15. Where will the party guests meet the man? (A) In the office (B) At the exit **(C) At the office entrance** (D) Unknown	**15.** パーティーの出席者はどこで男性に会いますか？ (A) オフィス内 (B) 出口 **(C) オフィスの入り口** (D) わからない

REVIEW 解説

訳

M: 社内パーティーに何人来るかわかりますか？
F: 13人の人たちが私たちのパーティーに出席します。15人は招待を辞退する電話をかけてきたのですが，それでもオフィスの新築祝いパーティーを楽しむのに十分な人数が集まりますね。
M: なるほどね。ええっと，オフィスの装飾は6時45分までには終えます。出席する13人の皆さんには，私が外に出て7時に入り口で皆さんに挨拶するのを待つように伝えてくれますか？
F: 承知しました。

解説　27 場所や時間，数など具体的な情報に注目する！

13. 正解：(A)
女性の最初のセリフに There will be thirteen people to join us.（13人の人たちが私たちのパーティーに参加します）とあるので，正解は13人。thirteen と thirty の聞き間違いに十分注意したい。なお，fifteen はパーティーへの招待を辞退した人の数。

14. 正解：(A)
男性の2つ目のセリフに I'll finish decorating the office by quarter to seven.（オフィスの装飾は6時45分までには終えます）とある。quarter は4分の1なので，時間の場合は60分の4分の1，すなわち15分となる。quarter to seven だと「7時まであと15分」＝「7時15分前」＝「6時45分」となる。(quarter past seven だと「7時15分過ぎ」＝「7時15分」となる。)

15. 正解：(C)
男性の2つ目のセリフの後半に Will you tell those thirteen people to wait for me to come out and greet them at the entrance at seven?（出席する13人の皆さんには，私が外に出て7時に入り口で皆さんに挨拶するのを待つように伝えてくれますか？）とあるので，正解は(C)。

【語句】□ join ~ ＝ ~に加わる　□ decline ~ ＝ ~を断る　□ invitation ＝ 招待　□ warming party ＝ 新築祝いパーティー　□ decorate ~ ＝ ~に室内装飾をする　□ entrance ＝ 入口，玄関　□ exit ＝ 出口

UNIT 07

CD1-65

スクリプト

M: Excuse me, where are we now?
F: We are on the 25th floor, right across from the conference room where I interviewed you last week.
M: Oh, I see. It'll take me a while to explore the whole building. I'm overwhelmed.
F: If you need any assistance, you can always talk to me. When I started working here ten years ago, I experienced a period of difficulty getting used to the new work environment. As your supervisor, I'll do whatever I can to help you settle into the new job.

設問

16. What can be inferred about the relationship between the man and the woman?
(A) The woman is the man's assistant.
(B) The woman used to be the man's secretary.
(C) The woman was the man's interviewer.
(D) The woman was the man's colleague a year ago.

17. What does the woman intend to do?
(A) Offer help
(B) Ask the man to help her get used to the new work environment
(C) Ask him to explore the building
(D) Talk to him

18. What type of position does the man have?
(A) The woman's boss
(B) A subordinate to the woman
(C) A recruiter
(D) An interviewer

設問訳

16. 男性と女性の関係についてどういったことが推測できますか?
(A) 女性は男性の助手である。
(B) 女性はかつて男性の秘書だった。
(C) 女性は男性の面接官だった。
(D) 女性は1年前男性の同僚だった。

17. 女性は何をするつもりですか?
(A) 力になる
(B) 自分が新しい職場環境に慣れる手伝いをするよう男性に頼む
(C) 彼に建物内を探索するように頼む
(D) 彼に話をする

18. 男性はどのような立場にいますか?
(A) 女性の上司
(B) 女性の部下
(C) 採用担当者
(D) 面接官

REVIEW 解説

訳

M: すみません，今我々はどこにいるのでしょうか？
F: 25階です。私が先週あなたと面接した会議室の真向かいですよ。
M: ああ，なるほど。建物全体を見て回るにはしばらくかかりそうです。圧倒されてしまいます。
F: もし力添えが必要であれば，いつでも私に声をかけてくださいね。ここで10年前に働き始めた時には，新しい職場環境に慣れるのに苦労した時期が私にもありました。あなたの上司として，あなたが新しい仕事に慣れるお手伝いでできることは何でもするつもりです。

解説　30 話者2人の関係を理解する！

16. 正解：(C)
女性の最初のセリフに We are on the 25th floor, right across from the conference room where I interviewed you last week. (25階です。私が先週あなたと面接した会議室の真向かいです) とあるので，女性は男性を面接した人物だとわかる。

17. 正解：(A)
女性が最後に言った I'll do whatever I can to help you settle into the new job (あなたが新しい仕事に慣れるお手伝いでできることは何でもします) というセリフから，力添えをしてあげようという彼女の意図が理解できる。

18. 正解：(B)
女性の right across from the conference room where I interviewed you last week (私が先週あなたと面接した会議室の真向かい) というセリフから，彼女が男性を面接したことがわかり，さらに最後の As your supervisor (あなたの上司として) という部分からは女性が男性の上司であることもわかる。

【語句】□ conference room = 会議室　□ explore ~ = ~を探査する，探検する　□ whole = 全体の，すべての　□ overwhelmed = 圧倒されている　□ assistance = 力添え　□ experience ~ = ~を経験する　□ work environment = 職場環境　□ supervisor = 上司，管理者，監督者　□ settle into ~ = ~に慣れる　□ infer ~ = ~を推論する　□ secretary = 秘書　□ interviewer = 面接官　□ colleague = 同僚　□ subordinate = 部下　□ recruiter = 採用担当者

UNIT 07

157

> CD1-66

スクリプト

F: Will you take this document to Sakura International and give it to Mr. Branson in person?
M: No problem. I'll get my coat and I'm on my way.
F: Thanks, Kevin. I wish I could do it myself but I have to see my clients first thing in the morning before leaving for Paris at noon.
M: Never mind, Jessica. I need to go to the post office anyway and I can make a brief stop at Sakura International on my way there.

設問	設問訳

19. What will the woman do first thing in the morning?
(A) Take a document to Sakura International
(B) Meet Mr. Branson
(C) See her clients
(D) Go to Paris

19. 女性は朝一番に何をしますか？
(A) 書類をサクラ・インターナショナル社に持っていく
(B) ブランソン氏に会う
(C) 顧客に会う
(D) パリに行く

20. What will the man do before going to the post office?
(A) Make an appointment to meet Mr. Branson
(B) Attend a conference in Paris
(C) Go to Sakura International
(D) Buy a coat

20. 男性は郵便局に行く前に何をしますか？
(A) ブランソン氏に会う約束をする
(B) パリの会議に出席する
(C) サクラ・インターナショナル社に行く
(D) コートを買う

21. What is the main reason that the man is leaving the office?
(A) He has to meet someone at Sakura International.
(B) He has to meet the woman's clients.
(C) He has to reschedule a meeting with Mr. Branson.
(D) He has to go to the post office.

21. 男性がオフィスを出る主な理由は何ですか？
(A) サクラ・インターナショナル社の誰かに会わなくてはならない。
(B) 女性の顧客に会わなくてはならない。
(C) ブランソン氏との会議の予定を変更しなくてはならない。
(D) 郵便局に行かなくてはならない。

REVIEW 解説

訳

F: この書類をサクラ・インターナショナル社に持って行って，ブランソンさんに直接渡してくれない？
M: いいよ。コートを取ってきたらすぐ行くよ。
F: ありがとう，ケビン。自分でできたらいいんだけど，正午にパリへ出発する前に朝一番に顧客に会わなくてはならないの。
M: 気にしないで，ジェシカ。どっちにしても郵便局に行かないといけないので，その途中でサクラ・インターナショナル社にちょっと立ち寄ることができるよ。

解説　32 スケジュールに関する内容は順を追って理解する！

19. 正解：(C)
女性の2つ目のセリフに I wish I could do it myself but I have to see my clients first thing in the morning before leaving for Paris at noon.（自分でできたらいいんだけど，正午にパリに出発する前に朝一番に顧客に会わなくてはならない）とある。

20. 正解：(C)
男性の最後のセリフに I need to go to the post office anyway and I can make a brief stop at Sakura International on my way there.（どっちにしても郵便局に行かないといけないので，その途中でサクラ・インターナショナル社にちょっと立ち寄ることができる）とあるので，男性の行動順序としては，まずサクラ・インターナショナル社に立ち寄り，その後に郵便局に行くものと解釈できる。

21. 正解：(D)
男性の2つ目のセリフに I need to go to the post office anyway（どっちにしても郵便局に行かなければならない）とあるので，オフィスを出る主な目的は郵便局に行くことであるとわかる。

【語句】　☐ document = 書類　☐ in person = じかに　☐ I'm on my way. = 今すぐ行きます。　☐ client = 顧客，得意先　☐ first thing in the morning = 朝一番　☐ brief = 短時間の，手短な　☐ appointment = 約束，予約　☐ reschedule ～ = ～の予定を変更する

CD1-67

スクリプト

M: We've finally got the contract! It took months of painstaking efforts but it was worth all the time we spent trying to attract their attention.
F: Exactly. I'm so glad you carried out the plan to offer them free samples of our products. It really helped kick-start our business with them.
M: Yes. We should contact more companies and offer them our samples. That'll definitely help us get more contracts.
F: Yes. To begin with, I will try and collect addresses of similar companies in California.

設問	設問訳
22. What did the man do? (A) Canceled a contract (B) Successfully contacted an interesting company (C) Sampled some products **(D) Provided a company with free samples of their products**	**22.** 男性は何をしたのですか？ (A) 契約を破棄した (B) 首尾良くおもしろい会社に連絡を取った (C) いくつかの製品の見本をとった **(D) ある会社に自分たちの製品の試供品を供給した**
23. What will they probably do in the near future? (A) Spend more months packing free samples (B) Kick-start their new career **(C) Contact more companies** (D) Carry out another drastic plan	**23.** 彼らは近い将来おそらく何をするでしょう？ (A) 試供品の梱包にさらに数カ月費やす (B) 自分たちの新しい職業を始める **(C) より多くの企業に接触する** (D) 別の思い切った計画を実行に移す
24. When will the woman start collecting addresses of similar companies in California? **(A) Probably soon** (B) After they get the contract signed (C) After producing more free samples (D) When they come up with another idea to attract attention	**24.** 女性はいつカリフォルニアの類似企業の住所を収集し始めるつもりですか？ **(A) おそらく早い時期に** (B) 契約書にサインしてもらった後で (C) より多くの試供品を生産した後で (D) 注意を引くような別のアイディアを思いついた時

REVIEW 解説

訳

M: ついに契約が取れました！ 何カ月もの大変な努力を要しましたが，彼らの注意を引こうと費やした時間だけの価値はありましたね。

F: その通りですね。うちの製品の試供品を彼らに提供するという計画をあなたが実行したことをとてもうれしく思います。それは本当に彼らとのビジネスを推進する助けになりましたからね。

M: ええ。もっと多くの企業と接触して，我々の試供品を提供するべきですね。そうすれば絶対により多くの契約を取るのに役立つでしょうから。

F: はい。まずカリフォルニア州内の類似企業の住所を集めてみます。

解説　33 話者の行動の内容，順番に注意する！

22. 正解：(D)
女性が最初のセリフで，男性に対して I'm so glad you carried out the plan to offer them free samples of our products.（うちの製品の試供品を彼らに提供するという計画をあなたが実行したことをとてもうれしく思う）と言っているので，男性は他社に試供品を提供したことがわかる。

23. 正解：(C)
We should contact more companies and offer them our samples. That'll definitely help us get more contracts.（もっと多くの企業に接触して，我々の試供品を提供すべきだ。そうすれば絶対により多くの契約を取るのに役立つだろうから）と言う男性に対して，女性は Yes と答えている。

24. 正解：(A)
女性の最後のセリフに，To begin with, I will try and collect addresses of similar companies in California.（まずはカリフォルニア州内の類似企業の住所を集めてみる）とある。to begin with は「まず，第一に」という意味なので，おそらく女性は「早い時期に」住所の収集を開始するだろうと推測することができる。

【語句】□ contract＝契約（書）　□ painstaking＝骨の折れる　□ worth ～＝～の価値がある　□ attract ～＝（注意を）引く，引きつける　□ attention＝注意，注目　□ carry out ～＝～を実行する　□ free＝無料の　□ kick-start ～＝～を始める，促進する　□ contact ～＝～に連絡する　□ to begin with＝第一に　□ drastic＝思い切った；徹底的な　□ come up with ～＝～を思いつく

UNIT 07

161

CD1-68

スクリプト

M: Will the training session be conducted by one of the team leaders?
F: I was hoping so, but both Mr. Gibbons and Mr. Minogue are in New York until the end of the month.
M: Oh, in that case, why don't we ask Ms. Freeland to conduct the session? She is involved in numerous projects and I think she'd do a great job.
F: Hmmm. I think Mr. Ryan might be better. His engineering background may not be as excellent as Ms. Freeland's, but he's more experienced.

設問	設問訳
25. Who will probably conduct the training session? (A) Mr. Gibbons (B) Mr. Minogue (C) Mr. Gibbons and Mr. Minogue **(D) Ms. Freeland or Mr. Ryan**	**25.** おそらく講習会の指揮をとるのは誰ですか？ (A) ギボンズ氏 (B) ミノーグ氏 (C) ギボンズ氏とミノーグ氏 **(D) フリーランドさんかライアン氏**
26. What does the man think about Ms. Freeland? (A) She is not involved in enough projects. (B) Her engineering background is not so excellent. **(C) She should be the one to conduct the session.** (D) She should ask Mr. Ryan to conduct the session.	**26.** 男性はフリーランドさんのことをどう思っていますか？ (A) 彼女は十分な数のプロジェクトに関わっていない。 (B) 彼女のエンジニアとしての経歴はそれほど素晴らしいものではない。 **(C) 講習会を指揮するのは彼女であるべきだ。** (D) 彼女はライアン氏に講習会を指揮するよう依頼すべきだ。
27. What does the woman think about Ms. Freeland? **(A) She is not as experienced as Mr. Ryan.** (B) She is an ideal person to conduct the session. (C) Her engineering background isn't as superb as Mr. Ryan's. (D) Her projects are all successful enough to draw people's attention.	**27.** 女性はフリーランドさんのことをどう思っていますか？ **(A) 彼女はライアン氏ほど経験がない。** (B) 彼女は講習会の指揮をとるのに理想的な人物だ。 (C) 彼女のエンジニアとしての経歴はライアン氏のものほど見事ではない。 (D) 彼女のプロジェクトはすべて人々の注目を引くのに十分なほど成功している。

REVIEW 解説

訳

M: 講習会はチーム・リーダーの1人が指揮をとるんですか？
F: そうだといいなと思っていたのですが，ギボンズ氏もミノーグ氏も月末までニューヨークなんです。
M: ああ，それならフリーランドさんに講習をしてもらうように頼みませんか？ 彼女は多くのプロジェクトにも関わっているし，彼女ならうまくやってくれると思うんです。
F: うーん。ライアンさんの方がいいかもしれませんね。彼のエンジニアとしての経歴はフリーランドさんの経歴ほどは素晴らしくないかもしれませんが，彼の方が経験豊富ですから。

解説　35 先に質問文を読んでおいて，問われる内容を予測する！

25. 正解：(D)
女性の最初のセリフから Mr. Gibbons と Mr. Minogue はともに月末までニューヨークにいることがわかるので，(A)，(B)，(C) は不可。後に続く会話で，男性は Ms. Freeland が，女性は Mr. Ryan が適任者ではないかと話しているので，おそらくこのうちのどちらかが講習の指揮をとることになると予測できる。

26. 正解：(C)
男性の2つ目のセリフに why don't we ask Ms. Freeland to conduct the session? She is involved in numerous projects and I think she'd do a great job.（フリーランドさんに講習をしてもらうように頼みませんか？ 彼女は多くのプロジェクトにも関わっているし，彼女ならうまくやってくれると思うんです）とあるので正解は (C)。プロジェクトや経歴などについて会話に登場する語が選択肢にも登場するため，「誰のことをどう述べているのか？」という点で，混乱せず情報を覚えながら聞くことが重要である。

27. 正解：(A)
26. と同タイプの問題である。女性が最後に he's more experienced（彼の方が経験が豊富だ）と述べているので，正解は (A)。実際に聞いていくと，男性，女性それぞれが何を言っていたか，もしくは言わんとしていたかがわからなくなってくることがある。日本語は主語を省くことも多々あるが，英語では主語にポイントを定めた上で内容を聞き取る，という作業に慣れておかねばならない。

【語句】 □ training session = 講習会　□ conduct 〜 = 〜を指揮する，指導する　□ in that case = もしそうなら　□ be involved in 〜 = 〜に関与している　□ numerous = 数々の，多数の　□ experienced = 経験豊かな，ベテランの　□ superb = 素晴らしい，見事な

スクリプト

F: Do you have your insurance policy number with you?
M: No, I don't. Do I need it to have my car repaired?
F: Yes. We need to check your insurance policy number to have your car repaired for free. If you give me your name, address, phone number, and driver's license number, though, I can check it for you.
M: Should I write them all down now or do you need to see any official documents?

設問	設問訳

28. Where are the speakers?
(A) Police station
(B) Insurance company
(C) Accident scene
(D) Telephone company

28. 話者たちがいる場所はどこですか？
(A) 警察署
(B) 保険会社
(C) 事故現場
(D) 電話会社

29. Why does the woman need the man's insurance policy number?
(A) So that he can fix the car by himself.
(B) So that the insurance company can offer him money to purchase a new car.
(C) So that the insurance company can make arrangements to have the man's car fixed free of charge.
(D) So that they can identify the man as their client.

29. なぜ女性は男性の保険証券番号が必要なのですか？
(A) 彼が自分で車を修理できるように。
(B) 保険会社が新車購入に必要なお金を彼に提供できるように。
(C) 保険会社が男性の車を無料で修理してもらえるよう手配できるように。
(D) 男性が顧客であることを確認することができるように。

30. Which of the following is NOT needed if the woman is to check the man's insurance policy number?
(A) The man's e-mail address
(B) The man's driver's license number
(C) The man's telephone number
(D) The man's name

30. 女性が男性の保険証券番号を調べる場合に必要でないのは次のどれですか？
(A) 男性の電子メールアドレス
(B) 男性の運転免許証の番号
(C) 男性の電話番号
(D) 男性の氏名

REVIEW 解説

訳

F: 保険証券番号は今わかりますか？
M: いいえ，わかりません。車の修理をしてもらうのに，それが必要なのですか？
F: ええ。無料で車の修理を受けるには保険証券番号を確認する必要があるのです。ですがお名前，ご住所，お電話番号，運転免許証の番号を教えていただけましたら，お客様に代わってお調べすることができます。
M: 今全部書きましょうか？ それとも何か公文書をお見せする必要がありますか？

解説　　36 よく問われる質問文を押さえておく！

28. 正解：(B)
「会話がどこで起こっているか（Where is this conversation taking place?）」といった問題は TOEIC に非常によく出題されるので気をつけたい。driver's license（運転免許証）や car（車）という語が出てくると，とっさに事故を想像して「警察との会話か？」と勘違いしかねないので注意。We need to check your insurance policy number や I can check it for you などの女性の発言から，会話は保険会社でのものであると判断できる。

29. 正解：(C)
理由を問う問題。保険証券の番号が必要な理由は，女性の2つ目のセリフ We need to check your insurance policy number to have your car repaired for free.（無料で車の修理を受けるには保険証券番号を調べる必要がある）で述べられている。have your car repaired for free が (C) では have the man's car fixed free of charge と書き換えられている。

30. 正解：(A)
TOEIC では「言及されていない事柄」を選ぶというタイプの問題もあるので注意が必要。女性がチェックに必要なものとして挙げているのは name, address, phone number, driver's license number（名前，住所，電話番号，運転免許証の番号）である。(A) の「電子メールのアドレス」は触れられていないので，これが正解。

【語句】□ insurance policy = 保険証券　□ repair ～ = ～を修理する　□ for free = 無料で　□ driver's license = 運転免許証　□ official document = 公文書, 公的書類　□ accident scene = 事故現場　□ fix ～ = ～を修理する　□ purchase ～ = ～を購入する　□ free of charge = 無料で　□ identify ～ as ... = ～を…であると確認する

PART 4

- POINT 37　スピーチは誰が行い，聞き手は誰かを聞き取る！
- POINT 38　「…すべき」という決定的内容を聞き逃さない！
- POINT 39　５Ｗ１Ｈを聞き逃さない！
- POINT 40　アナウンス，スピーチ，トークの種類をすばやくつかむ！
- POINT 41　天気予報では時間の経過や今後の変化に注意する！
- POINT 42　宣伝では，数・曜日・価格・具体的サービス・場所などを理解する！
- POINT 43　ニュースで取り上げられている内容の概略を理解する！
- POINT 44　話に興味を持つ人はどのような人かを想像しながら聞く！
- POINT 45　留守電メッセージでは相手の不在理由などを聞き取る！
- POINT 46　店・美術館・博物館などのお知らせでは具体的情報に注意する！
- POINT 47　メインとなる話題をつかむ！
- POINT 48　指示されている内容を，場面・状況を想像しながら聞く！
- POINT 49　スケジュールの案内では時間・順序に注意して聞く！
- POINT 50　話者の意見を総合的に理解する！

PART 4　説明文問題　傾向と対策

問題数：30
出題形式：さまざまなジャンルの説明文がそれぞれ1回だけ放送される。説明文を聞き，その内容に関する3つの設問について正しいものをそれぞれ1つずつ選択し，解答用紙にマークする。
（説明文は問題冊子に印刷されていないが，設問と選択肢はすべて印刷されている。）
出題傾向：ニュース，スピーチ，宣伝，案内，報告，天気予報など，ジャンルは多岐にわたる。
選択肢の数：(A)～(D)の4つ

■ 主な注意点

● あらかじめ設問に目を通しておく
音声が流れる前のわずかな時間を利用して設問に目を通し，解答の根拠に絞って聞く。

● すべての単語・表現が理解できなくてもパニックに陥らない
説明文を完璧に理解できなくても，全体の流れや話の中心部分がある程度理解できれば解答できる設問も多い。

● 順を追って情報を聞き取る
はじめに何があって次にどうなるのか…のように順を追って理解し情報を得ていく必要がある。例えば天気予報の場合，いつどこでどのような天気だったものが，どのように変化していくか，といった具体的な情報を聞き取る。

● ナレーションが流れる場所を想像しながら聞く
「このスピーチはどこで行われたものですか？」「このアナウンスを聞いている人たちはどこにいると思われますか？」といった設問も多いので，キーワードに注意しながら聞く。

● ナレーション内で使用された単語・表現に惑わされない
ナレーションで使われた単語や表現をそのまま使っている選択肢が正しいとは限らないので注意が必要。

PART 4

POINT 37

スピーチは誰が行い，聞き手は誰かを聞き取る！

- ●誰が，どこで話しているのかを推測する。
- ●何・誰について話しているのかを捉える。
- ●紹介されている物・人についての情報を整理しながら聞き取る。
- ●聞き手は誰なのかを想像しながら聞く。

CD1-70

1. Who is Keith Regan?
  (A) A new graduate student majoring in Civil Engineering
  (B) A guest speaker who is about to give a lecture in civil engineering
  (C) A new staff member to join Johnson & Smith
  (D) A civil engineer leaving Johnson & Smith

Ⓐ Ⓑ Ⓒ Ⓓ

2. Who are the listeners of the speech?
  (A) Graduate students at Kentucky University
  (B) Workers at K&A International
  (C) Airport staff members
  (D) Employees working for Johnson & Smith

Ⓐ Ⓑ Ⓒ Ⓓ

3. Where is the speaker?
  (A) At New York University
  (B) At Kentucky University
  (C) At K&A International
  (D) At Johnson & Smith

Ⓐ Ⓑ Ⓒ Ⓓ

> **ココキケ**
> 具体的内容，場所，聞き手，話し手を想像しながら聞く。情報は過去・現在・未来に関するものなど多岐にわたるが，あらかじめ質問に目を通し，必要な情報をピックアップしながら聞くとよい。

UNIT 08

Answers: **1.** (C)　**2.** (D)　**3.** (D)

【スクリプト】
Questions 1 through 3 refer to the following speech.

I'm very pleased to announce **another addition to the engineering staff**. Keith Regan graduated from New York University in 1987, and from 1987 to 1989 he took a graduate course at Kentucky University. After successfully finishing the course with a Master's Degree in Civil Engineering, he landed a job at K&A International in Ohio and worked there for twelve years as a civil engineer. **Now at Johnson & Smith**, he is going to work as a chief civil engineer to design and supervise the construction of roads, tunnels and airports in Minnesota – and without a doubt, he will greatly contribute to our company as a member of the team which consists of talented engineers and creative professionals.

【設問】
1. Who is Keith Regan?
(A) A new graduate student majoring in Civil Engineering
(B) A guest speaker who is about to give a lecture in civil engineering
(C) A new staff member to join Johnson & Smith
(D) A civil engineer leaving Johnson & Smith

2. Who are the listeners of the speech?
(A) Graduate students at Kentucky University
(B) Workers at K&A International
(C) Airport staff members
(D) Employees working for Johnson & Smith

3. Where is the speaker?
(A) At New York University
(B) At Kentucky University
(C) At K&A International
(D) At Johnson & Smith

【設問訳】
1. キース・リーガンとは誰ですか？
(A) 土木工学を専攻する大学院の新入生
(B) 土木工学の講義をしようとしている来賓講演者
(C) ジョンソン＆スミス社に入社する新しいスタッフ
(D) ジョンソン＆スミス社を去ろうとしている土木技師

2. このスピーチを聞いているのは誰ですか？
(A) ケンタッキー大学の大学院生
(B) K＆Aインターナショナル社の従業員
(C) 空港職員
(D) ジョンソン＆スミス社の従業員

3. 話者は今どこにいますか？
(A) ニューヨーク大学
(B) ケンタッキー大学
(C) K＆Aインターナショナル社
(D) ジョンソン＆スミス社

正解・解説　POINT 37

【スクリプト訳】

　新たに技術スタッフに加わる方を公表でき非常にうれしく思います。キース・リーガンさんは1987年にニューヨーク大学を卒業し，1987年から1989年まではケンタッキー大学で大学院課程を履修しました。見事に土木工学の修士号を取得し課程を修了した後，彼はオハイオ州にあるK＆Aインターナショナル社に就職し，そこで土木技師として12年間働きました。このたびジョンソン＆スミス社にて，彼は土木主任技師として，ミネソタ州の道路やトンネル，空港の建設を監督したり設計に携わったりする予定です —— そして間違いなく，彼は才能ある技術者と創造力のある専門家で成り立つチームの一員として，我が社に多大なる貢献をしてくれることでしょう。

【解説】

1. 正解：(C)

冒頭の I'm very pleased to announce another addition to the engineering staff.（新たに技術スタッフに加わる方を公表でき非常にうれしく思います）という部分から，新たなスタッフが入ることがわかる。また中ほどの Now at Johnson & Smith ...（このたびジョンソン＆スミス社にて…）という部分から，キース・リーガン氏はジョンソン＆スミス社の新たなスタッフ（社員）であることがわかる。

2. 正解：(D)

ジョンソン＆スミス社の新スタッフ紹介を聞いている人たちなので，聞き手はジョンソン＆スミス社の従業員であることは明らかである。最後の without a doubt, he will greatly contribute to our company（間違いなく，彼は我が社に多大なる貢献をしてくれることでしょう）という部分からも確認できる。

3. 正解：(D)

ジョンソン＆スミス社の新しいスタッフの紹介であるから，当然場所はジョンソン＆スミス社であると想像できる。ただし，スピーチはこれから紹介する人物の経歴などを主に紹介するものであるから，地名を伴う大学名やこれまで勤務した会社名などが登場してくる。混乱しないよう情報を聞き取る必要がある。

正解・解説　POINT 37

重要語句チェック

- pleased = うれしい，満足して
- announce ～ = ～を公表する，知らせる
- addition = 追加，追加される人〔物〕
- graduate from ～ = ～を卒業する
- graduate course = 大学院課程
- successfully = 首尾よく，うまく
- master's degree = 修士号
- civil engineering = 土木工学
- land ～ = (仕事)を見つける
- civil engineer = 土木技師
- design ～ = ～を設計する
- supervise ～ = ～を監督する
- construction = 建設
- without a doubt = 確かに，間違いなく
- contribute to ～ = ～に貢献する
- consist of ～ = ～から成り立つ
- talented = 才能のある，有能な
- professional = 専門家
- employee = 従業員

Useful Expressions (16) 〈スピーチ〉

☐ **Thank you, Mr. Johnston, for attending our conference tonight as a guest speaker.**
（ジョンストンさん，来賓講演者として今晩我々の会議にご出席いただき，ありがとうございます。）

☐ **Let me begin by thanking all of you for your support.**
（まず，皆さまのご支援に感謝申し上げます。）

☐ **I'm very honored to be given a chance to talk about ～**
（～についてお話する機会をいただき，非常に光栄でございます）

☐ **I would like to thank all of you here for your support and understanding.**
（ご出席の皆様全員に，ご支援とご理解をいただき感謝いたします。）

☐ **Let me take this opportunity to introduce to you ～**
（この機会に～をご紹介させてください）

☐ **We are very honored to have you as our special guest tonight.**
（今晩あなたを特別ゲストとしてお迎えできたことをとても光栄に思います。）

☐ **I'd like to thank you for joining us on this special day.**
（この特別な日に我々とご一緒してくださったことに感謝を申し上げたく存じます。）

☐ **I'd like to thank you on behalf of our company for attending the conference and giving us a special lecture on ～**
（会社を代表し，この会議にご参加の上～に関する特別講義をしていただいたことに御礼申し上げます）

PART 4

POINT 38

「…すべき」という決定的内容を聞き逃さない！

- click your mouse ＝ネットを利用する。文字通りに解釈しないことも重要！
- 方法が述べられる場合，手順・方法を聞き逃さない。
- alternatively の後には「前述されていない別の方法」が登場する。

CD1-71

1. What should you do if you want to have groceries delivered to your door?

(A) Buy a mouse
(B) Imagine you have a virtual shopping cart
(C) Order groceries on the Internet
(D) Pay the annual membership fee

Ⓐ Ⓑ Ⓒ Ⓓ

2. What should you do if you prefer not to submit the application form on the Internet?

(A) Get a form at Best Grocer
(B) Submit it at Best Grocer
(C) Call Best Grocer and ask for a form
(D) Pay extra money to send it by mail

Ⓐ Ⓑ Ⓒ Ⓓ

3. What should you do if you want further information?

(A) Send a filled-out form to Best Grocer
(B) Ask at Best Grocer
(C) Send an e-mail message to Best Grocer
(D) Call Best Grocer or check the website

Ⓐ Ⓑ Ⓒ Ⓓ

UNIT 08

> 「〜の場合はどうすべきか？」が問われる場合，問われている内容（質問文）をあらかじめ読んでおき，情報を整理しながら聞き取っていくとよい。一つの目的を達成する方法が複数存在することも多い。

Answers: 1. (C) 2. (B) 3. (D)

【スクリプト】
Questions 1 through 3 refer to the following advertisement.

Can you imagine being able to <u>do all your shopping just by clicking your mouse at home</u>? Yes, it's as simple as that! We have started our online service for all the people who desire to shop for groceries while at home. No membership fee required. All you have to do is download a simple application form, fill it out and submit it to us online. Alternatively, <u>you can print out the form and submit it here at Best Grocer.</u> <u>Just log onto www.grocerygrocery.com</u>, shop around, load up your virtual shopping cart, and within 6 hours after you log out, we will deliver your order right straight to your door. Should you require more information, please <u>call our toll-free telephone number at 1-800-226-3372 or check our website</u> for details.

【設問】

1. What should you do if you want to have groceries delivered to your door?
(A) Buy a mouse
(B) Imagine you have a virtual shopping cart
(C) Order groceries on the Internet
(D) Pay the annual membership fee

2. What should you do if you prefer not to submit the application form on the Internet?
(A) Get a form at Best Grocer
(B) Submit it at Best Grocer
(C) Call Best Grocer and ask for a form
(D) Pay extra money to send it by mail

3. What should you do if you want further information?
(A) Send a filled-out form to Best Grocer
(B) Ask at Best Grocer
(C) Send an e-mail message to Best Grocer
(D) Call Best Grocer or check the website

【設問訳】

1. 食料雑貨を自宅に配達してほしい場合はどうすればよいですか？
(A) マウスを買う
(B) 自分には架空のショッピング・カートがあるんだと想像する
(C) インターネット上で食料雑貨を注文する
(D) 年会費を支払う

2. 申込用紙をネット上で提出したくない場合，どうすればよいですか？
(A) ベスト・グローサーで用紙をもらう
(B) ベスト・グローサーで用紙を提出する
(C) ベスト・グローサーに電話をかけて用紙を請求する
(D) 余分な金を払って郵送する

3. さらに詳しい情報が欲しい場合はどうすればよいですか？
(A) 記入した用紙をベスト・グローサーに送る
(B) ベスト・グローサーで尋ねる
(C) 電子メールをベスト・グローサーに送る
(D) ベスト・グローサーに電話をかけるか，ホームページを見る

正解・解説　POINT 38

【スクリプト訳】

　家でマウスをクリックするだけで買い物が全部できてしまうなんて，想像できますか？　ええ，それくらい簡単なのです！　私たちは家にいながら食料雑貨を買いたいと思うすべての人たちのために，オンライン・サービスを開始いたしました。会費は必要ありません。簡単な申込用紙をダウンロードし，ご記入のうえ送信するだけでよいのです。または用紙を印刷して，ここベスト・グローサーにお送りいただいても構いません。www.grocerygrocery.com にアクセスして，商品をご覧になり，ネット上のショッピングカートにお入れください。ログアウトから6時間以内にご注文の商品を直接宅配いたします。もっと詳しい情報が必要であれば，当店のフリーダイヤル 1-800-226-3372 にお電話くださるか，ホームページで詳細をご確認ください。

【解説】
1. 正解：(C)
(A) に mouse という語があるが，これはコンピュータ用語ではそのまま「マウス」という意味。ナレーション自体はネットでできるショッピングに関する宣伝で，買い物に必要な過程は中ほど Just log onto www.grocerygrocery.com, shop around, load up your virtual shopping cart, and within 6 hours after you log out, we will deliver your order right straight to your door. （www.grocerygrocery.com にアクセスして，商品をご覧になり，ネット上のショッピングカートにお入れください。ログアウトから6時間以内にご注文の商品を直接宅配いたします）の部分で説明されている。

2. 正解：(B)
中ほどの All you have to do is download a simple application form, fill it out and submit it to us online. Alternatively, you can print out the form and submit it here at Best Grocer. （簡単な申込用紙をダウンロードし，ご記入のうえ送信するだけでよいのです。または用紙を印刷して，ここベスト・グローサーにお送りいただいても構いません）という部分がポイント。

3. 正解：(D)
ナレーションの最後の Should you require more information, please call our toll-free telephone number at 1-800-226-3372 or check our website for details. （もっと詳しい情報が必要であれば，当店のフリーダイヤル 1-800-226-3372 にお電話くださるか，ホームページで詳細をご確認ください）という部分がポイント。

正解・解説　POINT 38

重要語句チェック

- click ～ = （コンピュータのマウス）をクリックする
- mouse = （コンピュータの）マウス
- groceries = 食料雑貨類
- membership fee = 会費
- required = 必要とされる
- fill out ～ = ～に記入する
- submit ～ = ～を提出する
- online = オンラインで，インターネットで
- alternatively = あるいは
- deliver ～ = ～を配達する
- toll-free = フリーダイヤルの
- detail = 詳細
- annual = 1年間の，毎年の

Useful Expressions (17) 〈「…すべき」を意味する表現〉

☐ **Should you require more information, please do not hesitate to contact us.**
（もっと情報が必要でしたら，ご遠慮なく我々にご連絡ください。）

☐ **All you have to do is send us an e-mail message.**
（メールでメッセージをお送りいただくだけでよいのです。）

☐ **All you need to do is call our toll-free number for details.**
（詳細は我々のフリーダイヤル番号にお電話いただくだけでご理解いただけます。）

☐ **That's all you are required to do.**
（あなたがすべきことはそれだけです。）

☐ **It should be taken care of immediately.**
（その件は早急に善処しなければなりません。）

☐ **What do you think we should do to prevent further problems?**
（さらに問題が起きるを防ぐために，我々は何をすべきだと思いますか？）

☐ **The question is whether or not we should invest so much money in the joint venture.**
（問題は，我々がそれほどの大金をその合弁事業に投資すべきかどうかです。）

☐ **We should discuss the problem before it gets too complicated.**
（こじれてしまう前に，我々はその問題を討議すべきです。）

☐ **You should have confirmed your reservation well in advance.**
（予約は前もってよく確認しておくべきだったのに。）

☐ **We ought to pull out of the contract.**
（我々はその契約から手を引くべきです。）

PART 4

POINT 39

5W1Hを聞き逃さない！

- 問われている内容を具体的に聞き取る。
- How で始まる疑問文には要注意。何について問われているか，あらかじめ確認。
- 数字の聞き取りは引っかけ問題が多い。-ty と -teen を完全に聞き分けよう。

CD1-72

1. How long has it been since the house was built?
- (A) Five years
- (B) Fifteen years
- (C) Fifty years
- (D) Fifty five years

Ⓐ Ⓑ Ⓒ Ⓓ

2. Who is likely to be interested in the house?
- (A) A young couple with no children
- (B) A young couple with children
- (C) A young couple with pets
- (D) A young couple with both children and pets

Ⓐ Ⓑ Ⓒ Ⓓ

3. What is not permitted in the house?
- (A) Swimming and playing tennis
- (B) Old couples
- (C) Young couples without children
- (D) Pet animals

Ⓐ Ⓑ Ⓒ Ⓓ

> 5W1Hを問う問題では，具体的に「どんな情報が必要か？」をあらかじめ把握してから聞く必要がある。

UNIT 08

Answers: 1. (B) **2.** (B) **3.** (D)

【スクリプト】

Questions 1 through 3 refer to the following information.

This is a nice and cozy fifteen-year-old house for rent in an exclusive town center setting with car parking facilities. It boasts an entrance hall with timber flooring, a spacious living room with a beautiful marble fireplace, a recently updated kitchen, a dining room with a patio door, three bedrooms and two remodeled bathrooms. It is an ideal house for a young couple with children as there are excellent schools in the neighborhood. It is also close to shops and a community swimming pool and tennis courts that are open all the year round. Pets are not allowed in the house. We ask you to provide proof of funds prior to viewing the house.

【設問】

1. How long has it been since the house was built?
(A) Five years
(B) Fifteen years
(C) Fifty years
(D) Fifty five years

2. Who is likely to be interested in the house?
(A) A young couple with no children
(B) A young couple with children
(C) A young couple with pets
(D) A young couple with both children and pets

3. What is not permitted in the house?
(A) Swimming and playing tennis
(B) Old couples
(C) Young couples without children
(D) Pet animals

【設問訳】

1. この家が建築されてから何年経っていますか？
(A) 5 年
(B) 15 年
(C) 50 年
(D) 55 年

2. 誰がおそらくこの家に興味を持ちますか？
(A) 子供のいない若い夫婦
(B) 子供のいる若い夫婦
(C) ペットを飼っている若い夫婦
(D) 子供とペットの両方がいる若い夫婦

3. 家の中で禁止されているのは何ですか？
(A) 水泳とテニス
(B) 年配夫婦
(C) 子供のいない若い夫婦
(D) ペット

正解・解説　POINT 39

【スクリプト訳】

　こちらは素敵で居心地の良い，高級繁華街に位置した駐車設備付きの築15年の貸家です。この家の自慢として，玄関ホールは木製フローリングになっており，広々とした居間には美しい大理石の暖炉があり，最新型に取り替えたばかりのキッチンや中庭に通じるドアのついたダイニング・ルーム，寝室3部屋と改装済みのバスルーム2つがついています。近所には素晴らしい学校がありますので，お子様のいる若いご夫婦には理想的な家です。商店や，1年を通じて使用できる地域のプールやテニスコートにも近いです。家の中でペットを飼うことは許可されていません。家をご覧になる前に，資金証明の提示をお願いいたします。

【解説】
1. 正解：(B)
冒頭の This is a nice and cozy fifteen-year-old house for rent（こちらは素敵で居心地の良い築15年の貸家です）という部分がポイント。fifteen と fifty の聞き分けが難しいので，何度も CD を聞いて確認しておきたい。また How で始まる疑問文は期間を問うもの（How long …?），方法を問うもの（How …?），数を問うもの（How many …?）など多くのパターンが登場するので，音声が流れる前に質問を読み，問われている内容を確認した上で聞くことに慣れておきたい。

2. 正解：(B)
中ほどの It is an ideal house for a young couple with children（お子様のいるご若い夫婦には理想的な家です）という部分がポイント。

3. 正解：(D)
後半の Pets are not allowed in the house.（ペットは家の中では許可されていません）という部分がポイント。ただし質問文では allowed ではなく permitted という単語に変わっているので注意が必要。

重要語句チェック

- cozy = 居心地のよい
- house for rent = 貸家
- exclusive = 高級な,排他的な
- town center = 繁華街,町の中心部
- car parking facility = 駐車設備
- boast 〜 = 〜を誇りにしている
- entrance hall = 玄関ホール
- timber flooring = 木製の床張り
- spacious = 広々とした
- marble = 大理石
- fireplace = 暖炉
- updated = 最新の(ものにした)
- patio = 中庭,パティオ
- remodel 〜 = 〜を改装する,リフォームする
- ideal = 理想的な,申し分ない
- all the year round = 一年を通じて
- proof = 証拠
- prior to 〜 = 〜に先だって

Useful Expressions (18) 〈5W1Hを含む表現〉

- What on earth is causing the problem?
  (一体全体何が問題の原因になっているのですか?)
- What do you think will better facilitate future sales in Asia?
  (将来アジアでの売り上げをもっと促進するのは何だと思いますか?)
- Where in the world was he yesterday?
  (一体全体彼は昨日どこにいたのですか?)
- Who is capable of handling these tasks?
  (これらの任務を処理することができるのは誰ですか?)
- Which is the plan Keith Branson came up with?
  (キース・ブランソンが思いついたプランはどちらですか?)
- When are you supposed to contact your client?
  (あなたはいつ顧客に連絡することになっているのですか?)
- How often should the performance review be conducted?
  (勤務評定はどれくらいの頻度で行うべきですか?)
- How much does it cost to have new software installed?
  (新しいソフトをインストールしてもらうのにいくらかかりますか?)
- How come you failed to report the error to your supervisor?
  (あなたはどうしてその失敗を上司に報告しなかったのですか?)
- How badly damaged was the product?
  (その商品はどれほどひどく傷んでいたのですか?)

PART 4

POINT 40

アナウンス，スピーチ，トークの種類をすばやくつかむ！

- 全体を聞き，ナレーションの種類・目的を把握しよう。
- 話者は誰か，聞き手は誰かを内容から推測・理解しよう。
- 指示がある場合，「どのような場合どうする？」という内容を捉えよう。

CD1-73

1. What kind of company is the speaker from?
- (A) Power company
- (B) Cable company
- (C) Semiconductor maker
- (D) Telephone company

Ⓐ Ⓑ Ⓒ Ⓓ

2. What is the purpose of this talk?
- (A) To ask people to remove any fallen wires they find
- (B) To warn people not to touch wires, pylons or utility poles
- (C) To ask people to cooperate when they find something dangerous
- (D) To show people a sign

Ⓐ Ⓑ Ⓒ Ⓓ

3. What should you do if you see fallen wires?
- (A) Try to remove them
- (B) Remember that there are electric wires overhead
- (C) Move them immediately
- (D) Contact the company the speaker is from

Ⓐ Ⓑ Ⓒ Ⓓ

> 話者の立場，話の目的，具体的指示などに注意して聞く。

UNIT 08

Answers: **1.** (A) **2.** (B) **3.** (D)

【スクリプト】
Questions 1 through 3 refer to the following talk.

Have you ever seen this sign in your neighborhood? If you have, do you know what it means? It is a danger sign that there are electric wires overhead or live electrical equipment near you. If you ever see fallen wires, remember that ²·you must not attempt to remove them by yourself. Never touch wires, pylons or utility poles because you could get a serious electric shock from touching them. Every year approximately 500 American people are killed by electric shock and many more are seriously injured. You must remember that contact with power lines can prove fatal. ¹·³·If you see fallen wires, damaged pylons or utility poles, please do contact us immediately.

【設問】
1. What kind of company is the speaker from?
(A) Power company
(B) Cable company
(C) Semiconductor maker
(D) Telephone company

2. What is the purpose of this talk?
(A) To ask people to remove any fallen wires they find
(B) To warn people not to touch wires, pylons or utility poles
(C) To ask people to cooperate when they find something dangerous
(D) To show people a sign

3. What should you do if you see fallen wires?
(A) Try to remove them
(B) Remember that there are electric wires overhead
(C) Move them immediately
(D) Contact the company the speaker is from

【設問訳】
1. 話者はどのような会社の人ですか？
(A) 電力会社
(B) ケーブル会社
(C) 半導体メーカー
(D) 電話会社

2. この話の目的は何ですか？
(A) 落ちた電線を見かけたら，どんなものでも取り除くように人々に依頼すること。
(B) 電線，鉄塔，電柱には触れないように人々に警告すること
(C) 危険な物を見つけたら協力するよう人々に依頼すること
(D) 人々に標識を見せること

3. 落ちた電線を見たら，どうすべきですか？
(A) 取り除く努力をするべきである
(B) 頭上に電線があることを思い出すべきである
(C) すぐにそれらを動かすべきである
(D) 話者の会社に連絡すべきである

正解・解説　POINT 40

【スクリプト訳】

　これまでにこの標識を近所で見たことがありますか？　見たことがあるのなら，何を意味するものかご存知ですか？　これは頭上に電線，あるいは電流の通じた電気機器が付近にあるという危険標識です。もし落ちた電線を見かけたら，自分で電線を取り除こうと試みてはならないことを忘れないでください。電線や鉄塔，電柱に触るとひどい電気ショックを受ける可能性があるので，絶対に手を触れないでください。毎年およそ500人のアメリカ人が感電して死亡し，さらに多くの人たちが重傷を負っています。送電線に接触することは命取りになる危険性があることを忘れないでください。落ちた電線，損傷した鉄塔や電柱を見たら，弊社まですぐにご連絡ください。

【解説】
1. 正解：(A)
標識についての説明と電線などの危険性に関する解説の後，最後に If you see fallen wires, damaged pylons or utility poles, please do contact us immediately.（落ちた電線，損傷した鉄塔や電柱を見たら，弊社まですぐにご連絡ください）とあるので，話者は電力会社の人だろうと想像できる。

2. 正解：(B)
上に述べたように，電力会社の人が電線などに触れることの危険性をこの話の中で警告している。(A) の to remove any fallen wires は「してはいけないこと」である。(C) のような依頼はしていない。標識を見せたのは話の導入のためであり，目的ではないので (D) も誤り。ここでの話の真意は感電事故防止と考えられる。

3. 正解：(D)
最後の If you see fallen wires, damaged pylons or utility poles, please do contact us immediately.（落ちた電線，損傷した鉄塔や電柱を見たら，弊社まですぐにご連絡ください）という部分が答えになっている。

正解・解説　POINT 40

重要語句チェック

- □ sign = 標識，看板
- □ danger sign = 危険標識，危険信号
- □ electric wire = 電線
- □ overhead = 頭上に
- □ live = 電流が通じている
- □ electrical equipment = 電気機器
- □ attempt to ... = …しようと試みる
- □ remove 〜 = 〜を取り除く，取り去る
- □ pylon = （高圧線用の）鉄塔
- □ utility pole = 電柱
- □ electric shock = 電気ショック，感電
- □ approximately = およそ
- □ contact = 接触；〜に連絡する
- □ power line = 送電線
- □ prove 〜 = 〜であるとわかる
- □ fatal = 致命的な，命取りになる
- □ damaged = 損傷を受けた
- □ power company = 電力会社
- □ semiconductor = 半導体

Useful Expressions (19) 〈アナウンス・ニュース〉

- □ report = レポート，取材する
- □ be brought to you live from 〜 = 〜から生放送中である
- □ live broadcast = 生放送
- □ breaking news = ニュース速報，最新情報
- □ anchor〔anchorperson〕= ニュースキャスター，総合司会者
- □ broadcaster〔announcer〕= アナウンサー
- □ May I have your attention, please?
  （お知らせいたします。）
- □ Your attention, please.
  （皆さまに申し上げます。）
- □ This is a mandatory fire drill.
  （これは参加が義務づけられた火災避難訓練です。）
- □ This is Tara Smith reporting from 〜
  （〜からレポートしております，タラ・スミスです）
- □ Please evacuate the building.
  （ビルから避難してください。）

PART 4

POINT 41

天気予報では時間の経過や今後の変化に注意する！

- After, during, increasingly, temperature などの頻出語に注意する。
- 時間，述べられている場所，これまでの天気と今後の予想などに注意して聞く。

CD1-74

1. When will there be a risk of frost in New York City?
   (A) On Monday
   (B) On Wednesday
   (C) On Thursday
   (D) On Friday and Saturday

Ⓐ Ⓑ Ⓒ Ⓓ

2. Why will it feel colder on Wednesday or Thursday?
   (A) Because the temperature is the May average
   (B) Because of the winds
   (C) Because of the frost
   (D) Because of the rain

Ⓐ Ⓑ Ⓒ Ⓓ

3. What will the weather be like in Washington DC after the rain makes its way south?
   (A) Cloudy
   (B) Windy
   (C) Bright
   (D) Cold

Ⓐ Ⓑ Ⓒ Ⓓ

> **ココキケ**
> 具体的情報，天候変化の理由，今後の予想などに注意して聞く。天気予報は未来の予測にとどまらず，これまでの経緯について述べることも多いので注意！

UNIT 08

Answers: **1.** (D) **2.** (B) **3.** (C)

【スクリプト】
Questions 1 through 3 refer to the following weather forecast.

After a very warm start on Monday, temperatures will ease back towards the May average of 12 to 14 degree Celsius. However, it will feel much colder *as strong and icy winds pick up* either on Wednesday or Thursday. After the winds drop, the temperature will go down and there is a slight *risk of frost in New York City on Friday and Saturday*. The south will have the best of the sunshine all during the week. It will be increasingly cloudy across Washington DC and this will bring a rapid drop in temperature and freezing rain. However, as the rain makes its way south, *it will be replaced by much brighter skies*.

【設問】

1. When will there be a risk of frost in New York City?
(A) On Monday
(B) On Wednesday
(C) On Thursday
(D) On Friday and Saturday

2. Why will it feel colder on Wednesday or Thursday?
(A) Because the temperature is the May average
(B) Because of the winds
(C) Because of the frost
(D) Because of the rain

3. What will the weather be like in Washington DC after the rain makes its way south?
(A) Cloudy
(B) Windy
(C) Bright
(D) Cold

【設問訳】

1. ニューヨーク市で霜が降りる恐れがあるのはいつですか？
(A) 月曜日
(B) 水曜日
(C) 木曜日
(D) 金曜日と土曜日

2. 水曜日か木曜日に前より寒く感じられるようになるのはなぜですか？
(A) 気温が５月の平均だから
(B) 風のため
(C) 霜のため
(D) 雨のため

3. 雨が南へ移動した後のワシントンDCの天気はどうなりますか？
(A) 曇りになる
(B) 風が強くなる
(C) 晴朗になる
(D) 寒くなる

正解・解説　POINT 41

【スクリプト訳】

　　月曜日にとても暖かい週のスタートを切った後，気温は5月の平均である摂氏12度から14度に落ち着くでしょう。しかし水曜日か木曜日には大変冷たい風が強く吹くため，それよりずっと寒く感じられるでしょう。風がおさまった後に気温が下がり，金曜日と土曜日はニューヨーク市で霜が降りる恐れが多少あります。南部は週を通して最高の晴天となるでしょう。ワシントンDCではだんだん雲が広がり，そのため急激に気温が下がり，凍てつくような雨になります。しかし雨が南へ移動するのにつれて，雨に代わってぐっと明るい空が広がるようになるでしょう。

【解説】
1. 正解：(D)
ニューヨーク市については中ほどで言及されており，After the winds drop, the temperature will go down and there is a slight risk of frost in New York City on Friday and Saturday.（風がおさまった後に気温が下がり，金曜日と土曜日はニューヨーク市で霜が降りる恐れが多少あります）という部分が答えになっている。

2. 正解：(B)
初めの方に it will feel much colder as strong and icy winds pick up either on Wednesday or Thursday（しかし水曜日か木曜日には大変冷たい風が強く吹くため，それよりずっと寒く感じられるでしょう）とある。ここに登場する as は「…なので」という意味で，続く部分には理由が述べられている。

3. 正解：(C)
最後の as the rain makes its way south, it will be replaced by much brighter skies（雨が南へ移動するのにつれて，雨に代わってぐっと明るい空が広がるようになるでしょう）という部分が答えになっている。

UNIT 08

正解・解説 POINT 41

重要語句チェック	
☐ temperature = 温度，気温 ☐ average = 平均 ☐ Celsius = 摂氏 ☐ icy = 氷のような，大変冷たい ☐ pick up =（風が）強まる ☐ drop = 弱まる，後退する	☐ slight = わずかな，少しの ☐ frost = 霜 ☐ increasingly = だんだん，ますます ☐ freezing = 凍りつくような，氷点に近い ☐ be replaced by 〜 = 〜に取って代わられる

Useful Expressions (20) 〈天気予報〉

☐ **continue** = 続く　***Ex.*** The wet weather will continue in Ohio.（オハイオでは引き続き雨でしょう。）

☐ **be expected** = 予期される　***Ex.*** Rain is expected in Northern California.（カリフォルニア北部では雨が予想されます。）

☐ **likely** = 起こり得る　***Ex.*** Snow showers are likely in Minnesota.（ミネソタでは吹雪になる可能性があります。）

☐ **precipitation** = 降水量　***Ex.*** Southern California can expect precipitation on Thursday.（木曜にはカリフォルニア南部で雨が降るでしょう。）

☐ **much-needed** = 切望していた　***Ex.*** Much-needed rain is expected in Hawaii, with the heaviest precipitation in Honolulu.（ハワイでは待ち望んでいた雨が降る見込みです。最も降水量が多いのはホノルルでしょう。）

☐ **see 〜** = 〜を見込む　***Ex.*** The area will see one more day of heavy weather.（その地域ではもう一日荒れ模様の天気となるでしょう。）

☐ **temperature** = 気温　***Ex.*** Chicago will be the coldest region of the country on Monday, with temperatures dropping sharply after snow showers.（月曜には吹雪の後で急に気温が下がり，シカゴが国内で最も寒い地域となるでしょう。）

☐ **remain 〜** = 〜のままである　***Ex.*** It will remain cloudy with periods of very light rain.（時折小雨が降りますが，曇りの状態が続くでしょう。）

☐ **occasional** = たまの，時折の　***Ex.*** The region will see occasional showers.（その地方では時折にわか雨となるでしょう。）

PART 4

ココキケ 📣
POINT 42

宣伝では，数・曜日・価格・具体的サービス・場所などを理解する！

- 何に関する宣伝なのかを全体から把握できるよう集中して聞く。
- 具体的な数が出てきたら，何の数なのかを必ず聞き取る。
- 動詞 provide に続く内容に注意し，「何が提供されるか」を聞き取る。

CD1-75

1. How many rooms are there in the hotel?

(A) 100 rooms
(B) 116 rooms
(C) 160 rooms
(D) More than 160 rooms

Ⓐ Ⓑ Ⓒ Ⓓ

2. Which of the following is NOT true?

(A) They provide free soft drinks to anyone visiting Huntington Beach.
(B) The hotel guests are allowed to use the indoor swimming pool.
(C) "California Delight" is located in the hotel.
(D) Their exercise facility is open all the year round.

Ⓐ Ⓑ Ⓒ Ⓓ

3. What do they do for you in "California Delight" if you are a hotel guest?

(A) Provide fantastic free dishes
(B) Offer you free soft drinks
(C) Show you a 2006 Travel Guide
(D) Make you feel at home

Ⓐ Ⓑ Ⓒ Ⓓ

ココキケ 📣
「数そのもの」の聞き取りや「何の数なのか」に注意しよう。また具体的なサービス内容や条件などにも注意して聞く。

UNIT 08

Answers: **1.** (D)　**2.** (A)　**3.** (B)

【スクリプト】
Questions 1 through 3 refer to the following advertisement.

　Located on Huntington Beach with its invigorating blue waters and soothing ocean breezes, Huntington Villa Resort is one of the newest hotels in California. Huntington Villa Resort, with an intimate and friendly atmosphere and ^{1.}over 160 luxurious rooms, has always attracted both local people and travelers from around the world. We have a wonderful indoor swimming pool, Jacuzzi and sauna as well as a fully-equipped exercise facility. These are available to guests free of charge 24 hours a day throughout the year. Guests can also enjoy a fantastic dinner at "California Delight", our restaurant in the hotel that earned a 2005 Travel Guide Five Star Award in the restaurant category. We provide ^{2.3.}free soft drinks to our hotel guests in the restaurant. Discover a true resort and relax in Californian style. Reservations can be made over the Internet or by phone.

【設問】

1. How many rooms are there in the hotel?
(A) 100 rooms
(B) 116 rooms
(C) 160 rooms
(D) More than 160 rooms

2. Which of the following is NOT true?
(A) They provide free soft drinks to anyone visiting Huntington Beach.
(B) The hotel guests are allowed to use the indoor swimming pool.
(C) "California Delight" is located in the hotel.
(D) Their exercise facility is open all the year round.

3. What do they do for you in "California Delight" if you are a hotel guest?
(A) Provide fantastic free dishes
(B) Offer you free soft drinks
(C) Show you a 2005 Travel Guide
(D) Make you feel at home

【設問訳】

1. ホテルには何室の客室がありますか？
(A) 100 室
(B) 116 室
(C) 160 室
(D) 160 室より多い

2. 次のうち正しくないものはどれですか？
(A) ハンティントン・ビーチを訪れる人誰にでもソフトドリンク類が無料で提供される。
(B) ホテルの宿泊客は屋内プールを使用してもよい。
(C) 「カリフォルニア・ディライト」はホテル内にある。
(D) 運動施設は一年中開いている。

3. ホテルの宿泊客であれば「カリフォルニア・ディライト」では何をしてもらえますか？
(A) 素晴らしい料理を無料で提供してもらえる
(B) 無料のソフトドリンク類を出してもらえる
(C) 2005 年度版トラベルガイドを見せてもらえる
(D) くつろいだ気分にさせてくれる

正解・解説　POINT 42

【スクリプト訳】

　さわやかな青い海と心落ち着く海のそよ風に恵まれたハンティントン・ビーチに位置するハンティントン・ビラ・リゾートは，カリフォルニアで最も新しいホテルの1つです。ハンティントン・ビラ・リゾートは，親しみやすく居心地のいい雰囲気と160室を超える豪華な客室があり，地元の方々も世界中から来られる旅行者も常に魅了してまいりました。当ホテルには十分な器具を完備した運動施設に加え，素晴らしい屋内プールやジャグジー，サウナがございます。ご宿泊のお客様は，これらの施設を年間を通し1日24時間，無料でご使用いただけます。また，2005年度版トラベルガイドのレストラン部門で5つ星を受賞した当ホテル内のレストラン「カリフォルニア・ディライト」にて，素晴らしいディナーもお楽しみいただけます。レストランでは，当ホテルにご宿泊のお客様にソフトドリンク類を無料でお出ししております。真のリゾートを発見し，カリフォルニア・スタイルでおくつろぎください。ご予約はインターネットまたはお電話にて可能です。

【解説】
1. 正解：(D)
前半に over 160 luxurious rooms（160室を超える豪華な客室）とある。sixty と sixteen を聞き間違えないよう注意したい。なお，選択肢では over が more than という表現に替わっている。

2. 正解：(A)
終わりの方に We provide free soft drinks to our hotel guests in the restaurant.（レストランでは，当ホテルにご宿泊のお客様にソフトドリンク類を無料でお出ししております）とあるように，無料のソフトドリンク類をもらえるのはビーチへの訪問者ではなく，宣伝されているホテルに宿泊する客である。

3. 正解：(B)
We provide free soft drinks to our hotel guests in the restaurant.（レストランでは，当ホテルにご宿泊のお客様にソフトドリンク類を無料でお出ししております）とあり，このレストランはもちろん「カリフォルニア・ディライト」のこと。

正解・解説　POINT 42

重要語句チェック

- □ located = 位置している
- □ invigorating = 元気づける，さわやかな
- □ soothing = 気持ちを落ち着かせる，安心させる
- □ ocean = 海，大洋
- □ breeze = そよ風
- □ intimate = 親密な，親しみやすい，くつろげる
- □ atmosphere = 雰囲気
- □ attract 〜 = 〜を魅了する
- □ fully-equipped = 完備した
- □ facility = 施設，設備
- □ available = 利用可能な
- □ free of charge = 無料で
- □ throughout the year = 一年中
- □ discover 〜 = 〜を発見する

Useful Expressions (21) 〈宣伝〉

- □ **high-quality** = 高品質の　*Ex.* We offer a large selection of high-quality office equipment and supplies.（当店では高品質の事務機器と事務用品を豊富に取り揃えております。）
- □ **at low prices** = 安い値段で　*Ex.* We offer computers at low prices.（当店ではコンピュータを安価で提供しております。）
- □ **affordable** = 手頃な価格の　*Ex.* We offer the best materials at affordable prices.（当店では最高の素材を手頃な価格にて提供しております。）
- □ **guarantee 〜** = 〜を保証する　*Ex.* Satisfaction guaranteed.（ご満足いただけること間違いなしです。）
- □ **free of charge** = 無料　*Ex.* You can use the service free of charge anytime.（このサービスはいつでも無料でご利用になれます。）
- □ **delivery** = 配達　*Ex.* Delivery is absolutely free on every order over 100 dollars.（100ドルを超える注文品はすべて完全に送料無料となっております。）
- □ **purchase** = 購入品，〜を購入する　*Ex.* Your purchases may be gift-wrapped at no additional charge.（ご購入の品物は追加料金なしで贈り物用に包装できます。）
- □ **trial** = 試用　*Ex.* We offer our potential customers a free trial period.（当店のお客様になっていただく可能性のある方には無料のお試し期間を提供させていただいております。）

PART 4

POINT 43

ニュースで取り上げられている内容の概略を理解する！

- どのようなニュースなのかを具体的内容とともに捉える。
- fine, invalid, court, offense, defense, charge などの法律用語を確認しよう。
- 「現状」や「今後の見通し」に注意して聞く。

CD1-76

1. Why was Yamada's driver's license made invalid?
   (A) Because he was charged $250.
   (B) Because he stole a car.
   (C) Because he committed motoring offenses.
   (D) Because he broke into an apartment.

   Ⓐ Ⓑ Ⓒ Ⓓ

2. How does Yamada feel?
   (A) Regretful
   (B) Ecstatic
   (C) Weary
   (D) Grateful

   Ⓐ Ⓑ Ⓒ Ⓓ

3. What will happen to Yamada within a few months?
   (A) He will be forced to leave California College.
   (B) He will be forced to leave the USA.
   (C) He will have to compensate for the damage caused to the houses.
   (D) He will have to present himself at court.

   Ⓐ Ⓑ Ⓒ Ⓓ

> ココキケ
> 何が起こったか，どうして起こったか，今後どうなるかという具体的な情報に注意して聞く。

UNIT 08

Answers: 1. (C) 2. (A) 3. (B)

【スクリプト】

Questions 1 through 3 refer to the following news report.

An international student was fined $250 and his international driver's license was made invalid after he appeared before the Santa Maria District Court charged with at least five **1. motoring offenses** in just one year. Ken Yamada, who is currently a biology major at California College with a full scholarship provided by the Japanese government, was charged on five counts. The court heard the case on Thursday. These offenses related to his having no car insurance and causing serious damage to two houses just across from the apartment house in which he resides. Although Yamada's defense said on Monday that **2. he had expressed remorse** and realized the gravity of his charges, **3. he is likely to be expelled from America** within a few months.

【設問】

1. Why was Yamada's driver's license made invalid?
(A) Because he was charged $250.
(B) Because he stole a car.
(C) Because he committed motoring offenses.
(D) Because he broke into an apartment.

2. How does Yamada feel?
(A) Regretful
(B) Ecstatic
(C) Weary
(D) Grateful

3. What will happen to Yamada within a few months?
(A) He will be forced to leave California College.
(B) He will be forced to leave the USA.
(C) He will have to compensate for the damage caused to the houses.
(D) He will have to present himself at court.

【設問訳】

1. なぜヤマダ氏の運転免許証は無効にされたのですか？
(A) 彼が250ドルを請求されたから。
(B) 彼が車を盗んだから。
(C) 彼が自動車で違法行為を犯したから。
(D) 彼がアパートに侵入したから。

2. ヤマダ氏はどのように感じていますか？
(A) 後悔している
(B) 有頂天になっている
(C) 疲れている
(D) 感謝している

3. 数カ月以内にヤマダ氏に何が起こりますか？
(A) カリフォルニア・カレッジを退学させられる。
(B) アメリカから強制退去させられる。
(C) 家屋にもたらした損害の補償をしなくてはならなくなる。
(D) 出廷しなくてはならなくなる。

正解・解説　POINT 43

【スクリプト訳】
　ある留学生が，たった1年間に少なくとも5件の自動車関連の違反をした容疑で告訴されサンタ・マリア地方裁判所に出廷した後，250ドルの罰金を科せられ，国際免許証を無効にされました。ケン・ヤマダは現在，日本政府から奨学金を全額給付されてカリフォルニア・カレッジで生物学を専攻している学生で，5つの訴因で告発されました。裁判所は木曜日にこの件で審問しました。これらの違反は彼が自動車保険に入っていないことと，彼の住むアパートの真向かいの家2軒に重大な損害をもたらしたことに関するものでした。ヤマダ氏の弁護人は月曜日に，ヤマダ氏が深い反省の念を表しており，自分の罪の重さを認識していると述べましたが，ヤマダ氏は数カ月以内にアメリカから強制退去させられる見込みです。

【解説】
1. 正解：(C)
冒頭の his international driver's license was made invalid after ... charged with at least five motoring offenses（少なくとも5つの自動車関連の違反をした容疑で…後，国際免許証を無効にされた）から (C) が正解。(A) にある 250 ドルは確かに請求されたが，請求されたこと自体が免許取り消しの理由ではない。車を盗んだという記述もないので (B) も不可。アパートの建物（apartment house）という言葉はナレーションに出てくるが，broke into（侵入した）という記述はないので (D) も不適切。

2. 正解：(A)
最後の文の Yamada's defense said on Monday that he had expressed remorse（ヤマダ氏の弁護人は，ヤマダ氏が深い反省の念を表していると月曜日に述べた）が根拠となる。remorse は「激しい後悔，深い反省」という意味。(A) の regretful は「後悔している，遺憾の意を表している」という意味である。

3. 正解：(B)
最後に he is likely to be expelled from America within a few months（数カ月以内にアメリカから強制退去させられる見込みです）とある。expel ～は「～を強制退去させる」という意味で，ナレーションに登場する be expelled という表現は (B) の be forced to leave と同じ意味になる。

重要語句チェック

- ☐ fine ～ = ～に罰金を科す
- ☐ invalid = 無効の，法的効力のない
- ☐ district court = 地方裁判所
- ☐ charge ～ = ～を告発する
- ☐ motoring = 車の，運転の
- ☐ offense = 罪，違反
- ☐ currently = 現在
- ☐ biology = 生物学
- ☐ major = 専攻科目；専攻学生
- ☐ scholarship = 奨学金
- ☐ count = 訴因
- ☐ car insurance = 自動車保険
- ☐ reside = 居住する，住む
- ☐ defense = 弁護人
- ☐ remorse = 激しい後悔，深い反省
- ☐ gravity = 重大さ
- ☐ expel ～ = ～を強制退去させる，追放する
- ☐ commit ～ = ～を犯す
- ☐ break into ～ = ～に侵入する
- ☐ regretful = 後悔している，遺憾の意を表している
- ☐ ecstatic = 有頂天の
- ☐ weary = 疲れた
- ☐ grateful = ありがたく思っている，感謝している

Useful Expressions (22) 〈ニュース〉

- ☐ **Police are investigating the case.**
  （警察はその事件を調査しているところです。）
- ☐ **The transcript of the court hearing shows that ...**
  （法廷審問の写しには…と示されている）
- ☐ **The man survived the attack.**
  （その男性は襲われたものの助かりました。）
- ☐ **The group of teens is wanted in connection with the murder of the student.**
  （10代の若者グループがその学生の殺人事件に関連して指名手配されています。）
- ☐ **The man was charged with first-degree murder.**
  （その男は第一級殺人で告発されました。）
- ☐ **California and Nevada announced on Wednesday that they had launched the new project.**
  （カリフォルニア州及びネバダ州は水曜日，新たなプロジェクトに着手したと発表しました。）
- ☐ **They have officially decided to enforce sanctions against those countries.**
  （彼らは，その国々に対し制裁措置をとることを正式に決議しました。）
- ☐ **Police are appealing for witnesses to the traffic accident to come forward and offer them information.**
  （警察はその交通事故の目撃者に，名乗り出て情報提供するようにと要請しています。）

PART 4

POINT 44

話に興味を持つ人はどのような人かを想像しながら聞く！

- 話の目的は何なのか考えながら聞く習慣をつける。
- 何に関する話なのかを理解することで，聞き手を想像する。
- 聞き手に求められる条件や行動は何かに注意！

CD2-1

1. Who would be interested in the announcement?
   (A) People who want a secretarial job
   (B) People who want experience working with computers
   (C) People who want to learn French by working in France
   (D) People who want some basic computer skills

Ⓐ Ⓑ Ⓒ Ⓓ

2. Why do they need to hire someone?
   (A) Because they are planning to acquire a company in France.
   (B) Because their company is expanding.
   (C) Because they don't have experienced staff members.
   (D) Because they don't have anybody with basic computer skills.

Ⓐ Ⓑ Ⓒ Ⓓ

3. What should you do if you need some basic information about the position?
   (A) Call them
   (B) Discuss things with them before an interview
   (C) Write to the company
   (D) Visit them at the given address

Ⓐ Ⓑ Ⓒ Ⓓ

> 話し手・聞き手は誰か，話そのものの目的は何か，聞き手に求められる行動は何か，条件や約束事項はあるか，など，具体的な情報の理解に努めよう！

UNIT 09

Answers: **1.** (A) **2.** (B) **3.** (C)

【スクリプト】
Questions 1 through 3 refer to the following announcement.

²Due to our phenomenal growth and continued expansion, ¹we now require a new secretary to join our highly successful team. To apply for the position, you must be a self-motivated person with experience using Word and Excel. A BA in business-related fields is a plus but it's not a must, as long as you have an impressive business background. Fluent French is also a plus because many of our customers are French speakers living in Canada. Your income, annual bonus and incentives will be discussed on a personal interview basis, but if you require some basic information before you decide to arrange a private interview, please ³do not hesitate to reply in writing to: Philip Stewart, C/O Nathan Stevens & Partners, Golden Square 3555, MA.

【設問】
1. Who would be interested in the announcement?
(A) People who want a secretarial job
(B) People who want experience working with computers
(C) People who want to learn French by working in France
(D) People who want some basic computer skills

2. Why do they need to hire someone?
(A) Because they are planning to acquire a company in France.
(B) Because their company is expanding.
(C) Because they don't have experienced staff members.
(D) Because they don't have anybody with basic computer skills.

3. What should you do if you need some basic information about the position?
(A) Call them
(B) Discuss things with them before an interview
(C) Write to the company
(D) Visit them at the given address

【設問訳】
1. このお知らせに興味を持つのはどのような人ですか？
(A) 秘書の職につきたい人たち
(B) コンピュータを使う業務経験の欲しい人たち
(C) フランスで働くことでフランス語を学びたい人たち
(D) 基礎的なコンピュータ技術が欲しい人たち

2. 彼らはなぜ誰かを雇用する必要があるのですか？
(A) フランスにある会社を買収する計画を立てているから。
(B) 会社が拡大し続けているから。
(C) 経験のある社員がいないから。
(D) 基本的なコンピュータの技術がある人が誰もいないから。

3. この職に関する基本的な情報が必要な場合、何をすべきですか？
(A) 電話をかける
(B) 面接の前に彼らと話し合う
(C) 会社に手紙を書く
(D) 与えられた住所まで彼らに会いに行く

正解・解説　POINT 44

【スクリプト訳】

　弊社の驚異的成長と継続的な拡大に伴い，大きな成功を収めている弊社のチームに加わってくれる新たな秘書を，今必要としています。この職に応募するには，やる気があって，ワードとエクセルの使用経験があることが条件です。ビジネス関連分野の学士号があればさらに良いですが，素晴らしい職歴があればそれは必須ではありません。弊社の顧客の多くはカナダ在住のフランス語話者ですので，流暢にフランス語が話せることもプラス要因です。収入，年1回のボーナス，そして報奨金は，個人面接の場で相談させていただきますが，もし個人面接の段取りを決める前に基本的な情報が必要でしたら，ご遠慮なく C/O Nathan Stevens & Partners, Golden Square 3555, MA の Philip Stewart まで文書でご返信ください。

【解説】
1. 正解：(A)
冒頭の we now require a new secretary to join our highly successful team（我々は，大きな成功を収めている弊社のチームに加わってくれる新たな秘書を，今必要としている）という部分がポイント。コンピュータやフランス語に関する話題も出てくるが，それらは秘書職に応募するための条件及びプラス要因として取り上げられているだけである。

2. 正解：(B)
冒頭の Due to our phenomenal growth and continued expansion, we now require a new secretary（弊社の驚異的成長と継続的な拡大に伴い，我々は今新たな秘書を必要としている）という部分がポイント。

3. 正解：(C)
最後に if you require some basic information before you decide to arrange a private interview, please do not hesitate to reply in writing to: ～（もし個人面接の段取りを決める前に基本的な情報が必要でしたら，ご遠慮なく～まで文書でご返信ください）とあるので，正解は (C)。

重要語句チェック

- phenomenal ＝ 驚くべき，驚異的な
- continued ＝ 継続している
- expansion ＝ 拡張，拡大
- secretary ＝ 秘書
- highly ＝ 非常に，きわめて
- self-motivated ＝ やる気のある
- BA ＝ 学士号
- plus ＝ さらに良いこと，プラス材料
- must ＝ 必須（のもの），絶対必要なもの
- impressive ＝ 大した，堂々たる
- business background ＝ 職歴
- fluent ＝ 流暢な
- income ＝ 収入
- annual ＝ 年に1度の，例年の
- incentive ＝ 奨励金；刺激，動機
- Do not hesitate to ... ＝ 遠慮なく…してください
- reply ＝ 返事をする

Useful Expressions (23) 〈人材募集〉

- **We require ～** ＝ ～を必要としています　*Ex.* **We require new IT staff.**（我々は新たなITスタッフを必要としています。）
- **plus** ＝ さらに良いこと　*Ex.* **Strong knowledge of Asian languages is a plus.**（アジアの言語の知識が豊富であればなおよい。）
- **expertise** ＝ 専門的な知識　*Ex.* **The manager performs duties requiring a high degree of expertise.**（部長は高度な専門知識を要する職務を果たしています。）
- **knowledge** ＝ 知識　*Ex.* **This position requires extensive knowledge of the related fields.**（この仕事には，関連分野に関して広範囲な知識があることが必要です。）
- **B.A.**（＝ Bachelor of Arts）＝ 学士号（Bachelor's degree）
- **skills** ＝ 技術，職務能力　*Ex.* **You must have excellent communication skills.**（素晴らしいコミュニケーション能力を持ち合わせていなくてはなりません。）
- **proficient** ＝ 堪能な　*Ex.* **You must be proficient in the use of computers.**（コンピュータの使用に習熟していなくてはなりません。）
- **wage** ＝ 賃金　*Ex.* **We offer competitive wages.**（我々は他社に負けない賃金を支払います。）
- **candidate** ＝ 候補者，志願者　*Ex.* **Our top candidate will have at least five years' experience in software development.**（第一の候補となるのは，ソフトウェア開発において少なくとも5年の経験がある人です。）
- **benefit** ＝ 給付金，手当　*Ex.* **We offer exceptional benefits to full-time employees.**（我々は常勤職員に対して特別な給付金を提供しています。）

POINT 45

留守電メッセージでは相手の不在理由などを聞き取る！

- 電話をかけた人（このメッセージの聞き手）はどういった行動を取るのかを把握する。
- 留守電メッセージを残す以外に何か選択肢があるかを聞き取る。
- 連絡したい相手がいつ戻ってくるかに注意。
- 連絡したい相手の現在の居場所に関する情報があるかどうかに注意。

CD2-2

1. What should the caller do if it's not an emergency?
    (A) Leave a message with a name and phone number
    (B) Visit the secretary
    (C) Wait for an e-mail from the speaker
    (D) Get in touch with the speaker's secretary in Barcelona

    Ⓐ Ⓑ Ⓒ Ⓓ

2. Why can't Susan Johnston answer the call?
    (A) Because she is in New York.
    (B) Because she is on vacation.
    (C) Because she is not in New York now.
    (D) Because she is on her way to Barcelona.

    Ⓐ Ⓑ Ⓒ Ⓓ

3. What will Susan Johnston's secretary give you if you contact her?
    (A) The speaker's address
    (B) The speaker's number
    (C) The speaker's contact address in New York City
    (D) The speaker's e-mail address

    Ⓐ Ⓑ Ⓒ Ⓓ

> どうするべきか？に関する複数の選択肢、相手の不在理由、相手の戻る具体的な日時や現在の居場所といった情報に注意して聞く。

Answers: 1. (A) 2. (C) 3. (B)

【スクリプト】
Questions 1 through 3 refer to the following voice-mail message.

Hi. This is the voice mail of Susan Johnston at Freeland International. I am unable to answer your call right now as **I'm at our Barcelona office** until Thursday, September 12th. If you **leave your name, phone number and a brief message** after the beep, I'll call you back as soon as I get back. Alternatively, if you need to get in touch with me immediately, please **call my secretary at 780-3670 for my emergency contact number** in Barcelona or e-mail me at sjohnston@mcc.org. I'll be back in **New York City** on September 14th and I will contact you shortly. Thank you.

【設問】

1. What should the caller do if it's not an emergency?
(A) Leave a message with a name and phone number
(B) Visit the secretary
(C) Wait for an e-mail from the speaker
(D) Get in touch with the speaker's secretary in Barcelona

2. Why can't Susan Johnston answer the call?
(A) Because she is in New York.
(B) Because she is on vacation.
(C) Because she is not in New York now.
(D) Because she is on her way to Barcelona.

3. What will Susan Johnston's secretary give you if you contact her?
(A) The speaker's address
(B) The speaker's number
(C) The speaker's contact address in New York City
(D) The speaker's e-mail address

【設問訳】

1. 緊急でない場合，電話をかけた人は何をすべきですか？
(A) 氏名・電話番号とともにメッセージを残す
(B) 秘書を訪ねていく
(C) 話者からの電子メールを待つ
(D) バルセロナにいる話者の秘書に連絡を取る

2. なぜスーザン・ジョンストンは電話に出られないのですか？
(A) ニューヨークにいるから。
(B) 休暇中だから。
(C) 今ニューヨークにはいないから。
(D) バルセロナに向かっている途中だから。

3. スーザン・ジョンストンの秘書は，連絡したら何を教えてくれますか？
(A) 話者の住所
(B) 話者の電話番号
(C) 話者のニューヨーク市の連絡先住所
(D) 話者の電子メールアドレス

正解・解説　POINT 45

【スクリプト訳】

　こんにちは。こちらはフリーランド・インターナショナル社スーザン・ジョンストンのボイスメールです。9月12日木曜日まで当社のバルセロナのオフィスにおりますため、ただ今電話に出ることができません。ピーッという音の後に、お名前、お電話番号、簡単なメッセージをお残しいただければ、戻り次第折り返しお電話いたします。あるいは、ただちにご連絡いただく必要がある場合は、780-3670の秘書までお電話のうえ、バルセロナでの私の緊急連絡用電話番号をお尋ねいただくか、sjohnston@mcc.orgまで電子メールをお送りください。ニューヨークには9月14日に戻りますので、すぐにご連絡差し上げます。よろしくお願いします。

【解説】
1. 正解：(A)
中ほどの If you leave your name, phone number and a brief message after the beep, I'll call you back as soon as I get back.（ピーッという音の後に、お名前、お電話番号、簡単なメッセージをお残しいただければ、戻り次第折り返しお電話いたします）という部分がポイント。緊急の場合には秘書に電話をするか、本人にメールをするようにとの指示が後に続いている。

2. 正解：(C)
第2文の I am unable to answer your call right now as I'm at our Barcelona office until Thursday, September 12th.（9月12日木曜日まで当社のバルセロナのオフィスにいるため、現在電話に出ることができない）、また、最終文の I'll be back in New York City on October 18th（ニューヨークには10月18日に戻る）から、話者は本拠地のニューヨークを離れてバルセロナに出張中であることがわかる。

3. 正解：(B)
中ほどの Alternatively 以下の if you need to get in touch with me immediately, please call my secretary at 780-3670 for my emergency contact number in Barcelona（ただちにご連絡いただく必要がある場合は、780-3670の秘書までお電話のうえ、バルセロナでの私の緊急連絡用電話番号をお尋ねください）という部分から、秘書に電話すれば電話番号を教えてもらえることがわかる。

正解・解説　POINT 45

重要語句チェック
- voice mail ＝ ボイスメール，留守番電話
- brief message ＝ 短いメッセージ
- beep ＝ ピーッという発信音
- alternatively ＝ また，あるいは
- get in touch with 〜 ＝ 〜と連絡をとる
- emergency contact number ＝ 緊急連絡用電話番号
- contact 〜 ＝ 〜に連絡する
- shortly ＝ まもなく，近いうちに，すぐに

Useful Expressions (24) 〈留守電メッセージ〉

- I can't answer the phone right now.
  （ただ今電話に出ることができません。）
- I'm not home right now.
  （現在自宅にはおりません。）
- You have reached 567-0077.
  （おかけになった番号は 567-0077 です。）
- Please leave a message after the beep.
  （ピーッという音の後にメッセージをお残しください。）
- Please leave a brief message at the sound of the beep.
  （ピーッという発信音の後に簡単なメッセージを入れてください。）
- Please state your name and phone number after the tone.
  （発信音の後にお名前とお電話番号をお話しください。）
- I will call you as soon as I can.
  （なるべく早くお電話いたします。）
- If you need immediate assistance, please call my secretary at 567-8897.
  （お急ぎの用件でしたら，567-8897 の私の秘書にお電話ください。）
- Thank you for calling.
  （お電話いただきありがとうございました。）

PART 4

ココキケ
POINT 46

店・美術館・博物館などのお知らせでは具体的情報に注意する！

- 開店・開館時間, 閉店・閉館時間に注意する。
- サービス内容が具体的に聞き取れるよう, さまざまな情報に注意する。
- サービスには「条件つき」という場合が多い。

CD2-3

1. What can the visitors to the museum obtain?
   (A) Discounted parking tickets
   (B) Discounted tickets to the museum
   (C) A brief map of the whole state
   (D) Free tickets to San Jose

   A B C D

2. What does the speaker imply about the parking lots?
   (A) It is possible that not all the visitors will be able to park their cars in the nearby parking lots.
   (B) They may ask for validated tickets to the museum.
   (C) Not all the visitors will receive discounted parking tickets.
   (D) You might be required to pay for the brief map of San Jose.

   A B C D

3. How many hours a day is the museum open?
   (A) Five and a half hours
   (B) Eight and a half hours
   (C) Nine hours
   (D) Twenty-four hours

   A B C D

ココキケ
どういったサービスが得られるのか？ それはどういう状況で得られ, どういう条件があるのか？ 開館時間, 閉館時間, 開館曜日はいつか？…など, 具体的に情報を得るよう心がけよう！

UNIT 09

Answers: 1. (A) 2. (A) 3. (B)

【スクリプト】

Questions 1 through 3 refer to the following information.

We are able to distribute 150 free tickets to the Science Museum in San Jose, but we must inform you in advance that the museum does not have a parking garage. However, **1.** all visitors to the museum can obtain discounted parking stubs to park their cars at one of the 35 parking lots nearby. Parking stubs must be received by mail prior to your visit, and must be stamped and validated at the lobby information desk in the museum. Please remember that **2.** parking is on a first come, first served basis. A list of the parking lots is printed on the back of the ticket to the museum, together with a brief map of the San Jose area. Should you require any more information, please call us at 657-8236. **3.** The museum is open from 9:00 am - 5:30 pm every day except December 24 and 25.

【設問】

1. What can the visitors to the museum obtain?
(A) Discounted parking tickets
(B) Discounted tickets to the museum
(C) A brief map of the whole state
(D) Free tickets to San Jose

2. What does the speaker imply about the parking lots?
(A) It is possible that not all the visitors will be able to park their cars in the nearby parking lots.
(B) They may ask for validated tickets to the museum.
(C) Not all the visitors will receive discounted parking tickets.
(D) You might be required to pay for the brief map of San Jose.

3. How many hours a day is the museum open?
(A) Five and a half hours
(B) Eight and a half hours
(C) Nine hours
(D) Twenty-four hours

【設問訳】

1. 博物館への訪問者が手に入れることのできるものは何ですか？
(A) 割引駐車券
(B) 博物館の割引入館券
(C) 州全土の略地図
(D) サンノゼへの無料切符

2. 駐車場について話者が暗に示していることは何ですか？
(A) すべての訪問者が付近の駐車場に駐車できるとは限らない。
(B) 博物館の有効入館券の提示を求められるかもしれない。
(C) すべての訪問者が割引駐車券を受け取るわけではない。
(D) サンノゼの略地図の代金を支払うよう要求されるかもしれない。

3. 博物館は1日に何時間開いていますか？
(A) 5時間半
(B) 8時間半
(C) 9時間
(D) 24時間

正解・解説　POINT 46

【スクリプト訳】

　サンノゼにある科学博物館の無料入館券を150枚配布できますが，博物館には駐車場がないことをあらかじめ皆さんにお知らせしておかなければなりません。ですが，博物館への来館者全員が，付近にある35か所の駐車場のいずれかに駐車できる割引駐車券を入手できます。駐車券は来館前に郵便で受け取り，博物館のロビーにある受付でスタンプを押して有効にしてもらわなくてはなりません。駐車は先着順ですのでお忘れなく。駐車場のリストは博物館の入館券の裏に，サンノゼ地区の略地図とともに印刷されています。もっと詳しい情報が必要なら，657-8236までお電話ください。博物館は午前9時から午後5時30分まで，12月24日と25日を除き毎日開館しています。

【解説】
1. 正解：(A)
第2文に all visitors to the museum can obtain discounted parking stubs to park their cars at one of the 35 parking lots nearby（博物館への来館者全員が，付近にある35か所の駐車場のいずれかに駐車できる割引駐車券を入手できる）とある。free（無料）なのは博物館の入館券，discounted（割引）なのは駐車券であることを聞き取ろう。

2. 正解：(A)
中ほどに Please remember that parking is on a first come, first served basis.（駐車は先着順ですのでお忘れなく）とある。つまり，駐車スペースがなくなり次第，駐車できなくなってしまうということである。なお，前半に「来館者全員が割引駐車券を入手できる」とあるので (C) は不適切。

3. 正解：(B)
最後に The museum is open from 9:00 am - 5:30 pm every day（博物館は午前9時から午後5時30分まで毎日開館している）とある。つまり開いている時間は8時間半である。さまざまな数字が登場しているので，混乱しないよう情報を整理しながら聞く必要がある。

正解・解説　POINT 46

重要語句チェック

- ☐ distribute ～ = ～を配布する，配る
- ☐ inform ～ = ～に知らせる，告げる
- ☐ in advance = 前もって，あらかじめ
- ☐ parking garage = 駐車場
- ☐ discounted = 割引になっている
- ☐ parking stub = 駐車券
- ☐ parking lot = 駐車場
- ☐ nearby = 近くの
- ☐ by mail = 郵便で
- ☐ prior to ～ = ～に先だって
- ☐ validate ～ = ～を有効にする
- ☐ first come, first served = 先着順
- ☐ brief map = 略地図
- ☐ imply ～ = ～を暗に意味する
- ☐ pay for ～ = ～の料金を払う

Useful Expressions (25) ……〈店・美術館・博物館のお知らせ〉

- ☐ **open** = 開いている　*Ex.* We are open 24 hours a day.（当店は24時間営業しております。）
- ☐ **close** = 閉まる　*Ex.* The museum closes for legal holidays.（博物館は法定休日には閉館いたします。）
- ☐ **closing time** = 閉店時間
- ☐ **parking** = 駐車　*Ex.* Parking is free.（駐車は無料です。）
- ☐ **located** = 位置して　*Ex.* It is located 30 miles southwest of Springfield.（スプリングフィールドの南西30マイルの場所に位置しています。）
- ☐ **feature ～** = ～を呼び物にする　*Ex.* The museum features scientific programs specially designed for young children.（博物館では幼い子供たちのために特別に設計された科学プログラムを目玉にしています。）
- ☐ **get a glimpse of ～** = ～を垣間見る　*Ex.* Take a stroll through the museum and get a glimpse of the history of art.（博物館を散策し、芸術史を垣間見てください。）
- ☐ **visitor** = 訪問者，来館者
- ☐ **First come, first served.** = 先着順〔早い者勝ち〕です。
- ☐ **admission** = 入場(料)　*Ex.* Museum admission is free, but we gladly accept donations.（博物館への入館は無料ですが、寄付はありがたく頂戴いたします。）
- ☐ **admission fee** = 入場料　*Ex.* An admission fee to the museum is free.（博物館への入場料は無料です。）
- ☐ **facility** = 施設，設備　*Ex.* There are lunch facilities in the museum.（博物館内には昼食を取れる施設がございます。）

PART 4

POINT 47

メインとなる話題をつかむ！

- We に続く内容を聞くことで，何をしている団体なのかを理解する。
- 話の概略，目的に焦点を絞って聞く。

CD2-4

1. According to the talk, what does everyone know?
   (A) We should decrease or prevent pollution.
   (B) All sorts of pollution should be investigated immediately.
   (C) Environmental Education Service offers excellent programs.
   (D) Technical assistance is needed in both private and state agencies.

   A B C D

2. What does Environmental Education Service do?
   (A) Offers programs designed for engineers
   (B) Helps prevent pollution by offering various programs
   (C) Encourages the purchase of environmentally-friendly goods
   (D) Designs effective programs for manufacturers-to-be

   A B C D

3. Why do they want to hear from many manufacturers?
   (A) Because they want to let them know what they have achieved so far.
   (B) Because they want to gain insight into the problematic factors of manufacturing processes.
   (C) Because they know all the manufacturers need help.
   (D) Because they would like to help make the environment better.

   A B C D

> ココキケ
> 紹介されている団体の仕事，話の目的，話の中で述べられている内容を理解しながら聞く。

UNIT 09

Answers: 1. (A) 2. (B) 3. (D)

【スクリプト】

Questions 1 through 3 refer to the following talk.

Although everybody knows that <u>pollution of all kinds should be prevented or reduced</u>¹ whenever and wherever feasible, the global environment has already been badly damaged and polluted. Environmental Education Service is a nonprofit organization based in Maine, and <u>we have a number of excellent programs</u>² specially designed to educate manufacturers on industrial processes. We design and implement pollution prevention programs, and our aim is to help prevent pollution by offering useful programs to local manufacturers. Our programs will help them gain insight into the problematic factors of manufacturing processes. We are hoping to hear from as many manufacturers as possible³ <u>so we can cooperate and help make the environment better.</u>

【設問】

1. According to the talk, what does everyone know?
(A) **We should decrease or prevent pollution.**
(B) All sorts of pollution should be investigated immediately.
(C) Environmental Education Service offers excellent programs.
(D) Technical assistance is needed in both private and state agencies.

2. What does Environmental Education Service do?
(A) Offers programs designed for engineers
(B) **Helps prevent pollution by offering various programs**
(C) Encourages the purchase of environmentally-friendly goods
(D) Designs effective programs for manufacturers-to-be

3. Why do they want to hear from many manufacturers?
(A) Because they want to let them know what they have achieved so far.
(B) Because they want to gain insight into the problematic factors of manufacturing processes.
(C) Because they know all the manufacturers need help.
(D) **Because they would like to help make the environment better.**

【設問訳】

1. この話によると，すべての人が知っていることは何ですか？
(A) **私たちは環境汚染を減らす，または防止すべきである。**
(B) あらゆる種類の環境汚染はただちに調査されるべきである。
(C) 環境教育サービスは素晴らしいプログラムを提供している。
(D) 民間および州政府機関両方で技術援助が必要とされている。

2. 環境教育サービスでは何を行っていますか？
(A) 技術者向けに設計されたプログラムを提供している
(B) **様々なプログラムを提供することで環境汚染防止を促進している**
(C) 環境にやさしい商品の購入を奨励している
(D) 将来製造業者になる人向けの効果的なプログラムを設計している

3. なぜ彼らは多くの製造業者から連絡をもらいたいのですか？
(A) 自分たちのこれまでの業績を彼らに知らせたいから。
(B) 製造過程における問題要素を見抜く力をつけたいから。
(C) すべての製造業者が助けを必要としていると知っているから。
(D) **環境をより良いものにする手助けがしたいから。**

正解・解説　POINT 47

【スクリプト訳】

　あらゆる種類の環境汚染は，可能ならいつでもどこでも，防止または減少させるべきだと皆知ってはいますが，環境はすでに世界中でひどいダメージを受け，汚染されています。環境教育サービスはメイン州に拠点を置く非営利組織で，製造業者に工業プロセスに関して教育するために特別に設計された多くの優れたプログラムをご用意しております。私共は汚染防止プログラムを企画・実施しており，私共のねらいは地元の製造業の皆さんの役に立つプログラムを提供することにより，汚染防止を促進することです。我々のプログラムは，製造過程における問題要素を見抜く能力を身につけるお手伝いをします。私共が協力し環境をより良いものにする手助けができますよう，できるだけ多くの製造業の方々からご連絡いただけることを願っております。

【解説】
1. 正解：(A)
冒頭の everybody knows that pollution of all kinds should be prevented or reduced whenever and wherever feasible（あらゆる種類の環境汚染は，可能ならいつでもどこでも，防止または減少させるべきだと皆知っている）という部分がポイント。選択肢では reduce の代わりに decrease という動詞が使われている。TOEIC では，必ずしもナレーションで使われたのとまったく同じ語句・表現が使われるわけではないので注意。

2. 正解：(B)
第2文の Environmental Education Service is a nonprofit organization based in Maine, and we have a number of excellent programs specially designed to educate manufacturers on industrial processes.（環境教育サービスはメイン州に拠点を置く非営利組織で，工業プロセスに関して製造業者を教育するために特別に設計された多くの優れたプログラムをご用意しています）という部分がポイント。

3. 正解：(D)
最後に We are hoping to hear from as many manufacturers as possible so we can cooperate and help make the environment better.（我々が協力し環境をより良いものにする手助けができますよう，できるだけ多くの製造業の方々からご連絡いただけることを願っています）とあるので，正解は (D)。so は目的を表す節を導いている。

UNIT 09

重要語句チェック

- pollution ＝ 汚染，公害
- prevent 〜 ＝ 〜を防ぐ
- reduce 〜 ＝ 〜を減少させる
- feasible ＝ 可能な，実行できる
- damage 〜 ＝ 〜に損害を与える，損なう
- nonprofit organization
  ＝ 非営利組織（NPO）
- based in 〜 ＝ 〜に拠点を置いている
- excellent ＝ 素晴らしい
- design 〜 ＝ 〜を設計する，計画する
- manufacturer ＝ 製造業者
- process ＝ 工程，過程
- implement 〜 ＝ 〜を実行する
- aim ＝ ねらい，目的
- insight ＝ 見識，洞察力
- problematic ＝ 問題のある
- factor ＝ 要素
- decrease 〜 ＝ 〜を減らす，減少させる
- investigate 〜 ＝ 〜を調査する
- encourage 〜 ＝ 〜を奨励する
- environmentally-friendly
  ＝ 環境にやさしい
- goods ＝ 商品

Useful Expressions (26) 〈目的を表す表現〉

- □ so that S can ... ＝ Sが…できるように *Ex.* We have designed the program to help educate people about diabetes. （糖尿病についての教育を手助けできるように，そのプログラムを作りました。）

- □ in order to ... ＝ …するために *Ex.* The police went to the accident site to investigate the accident. （その事故を調査するため，警察は事故現場に向かいました。）

- □ so as to ... ＝ …するために *Ex.* So as to get there in time, Jennifer took a taxi with her colleague. （そこに遅れずに着くように，ジェニファーは同僚とタクシーに乗りました。）

- □ for the purpose of 〜 ＝ 〜の目的で *Ex.* Len flew to Hong Kong for the purpose of meeting with one of his clients there. （レンは顧客の一人にそこで会う目的で香港に飛びました。）

- □ aim ＝ 目的 *Ex.* Our aim is to boost our market share in Asia and Australia. （我々の目的はアジアとオーストラリアで市場シェアを伸ばすことです。）

- □ objective ＝ 目的，目標 *Ex.* Our objective is to form a strong business partnership with HDX International. （我々の目的は HDX インターナショナル社との強固な事業提携を結ぶことです。）

PART 4

ココキケ
POINT 48

指示されている内容を，場面・状況を想像しながら聞く！

- どういった event に関するものか把握する。
- Please で始まる依頼や命令文に集中することで，指示内容を細かく理解する。
- 指示に従えない場合の連絡先・連絡方法が出題されることも多い。
- event の頻度，日時に関する情報を聞き落とさない。

CD2-5

1. How often do they have a fire drill?
   (A) Every Tuesday
   (B) Every Wednesday
   (C) Once a year
   (D) Every time a fire inspector visits the office

   Ⓐ Ⓑ Ⓒ Ⓓ

2. What do they have to do once the fire alarm goes off?
   (A) Evacuate
   (B) Run out of the building as fast as possible
   (C) Follow a fire inspector
   (D) Call John McCarthy

   Ⓐ Ⓑ Ⓒ Ⓓ

3. What is planned after the drill?
   (A) A discussion session with a firefighter from the Los Angeles Fire Department
   (B) A class to learn the safe evacuation routes, procedures and safety tips
   (C) A safety class by John McCarthy
   (D) A short lecture in a conference room

   Ⓐ Ⓑ Ⓒ Ⓓ

ココキケ
event そのものの行われる頻度，日程や日時，方法，順序，場所，過程に特に注意を払って聞く。

UNIT 09

Answers: **1.** (C) **2.** (A) **3.** (D)

【スクリプト】

Questions 1 through 3 refer to the following announcement.

Please remember that ¹our annual fire drill will be held on Wednesday, December 17. This is a necessary effort to prepare for the possibility of an actual fire and all staff members are required to take part in order to learn the safe evacuation routes, procedures and safety tips. As the drill will also allow staff members to learn what the fire alarm sounds like and where the exits are in the building, it is extremely important for everyone to participate. ²Once the fire alarm goes off, leave the building immediately in an orderly manner. Firefighters from the Los Angeles Fire Department will be on hand to offer assistance. A fire inspector will monitor the drill and ³give us a short lecture in conference room B after the drill. If you cannot participate in the drill for an unavoidable reason, call John McCarthy at Ext. 736 by Tuesday, December 16.

【設問】

1. How often do they have a fire drill?
(A) Every Tuesday
(B) Every Wednesday
(C) Once a year
(D) Every time a fire inspector visits the office

2. What do they have to do once the fire alarm goes off?
(A) Evacuate
(B) Run out of the building as fast as possible
(C) Follow a fire inspector
(D) Call John McCarthy

3. What is planned after the drill?
(A) A discussion session with a firefighter from the Los Angeles Fire Department
(B) A class to learn the safe evacuation routes, procedures and safety tips
(C) A safety class by John McCarthy
(D) A short lecture in a conference room

【設問訳】

1. 彼らはどれくらいの頻度で防火訓練をしますか？
(A) 毎週火曜日
(B) 毎週水曜日
(C) 1年に1度
(D) 防火検査員がオフィスに来るたび

2. 火災報知器が鳴り出したら何をしなければなりませんか？
(A) 避難する
(B) なるべく急いでビルから走って出る
(C) 防火検査員の後について行く
(D) ジョン・マッカーシーに電話する

3. 訓練の後は何が計画されていますか？
(A) ロサンゼルス消防署の消防士との懇談会
(B) 安全な避難ルート，手順，安全の秘訣を学ぶ授業
(C) ジョン・マッカーシーによる安全教室
(D) 会議室での短い講義

正解・解説　POINT 48

【スクリプト訳】

　年に一度の防火訓練が12月17日水曜日に行われることをお忘れなく。これは実際の火事の可能性に備えるために必要な活動ですので，職員全員が必ず参加し，安全な避難ルート，手順，そして安全の秘訣を学んでください。また訓練により，職員は火災報知器の音がどのようなものであるか，出口は建物のどこにあるかを知ることができますから，全員が参加することがきわめて重要です。火災報知器が鳴り始めたら，ただちに整然と建物から出てください。ロサンゼルス消防署の消防士が誘導のため待機しています。防火検査員が訓練の様子を観察し，訓練後にB会議室にて短い講義をしてくれます。もしやむを得ない理由で訓練に参加できない場合，12月16日火曜日までに内線番号736のジョン・マッカーシーまでお電話ください。

【解説】
1. 正解：(C)
冒頭に Please remember that our annual fire drill will be held on Wednesday, December 17.（年に一度の防火訓練が12月17日水曜日に行われることをお忘れなく）とある。すなわち防火訓練は1年に1度行われている。

2. 正解：(A)
中ほどに Once the fire alarm goes off, leave the building immediately in an orderly manner.（火災報知器が鳴り始めたら，ただちに整然と建物から出てください）とあり，これを一語で言い換えると evacuate（避難する）となる。

3. 正解：(D)
終盤に A fire inspector will monitor the drill and give us a short lecture in conference room B after the drill.（防火検査員が訓練の様子を観察し，訓練後にB会議室にて短い講義をしてくれます）とある。(B)は紛らわしいが，講義で何を学ぶかはナレーション内で具体的に述べられていないので不可。

215

重要語句チェック

- ☐ annual = 年に一度の
- ☐ fire drill = 防火訓練，消防訓練
- ☐ effort = 取り組み，活動
- ☐ prepare for ~ = ~に備える
- ☐ actual = 実際の
- ☐ take part = 参加する
- ☐ evacuation = 避難
- ☐ route = ルート，経路
- ☐ procedure = 手順
- ☐ safety tip = 安全の秘訣
- ☐ fire alarm = 火災報知器
- ☐ exit = 出口
- ☐ participate (in ~) = (~に) 参加する
- ☐ go off = (突然) 鳴り始める
- ☐ in an orderly manner = 規律正しく，整然と
- ☐ firefighter = 消防士
- ☐ fire department = 消防署
- ☐ on hand = 待機して
- ☐ offer assistance = 援助する
- ☐ fire inspector = 防火検査員，火災調査員
- ☐ monitor ~ = ~を監視する
- ☐ unavoidable = 避けられない，やむを得ない
- ☐ ext = extension = 内線電話 (番号)
- ☐ evacuate = 避難する
- ☐ discussion session = 懇談会

Useful Expressions (27) 〈指示・許可〉

- ☐ **Please remember that ...** = …ということを覚えておいてください　*Ex.* Please remember that all staff members are required to attend the next meeting. (次の会議にはスタッフ全員が参加する必要があるということを覚えておいてください。)

- ☐ **You are required to ...** = …してください　*Ex.* You are required to fill in the form and turn it in by the end of the week. (週末までに用紙に記入して提出してください。)

- ☐ **You are requested to ...** = …するようお願いします　*Ex.* You are requested to evaluate employees' job performances. (従業員の業績を評価するようお願いします。)

- ☐ **Don't forget to ...** = …するのを忘れないでください　*Ex.* Don't forget to have Meg proofread the document before you give it to Mr. Palmer. (パーマー氏にその書類を出す前に，メグに校正してもらうのを忘れないようにしてください。)

- ☐ **without fail** = 必ず　*Ex.* Send the brochure to Ms. Wong without fail. = Make sure you send the brochure to Ms. Wong. (必ずウォンさんにパンフレットを送付してください。)

- ☐ **allow ~ to ...** = ~が…するのを許可する　*Ex.* You are not allowed to smoke in this office. (このオフィス内では喫煙は許可されていません。=オフィス内では喫煙しないでください。)

- ☐ **make sure ...** = 間違いなく…するようにする　*Ex.* Make sure you make an appointment to see your supervisor. (必ず上司に会う約束をとりつけなさい。)

- ☐ **by all means** = 必ず　*Ex.* You have to avoid further problems by all means. (君は何としてもこれ以上の問題を回避しなくてはなりません。)

PART 4

POINT 49

スケジュールの案内では時間・順序に注意して聞く！

- 旅の行程を順を追って理解する。
- 場所・観光の内容・時間といった具体的内容は必ず出題されるので注意。
- Please remember to ... に続く部分に注意事項が述べられることが多い。

CD2-6

1. What will they do right after spending some time at Disneyland?
   (A) Enjoy shopping and walking around
   (B) Go to a hotel
   (C) Enjoy a guided tour
   (D) Have lunch at Weston Hotel

   Ⓐ Ⓑ Ⓒ Ⓓ

2. What time will they check in at Weston Hotel?
   (A) At 5:45 pm
   (B) At 6:00 pm
   (C) At 6:15 pm
   (D) At 8:30 pm

   Ⓐ Ⓑ Ⓒ Ⓓ

3. Which of the following is NOT mentioned by the speaker?
   (A) Pickpockets
   (B) Checkout time
   (C) What to do when you check in at Weston Hotel
   (D) Where to have a full buffet dinner

   Ⓐ Ⓑ Ⓒ Ⓓ

> 旅程は順を追って理解し、時間の指示や注意事項をよく聞く。またTOEICでは「述べられていないもの」を選ぶ問題も出るので、選択肢にあらかじめ目を通しておき、「述べられた情報」「述べられなかった情報」を整理していくことも必要。

UNIT 09

Answers: **1.** (B) **2.** (C) **3.** (B)

【スクリプト】
Questions 1 through 3 refer to the following announcement.

As soon as we arrive in Los Angeles at 8:30 am, we will head to Disneyland. **We will have approximately three hours to have fun at the amusement park before we leave for Beach Villa Hotel**, located near Long Beach. For lunch, we will have a special three-course meal at Casa Blanca, a five-star restaurant in the hotel. Lunch will be followed by a guided tour of the city center where we will have a chance to do a lot of shopping and walking around. Although it is quite safe in the area, you should watch out for pickpockets! **We will check in at Weston Hotel at quarter past six** and a full buffet dinner will follow at seven in the hotel restaurant. Please remember to collect your meal coupon when you check in at the hotel.

【設問】

1. What will they do right after spending some time at Disneyland?
(A) Enjoy shopping and walking around
(B) Go to a hotel
(C) Enjoy a guided tour
(D) Have lunch at Weston Hotel

2. What time will they check in at Weston Hotel?
(A) At 5:45 pm
(B) At 6:00 pm
(C) At 6:15 pm
(D) At 8:30 pm

3. Which of the following is NOT mentioned by the speaker?
(A) Pickpockets
(B) Checkout time
(C) What to do when you check in at Weston Hotel
(D) Where to have a full buffet dinner

【設問訳】

1. ディズニーランドでしばらく過ごした直後に彼らは何をしますか？
(A) 買い物と散歩を楽しむ
(B) ホテルに行く
(C) ガイドつきツアーを楽しむ
(D) ウェストンホテルで昼食をとる

2. 彼らがウェストンホテルにチェックインするのは何時ですか？
(A) 午後5時45分
(B) 午後6時
(C) 午後6時15分
(D) 午後8時30分

3. 話者が言及していないのは次のどれですか？
(A) スリ
(B) チェックアウトの時間
(C) ウェストンホテルにチェックインする際にすべきこと
(D) どこで完全なビュッフェ・スタイルのディナーをとるか

正解・解説　POINT 49

【スクリプト訳】

　午前8時30分にロサンゼルスに到着次第，我々はディズニーランドに向かいます。およそ3時間この遊園地で楽しんだ後，ロングビーチ近くのビーチ・ビラ・ホテルに向かいます。昼食にはホテル内にある5つ星レストランのカサブランカにて，3品からなる特別コース料理をいただきます。ランチの後は街の中心を見てまわるガイドつきツアーです。ここではたくさん買い物をしたり散策したりできます。その地域はかなり安全ではありますが，スリには用心してください！6時15分にウェストンホテルにチェックインし，7時にホテル内のレストランで完全にビュッフェ・スタイルのディナーをいただきます。ホテルにチェックインする際に，ご自分の食事券を受け取るのを忘れないようにしてください。

【解説】
1. 正解：(B)
第2文に We will have approximately three hours to have fun at the amusement park before we leave for Beach Villa Hotel（およそ3時間遊園地で楽しんだ後，ビーチ・ビラ・ホテルに向かう）とある。before を「…する前に」と訳してしまうと話の順序が逆になって紛らわしいが，旅程の順番としては遊園地で3時間遊び，それからビーチ・ビラ・ホテルに向かうことがわかる。

2. 正解：(C)
終盤の We will check in at Weston Hotel at quarter past six（6時15分にウェストンホテルにチェックインします）という部分が答えになっている。quarter は4分の1なので，時間について述べる場合は60分の4分の1，すなわち15分と理解する。quarter past six で6時15分ということ。なお，quarter to six であれば「6時まであと15分」＝「5時45分」となる。

3. 正解：(B)
チェックインの時間は具体的に示されているが，チェックアウトの時間に関してはまったく言及されていない。なお，(A) pickpockets については市街地観光の説明の際に注意があり，(C) チェックイン時にすることは「食事券の受け取り」，(D) ディナーの場所は「ウェストンホテルのレストラン」とそれぞれ言及されている。

正解・解説　POINT 49

重要語句チェック

- □ head to ～ = ～へ向かう
- □ approximately = およそ
- □ amusement park = 遊園地
- □ located = 位置している
- □ guided tour = ガイド付きのツアー
- □ city center = 街の中心
- □ watch out for ～ = ～に気をつける，用心する
- □ pickpocket = スリ
- □ remember to ... = 忘れずに…する
- □ collect ～ = ～を受け取る，回収する
- □ meal coupon = 食事券
- □ checkout time = チェックアウトの時間

Useful Expressions (28) 〈旅行・旅程〉

- □ **stroll ～** = ～を散歩する　*Ex.* **Stroll the sandy beach looking for shells.**（砂浜のビーチを，貝殻を探しながら散策してください。）
- □ **explore ～** = ～を探索する　*Ex.* **You will have approximately an hour to explore the area.**（そのエリア探索の時間が約1時間あります。）
- □ **end one's day with ～** = ～で一日を締めくくる　*Ex.* **End your day with an exotic Caribbean cuisine.**（異国情緒あふれるカリブ料理で一日を締めくくってください。）
- □ **top off ～ with ...** = ～を…で締めくくる　*Ex.* **You can top off your dinner with one of Alabama's most famous desserts, originally created by Aaron Smith in 1955.**（夕食は，1955年にアーロン・スミス氏によって初めて作られたアラバマで最も有名なデザートの1つで締めくくってください。）
- □ **spend the entire day ...ing** = …して一日を過ごす　*Ex.* **Spend the entire day exploring the city and enjoying the relaxing atmosphere.**（街を探索し，リラックスした雰囲気を満喫しながら一日お過ごしください。）
- □ **guided tour** = ガイド付きツアー　*Ex.* **Take a guided tour and enjoy the sights.**（ガイド付きツアーに参加し，名所をお楽しみください。）
- □ **be followed by ～** = ～が続く　*Ex.* **Dinner will be followed by a dance show.**（ディナーの後はダンス・ショーがございます。）
- □ **depart** = 出発する　*Ex.* **We'll depart from the airport at 10:00 am.**（空港を午前10時に出発します。）
- □ **arrive** = 到着する　*Ex.* **We will arrive in New York at 5 and drive directly to Manhattan.**（ニューヨークには5時に到着し，そのまま直接マンハッタンに車で行きます。）

PART 4

POINT 50

話者の意見を総合的に理解する！

- 話題の中心は何かをまず理解する。
- 話題の中心に対する話者の真意はナレーションの後半にあることが多い。
- 提示事実が Positive な内容か Negative な内容かを判断する。

CD2-7

1. What does the speaker think about cell phones?
  (A) They are so useful everyone should know the advantages.
  (B) They are so harmful people should get rid of them.
  (C) They have a negative side, too.
  (D) They are superior to all types of computers.

Ⓐ Ⓑ Ⓒ Ⓓ

2. What does the speaker think is important?
  (A) That the government ban the use of cell phones immediately.
  (B) That more people obtain cell phones.
  (C) That many people use cell phones to surf the net.
  (D) That people realize cell phones have a downside.

Ⓐ Ⓑ Ⓒ Ⓓ

3. What does the speaker imply about the relationship between cell phone use and serious car accidents?
  (A) Cell phone use causes many car accidents.
  (B) Cell phone use has nothing to do with car accidents.
  (C) Cell phone use has very little to do with traffic accidents.
  (D) Cell phone use causes more serious problems than car accidents.

Ⓐ Ⓑ Ⓒ Ⓓ

> **ココキケ**
> 提示されている内容から，話題の中心となる事物に対する話者の意見を総合的に理解していく。

UNIT 09

Answers: **1.** (C) **2.** (D) **3.** (A)

【スクリプト】
Questions 1 through 3 refer to the following talk.

The constant presence of the cell phone has changed the way we communicate. You can even surf the net via your cell phone and you no longer have to turn your computer on to send and receive emails. Even though it is a phone, ¹*you can use it for many other purposes* besides making or receiving calls, and nearly 80 percent of the people living in Japan are reported to own at least one cell phone. However, ¹*there is a downside to cell phones*. The American government is currently trying to ban the use of handheld cell phones while driving, claiming that it has caused thousands of deaths in just one year. ³*Driving while talking on a cell phone can dangerously distract the driver, and millions of accidents can be easily avoided if drivers are made aware of the danger.* It goes without saying that ²*realizing the disadvantages of the cell phone is becoming more and more important.*

【設問】
1. What does the speaker think about cell phones?
(A) They are so useful everyone should know the advantages.
(B) They are so harmful people should get rid of them.
(C) They have a negative side, too.
(D) They are superior to all types of computers.
2. What does the speaker think is important?
(A) That the government bans the use of cell phones immediately.
(B) That more people obtain cell phones.
(C) That many people use cell phones to surf the net.
(D) That people realize cell phones have a downside.
3. What does the speaker imply about the relationship between cell phone use and serious car accidents?
(A) Cell phone use causes many car accidents.
(B) Cell phone use has nothing to do with car accidents.
(C) Cell phone use has very little to do with traffic accidents.
(D) Cell phone use causes more serious problems than car accidents.

【設問訳】
1. 話者は携帯電話についてどう思っていますか？
(A) 非常に役立つので，利点を皆が知るべきだ。
(B) 非常に害があるので，排除すべきだ。
(C) マイナス面も持ち合わせている。
(D) どんなコンピュータよりも優れている。
2. 話者は何が重要だと思っていますか？
(A) 政府が携帯電話の使用をただちに禁止すること。
(B) より多くの人々が携帯電話を手に入れること。
(C) 多くの人がインターネットをする目的で携帯電話を使用すること。
(D) 人々が携帯電話にマイナス面があることを理解すること。
3. 携帯電話の使用と重大な交通事故の関連について，話者は何を言わんとしていますか？
(A) 携帯電話の使用が多くの交通事故の原因となっている。
(B) 携帯電話の使用は交通事故とは何ら関係ない。
(C) 携帯電話の使用は交通事故とほとんど関係ない。
(D) 携帯電話の使用は交通事故以上にもっと重大な問題の原因になっている。

正解・解説　POINT 50

【スクリプト訳】

　いつも携帯電話があるということが我々のコミュニケーションの方法に変化をもたらしました。携帯電話でインターネットもできますし，もうメールの送受信をするためにコンピュータを立ち上げる必要はないのです。電話ではありますが，電話の発信・着信に加え，他の多くの目的で使用することができるわけですし，日本では人口の80パーセント近くが少なくとも1台の携帯電話を所有していると報告されています。しかしながら携帯電話にはマイナス面もあります。アメリカ政府は，運転中の手持ち式携帯電話の使用禁止に向けて現在取り組んでいます。たった1年間でこれが何千という死の原因になったというのがその主張です。携帯電話で話しながら運転することは危険なほど運転手の気を散らしますし，運転手たちがその危険性を知らされれば何百万という交通事故を簡単に回避できます。携帯電話の欠点を理解することがますます重要になってきていることは言うまでもないことなのです。

【解説】

1. 正解：(C)

ナレーション前半ではインターネット使用が可能である点など携帯電話の利点を述べており，後半ではマイナス面について述べている。よって話者は携帯電話には良い点もあるが，悪い点もあると認識していると考えられる。

2. 正解：(D)

最後に It goes without saying that realizing the disadvantages of the cell phone is becoming more and more important.（携帯電話の欠点を理解することがますます重要になってきていることは言うまでもない）とある。ナレーションでは disadvantage という表現になっているが，選択肢では downside と書き換えられている点に注意したい。

3. 正解：(A)

最後から2番目の文の Driving while talking on a cell phone can dangerously distract the driver, and millions of accidents can be easily avoided if drivers are made aware of the danger.（携帯電話で話しながら運転することは危険なほど運転手の気を散らすし，運転手たちがその危険性を知らされれば何百万という交通事故を簡単に回避できる）という部分がポイント。つまり話者は，運転中の携帯電話の使用が多くの事故の原因になっていると考えていると理解できる。

UNIT 09

正解・解説　POINT 50

重要語句チェック

- ☐ constant = 不変の，ひっきりなしの
- ☐ presence = 存在（すること）
- ☐ surf the net = インターネットをする，ネットサーフィンする
- ☐ purpose = 目的
- ☐ besides ～ = ～の他に
- ☐ downside = 否定的側面，マイナス面
- ☐ currently = 現在
- ☐ ban ～ = ～を禁止する
- ☐ handheld = 手持ち式の
- ☐ claim that ... = …だと主張する
- ☐ distract ～ = ～の気を散らす
- ☐ It goes without saying that ... = …は言うまでもない
- ☐ disadvantage = 不利な点
- ☐ advantage = 利点
- ☐ harmful = 有害な
- ☐ get rid of ～ = ～を排除する，処分する
- ☐ negative = 否定的な，マイナスの
- ☐ be superior to ～ = ～より優れている
- ☐ imply = 暗に意味する
- ☐ have nothing to do with ～ = ～とは関係がない

Useful Expressions (29) 〈意見を表す表現〉

- ☐ **in my opinion** = 私の意見では　*Ex.* In my opinion, it is not a feasible option.（私の意見では，それは実現可能な選択ではありません。）
- ☐ **as far as I know** = 私の知る限り　*Ex.* As far as I know, stock prices are going up in the US.（私の知る限りアメリカでは株価が上昇しています。）
- ☐ **I personally think that ...** = 私は個人的には…だと思う
- ☐ **It's high time ...** = もう…すべき時だ　*Ex.* It's high time we signed the contract to launch the new project with them.（彼らとの新しいプロジェクトを開始すべく，その契約にサインすべき時期ですよ。）
- ☐ **I believe that ...** = 私は…だと信じている
- ☐ **make it clear that ...** = …ということをはっきりさせる，明確にさせる
- ☐ **agree to ～** = (提案・計画など)に同意する　*Ex.* I can't agree to your idea unless you show me the data.（あなたがデータを私に見せてくれないのであれば，あなたの意見には同意しかねます。）
- ☐ **agree with ～** = (人)に同意する　*Ex.* I totally agree with you.（あなたには完全に同意いたします。）
- ☐ **find ～ ...** = ～を…だと思う　*Ex.* I found his presentation particularly impressive.（私は彼のプレゼンテーションは特に印象的だと思いました。）
- ☐ **consider ～ ...** = ～を…だとみなす　*Ex.* I consider such remarks rude and unreliable.（私はそのような発言は無礼だし，当てにならないものだとみなします。）

REVIEW CD2-8-9

1. Who is the speaker?
   (A) Paula Hudson
   (B) Melanie Holmes
   (C) Melanie Holmes' supervisor at work
   (D) Someone from M&K Corporation

2. Who is listening to this speech?
   (A) Paula Hudson and Melanie Holmes
   (B) People working at M&K Corporation
   (C) Melanie Holmes' supervisors from M&K Corporation
   (D) People working at ABC International

3. Where is this speech taking place?
   (A) At Harvard University
   (B) At Washington University
   (C) At ABC International
   (D) At M&K Corporation

4. What should you do if you are an American resident hoping to book a ticket to Paris?
   (A) Press one
   (B) Press two
   (C) Press three
   (D) Press four

5. What should you do if you want to book a hotel room?
   (A) Press one
   (B) Press two
   (C) Press three
   (D) Press four

6. When are you expected to call Super Travel at 1-800-568-0012?
   (A) When you need flight schedule information
   (B) When you need to make inquiries about your itinerary
   (C) When you need to cancel a flight
   (D) When you need to make a complaint

225

7. When will this service be arranged for participants?
(A) Anytime that suits them
(B) On May 17
(C) At the end of July
(D) At the end of May

8. How many American women diagnosed with breast cancer each year die in a year?
(A) 50
(B) 70
(C) Over 400
(D) 38,000

9. Who should obtain a registration form?
(A) Any woman over the age of 50
(B) Any woman over 50 who hasn't been invited to attend for a breast cancer screening
(C) Pharmacists
(D) Anyone living in the USA

---

10. What's the purpose of this talk?
(A) To create rapport and trust
(B) To design a workshop with staff members
(C) To let staff members know Maggie Yang will be away till October 28
(D) To invite staff members to take part in a workshop

11. What is the aim of the workshop?
(A) For all staff members to understand one another
(B) For everyone to evaluate others
(C) For everyone to discuss some of the problems at work
(D) For everyone to learn how to communicate with others

12. What should they do if they cannot take part in the workshop?
(A) Call Maggie Yang
(B) E-mail Maggie Yang by October 28
(C) Call Maggie Yang on October 27
(D) Ask Maggie Yang to take part in the workshop for you

13. What do they host in the hotel?
(A) Wineries
(B) Museums
(C) Sweet shops
(D) Acclaimed restaurants

14. How much would you have to pay for the cheapest room available in Golden Square Hotel?
(A) $15
(B) $30
(C) $50
(D) $100

15. What kind of special service is offered by the hotel?
(A) Guests can take free shuttle buses.
(B) Guests are allowed to have free meals at wonderful restaurants during their stay.
(C) They book an ideal room for the guests to save their time.
(D) Guests can visit famous places near the hotel.

---

16. How do many of the Garth & Garth staff feel about the announcement?
(A) Very angry
(B) Positive
(C) Slightly negative
(D) Embarrassed

17. When were the job losses announced?
(A) On December 22
(B) On December 23
(C) On December 24
(D) On December 25

18. How many Garth & Garth employees will be working for Stevenson International?
(A) 200 people
(B) 310 people
(C) 350 people
(D) 510 people

19. Who would be interested in this advertisement?
   (A) Those who need to reduce weight
   (B) Those who need to gain weight
   (C) Those who want to gain weight gradually
   (D) Those who want to check their weight and overall health

20. Which of the following is mentioned as one of the diseases caused by obesity?
   (A) Depression
   (B) Cancer
   (C) High blood pressure
   (D) Low blood pressure

21. What should your first goal be if you are obese?
   (A) To lose over 15% of body fat
   (B) To lose 15% of body fat in six weeks
   (C) To lose 15% of body fat in about six months
   (D) To lose 3 pounds in six months

---

22. What is the purpose of the talk?
   (A) To inform the participants of their activities
   (B) To talk about national centers for homeless people
   (C) To ask for donations
   (D) To thank those who made donations

23. What does the speaker imply about the number of contributors?
   (A) There aren't very many contributors.
   (B) There are quite a few contributors.
   (C) There are only a few contributors.
   (D) There are some contributors but not enough.

24. When will the discussion session be held?
   (A) Right after the short talk
   (B) During the fellowship banquet
   (C) Before the fellowship banquet
   (D) Right after the fellowship banquet

25. What should they do if they would like to take part in the conference in Rome?
(A) Fill out a form and give it back to the speaker
(B) Contact the committee in Rome
(C) Book a flight
(D) Book accommodation

26. When will the next staff meeting be held?
(A) In late August
(B) September 10
(C) October 1
(D) Unknown

27. What should they do if they are not interested in the conference?
(A) Return the form to the speaker
(B) Throw the form away
(C) Make a copy of the form
(D) Keep the form

---

28. What does the speaker think about John's idea of acquiring Yoshi Corporation?
(A) It is such an elaborate idea.
(B) It's too risky.
(C) It will be a breakthrough idea.
(D) It will work out fine.

29. How does the speaker feel about the merger plan?
(A) It will definitely work.
(B) It'll definitely fail.
(C) There are some problematic aspects to consider.
(D) It'll only bring them profits.

30. What does the speaker think is important?
(A) To solve some financial problems that he has
(B) To give up the merger plan altogether
(C) To acquire Yoshi Corporation
(D) To concentrate on the merger plan

REVIEW 解説 CD2-8

スクリプト

Questions 1 through 3 refer to the following speech.

I'd like to take this opportunity to introduce a new member of our department staff. Ms. Melanie Holmes is our new accountant, with a Bachelor's degree in Accounting and Finance from Harvard University. After graduating from Harvard University as one of the top students, she worked in Washington DC for three years as an accountant while also studying part-time to obtain a Master's degree in Business Management. After successfully completing her degree, she landed a great job at M&K Corporation, one of the leading companies in America dealing with millions of clients from around the world. Now as a new accountant here at ABC International, she is sure to be a great asset to our company. As her supervisor, I'm going to be the one to manage her schedule and work for the first three months. Melanie and I will be sharing an office on the 17th floor with Paula Hudson, a new secretary who joined the company two weeks ago.

設問	設問訳
1. Who is the speaker? (A) Paula Hudson (B) Melanie Holmes **(C) Melanie Holmes' supervisor at work** (D) Someone from M&K Corporation	**1.** 話者は誰ですか？ (A) ポーラ・ハドソン (B) メラニー・ホームズ **(C) メラニー・ホームズの職場の上司** (D) M＆Kコーポレーションから来た誰か
2. Who is listening to this speech? (A) Paula Hudson and Melanie Holmes (B) People working at M&K Corporation (C) Melanie Holmes' supervisors from M&K Corporation **(D) People working at ABC International**	**2.** このスピーチを聞いているのは誰ですか？ (A) ポーラ・ハドソンとメラニー・ホームズ (B) M＆Kコーポレーションの社員 (C) M＆Kコーポレーションのメラニー・ホームズの上司 **(D) ABCインターナショナル社の社員**
3. Where is this speech taking place? (A) At Harvard University (B) At Washington University **(C) At ABC International** (D) At M&K Corporation	**3.** このスピーチが行われているのはどこですか？ (A) ハーバード大学 (B) ワシントン大学 **(C) ABCインターナショナル社** (D) M＆Kコーポレーション

REVIEW 解説

訳

　この機会に，当部署の新メンバーを紹介したいと思います。メラニー・ホームズさんは当社の新任会計士で，ハーバード大学の会計財政学の学士号をもっています。ハーバード大学を成績上位学生の一人として卒業した後，彼女はワシントンDCで3年間会計士として働きつつも，経営学修士号を取得するために定時制で勉強を続けました。みごと修士号を取得した後，M&Kコーポレーションですばらしい職を得ました。M&Kコーポレーションは世界中の何百万人という顧客を扱うアメリカの一流企業のひとつです。そしてこれからは，ここABCインターナショナル社の新会計士として，彼女は必ずや当社の貴重な人材となることでしょう。彼女の上司として，最初の3カ月は私が彼女のスケジュールおよび仕事の管理をします。メラニーと私は，2週間前に入社した新任秘書であるポーラ・ハドソンとともに，17階のオフィスを共用します。

解説　37 スピーチは誰が行い，聞き手は誰かを聞き取る！

1. 正解：(C)
新入社員であるメラニー・ホームズについて紹介した後，終わり頃に As her supervisor, I'm going to be the one to manage her schedule and work（彼女の上司として，スケジュールと仕事の管理をします）とあるので，話者はメラニー・ホームズの上司であることがわかる。

2. 正解：(D)
スピーチの後半に Now as a new accountant here at ABC International（そしてこれからは，ここABCインターナショナル社の新会計士として）とあることから，聞き手はABCインターナショナル社の社員であるとわかる。

3. 正解：(C)
here at ABC International（ここABCインターナショナル社で）という部分から，スピーチの行われている場所はABCインターナショナル社であると言える。

【語句】□ take this opportunity to ... = この機会を利用し…する　□ introduce ~ = ~を紹介する　□ accountant = 会計士　□ Bachelor's degree = 学士号　□ Accounting = 会計学　□ Finance = 財政学　□ obtain ~ = ~を取得する　□ Business Management = 経営学　□ land ~ = (仕事を)獲得する，見つける　□ leading = 主要な，一流の　□ deal with ~ = ~を扱う　□ client = 顧客，得意先　□ asset = 貴重な存在，財産　□ supervisor = 上司，管理者，監督者

スクリプト

Questions 4 through 6 refer to the following message.

Thank you very much for calling Super Travel. If you need to book an international flight, please press one. If you need to book a domestic flight, please press two. If you need to cancel a flight for a full refund, please press three. Or if you need to make hotel reservations, please press four. An operator will be on the line shortly. For detailed international and domestic flight schedule information, please press five for recorded information. If you have any questions regarding your itinerary, please call our toll-free number at 1-800-568-0012. Thank you.

設問	設問訳
4. What should you do if you are an American resident hoping to book a ticket to Paris? **(A) Press one** (B) Press two (C) Press three (D) Press four	**4.** あなたがパリへのチケットを予約したいアメリカ在住者の場合，どうするべきですか？ **(A) 1を押す** (B) 2を押す (C) 3を押す (D) 4を押す
5. What should you do if you want to book a hotel room? (A) Press one (B) Press two (C) Press three **(D) Press four**	**5.** ホテルの部屋を予約したい場合，どうするべきですか？ (A) 1を押す (B) 2を押す (C) 3を押す **(D) 4を押す**
6. When are you expected to call Super Travel at 1-800-568-0012? (A) When you need flight schedule information **(B) When you need to make inquiries about your itinerary** (C) When you need to cancel a flight (D) When you need to make a complaint	**6.** どんな時に1-800-568-0012のスーパー・トラベルに電話すべきですか？ (A) フライトスケジュールの情報が必要な時 **(B) 旅程に関して問い合わせの必要がある時** (C) 飛行機をキャンセルする必要がある時 (D) 苦情を言う必要がある時

REVIEW 解説

訳

　スーパー・トラベルにお電話いただき誠にありがとうございます。国際線のご予約が必要な方は，1を押してください。国内線のご予約が必要な方は2を押してください。飛行機をキャンセルして全額払い戻しの必要がある方は3を押してください。または，ホテルのご予約が必要な方は4を押してください。オペレーターがすぐに電話に出ます。国際・国内線のフライトスケジュールに関する詳細な情報については，5を押して録音案内をお聞きください。旅程に関してお問い合わせのある方は，弊社のフリーダイアル 1-800-568-0012 までお電話ください。ありがとうございました。

解説　38「…すべき」という決定的内容を聞き逃さない！

4. 正解：(A)
アメリカ在住者がパリに行く場合に必要なのは国際線の予約となる。1〜5まであるプッシュボタンの案内の最初に If you need to book an international flight, please press one.（国際線のご予約が必要な方は，1を押してください）とあるので，正解は (A)。

5. 正解：(D)
ホテル予約の案内は4番目。if you need to make hotel reservations, please press four（ホテルのご予約が必要な方は4を押してください）とあるので，正解は (D)。ナレーションでは reservation（予約）という名詞が使用されているが，質問文では book（予約する）という動詞が使用されているので注意したい。

6. 正解：(B)
プッシュボタンの案内が終わったあとの If you have any questions regarding your itinerary, please call our toll free number at 1-800-568-0012.（旅程に関して問い合わせのある方は，弊社の無料通話番号 1-800-568-0012 までお電話ください）という部分がポイント。ナレーションに登場する itinerary（旅程）という語や選択肢にある make inquiries（問い合わせる）という表現は TOEIC に比較的よく登場するので確認しておくことが必要。

【語句】□ book 〜 = 〜を予約する　□ domestic = 国内の　□ full refund = 全額払い戻し　□ reservation = 予約　□ shortly = すぐに　□ detailed = 詳細な　□ regarding 〜 = 〜に関して　□ itinerary = 旅程　□ toll free number = 無料通話番号，フリーダイアル　□ make inquiries = 問い合わせる　□ make a complaint = 苦情を言う

スクリプト

Questions 7 through 9 refer to the following announcement.

The national program to invite women over the age of 50 to receive a free breast cancer screening started on May 17, 2005. The breast X-ray is an effective way of detecting breast cancer at an early stage, but according to the latest statistics, of the 38,000 women diagnosed with breast cancer each year in the USA more than 400 die by the end of the same year, making it the most common cause of cancer death among American women. It is very important to note that the breast X-ray will be arranged at a time to suit each participant in the national program, and the service is totally free of charge. Any woman over 50 who has not yet received an invitation to undergo screening should ask for a free registration form from a local pharmacy by the end of July.

設問	設問訳
7. When will this service be arranged for participants? **(A) Anytime that suits them** (B) On May 17 (C) At the end of July (D) At the end of May	**7.** このサービスは参加者に対していつ行われますか？ **(A) 参加者の都合のよい時** (B) 5月17日 (C) 7月末 (D) 5月末
8. How many American women diagnosed with breast cancer each year die in a year? (A) 50 (B) 70 **(C) Over 400** (D) 38,000	**8.** 毎年乳癌と診断されるアメリカ人女性の何人が1年以内に亡くなっていますか？ (A) 50人 (B) 70人 **(C) 400人以上** (D) 3万8千人
9. Who should obtain a registration form? (A) Any woman over the age of 50 **(B) Any woman over 50 who hasn't been invited to attend for a breast cancer screening** (C) Pharmacists (D) Anyone living in the USA	**9.** 登録用紙を手に入れるべきなのは誰ですか？ (A) 50歳を超える女性なら誰でも **(B) 乳癌のスクリーニング検査の受診に招待されていない50歳以上の女性なら誰でも** (C) 薬剤師 (D) アメリカに住んでいる人なら誰でも

REVIEW 解説

訳

　50歳を超えた女性を無料の乳癌スクリーニング検診に招くという国家プログラムが2005年5月17日にスタートしました。乳房のレントゲン検査は初期段階で乳癌を発見する効果的な方法ですが，最新の統計によると，毎年アメリカで乳癌と診断された女性3万8千人のうち400人以上がその年の終わりまでに死亡しており，乳癌はアメリカ人女性の癌による死亡原因の1位となっています。非常に重要なことですが，乳房のレントゲン検査は，この国家プログラムの参加者各人の都合に合わせて日取りが決められること，またこのサービスは完全に無料であることを覚えておいてください。50歳を超える年齢の女性でスクリーニングを受けるための案内状をまだ受け取っていない方は，7月末までに地元の薬局で無料登録用紙を請求してください。

解説　39　5W1Hを聞き逃さない！

7. 正解：(A)
後半に the breast X-ray will be arranged at a time to suit each participant in the national program（乳房のレントゲン検査は，この国家プログラムの参加者各人の都合に合わせて日取りが決められる）とあるので，参加者各人が自分の都合のよい時に検診してもらうことができるとわかる。

8. 正解：(C)
第2文に of the 38,000 women diagnosed with breast cancer each year in the USA more than 400 die by the end of the same year（毎年アメリカで乳癌と診断された女性3万8千人のうち400人以上がその年の終わりまでに死亡する）とある。

9. 正解：(B)
最終文の Any woman over 50 who has not yet received an invitation to undergo screening should ask for a free registration form from a local pharmacy（50歳を超える年齢の女性でスクリーニングを受けるための案内状をまだ受け取っていない方は地元の薬局で無料登録用紙を請求してください）がポイント。「案内状を受け取っていない」という条件を聞き逃さないこと。

【語句】□ national＝全国的な，国家の　□ cancer＝癌　□ screening＝スクリーニング　□ X-ray＝エックス線，レントゲン検査　□ effective＝効果的な　□ detect ～＝～を見つける　□ the latest＝最新の　□ statistics＝統計　□ diagnose ～＝～を診断する　□ common＝一般的な　□ note that …＝…に注目する，を心に留める　□ arrange ～＝～を取り決める　□ suit ～＝～に好都合である　□ participant＝参加者，当事者　□ free of charge＝無料で　□ undergo ～＝～を受ける　□ registration＝登録　□ pharmacy＝薬局　□ obtain ～＝～を手に入れる　□ pharmacist＝薬剤師

CD2-11

スクリプト

Questions 10 through 12 refer to the following talk.

 We would like to invite all staff members to our next workshop to be held on Thursday, November 3. It's a workshop specially designed for everyone to communicate their hopes and expectations of other team members, and the aim of the workshop is to create rapport and trust between all the team members. It will also help us to understand one another and how each of us wants to work with others as a team. You are strongly requested to take part in this workshop, which will, without a doubt, speed up the process of building solid relationships among the staff members. However, if, for some reason, you cannot take part in it, please e-mail Maggie Yang by 10:00 am on Friday, October 28. Please remember that she is away until October 27 and that she will not be able to answer your call till she gets back to work.

設問

10. What's the purpose of this talk?
(A) To create rapport and trust
(B) To design a workshop with staff members
(C) To let staff members know Maggie Yang will be away till October 28
(D) To invite staff members to take part in a workshop

11. What is the aim of the workshop?
(A) For all staff members to understand one another
(B) For everyone to evaluate others
(C) For everyone to discuss some of the problems at work
(D) For everyone to learn how to communicate with others

12. What should they do if they cannot take part in the workshop?
(A) Call Maggie Yang
(B) E-mail Maggie Yang by October 28
(C) Call Maggie Yang on October 27
(D) Ask Maggie Yang to take part in the workshop for you

設問訳

10. この話の目的は何ですか？
(A) 協調と信頼を生み出すこと
(B) スタッフと共に研修会を計画すること
(C) マギー・ヤンが10月28日まで不在になることをスタッフに知らせること
(D) スタッフを研修会に参加するよう誘うこと

11. この研修会の目的は何ですか？
(A) 全スタッフがお互いを理解すること
(B) 全員が他人を評価すること
(C) 全員が職場で生じている問題のいくつかを話し合うこと
(D) 全員が他人とのコミュニケーションの方法を学ぶこと

12. この研修会に参加できない場合，どうするべきですか？
(A) マギー・ヤンに電話する
(B) 10月28日までにマギー・ヤンにメールする
(C) 10月27日にマギー・ヤンに電話する
(D) マギー・ヤンに，自分の代わりに研修会に参加するよう依頼する

REVIEW 解説

訳

　11月3日木曜日に開催される次回の研修会にスタッフの皆さん全員をお招きしたいと思っています。これは全員が他のチームメンバーに対して希望することや期待することを伝えられるように特別に計画された研修会で，その目的は全スタッフ間に協調と信頼をもたらすことです。また，この研修会はお互いを理解しあい，各人が他のスタッフとどのように協力して働きたいと望んでいるかを理解する助けになることでしょう。皆さんにはこの研修会に必ず参加していただきます。これは間違いなく，スタッフ間の揺るぎない関係作りのプロセスを加速してくれるものだからです。けれども，もし何らかの理由で参加できない場合，10月28日金曜日の午前10時までにマギー・ヤンにメールを送ってください。マギーは10月27日まで不在ですので，職場に戻るまで電話には出られないことをご承知おきください。

解説　40 アナウンス，スピーチ，トークの種類をすばやくつかむ！

10. 正解：(D)

この話は We would like to invite all staff members to our next workshop to be held on Thursday, November 3.（11月3日木曜日に開催される次回の研修会にスタッフの皆さん全員を招きたいと思っています）という言葉から始まっているので，「研修会への招待」がテーマである。

11. 正解：(A)

第2文後半に the aim of the workshop is to create rapport and trust between all the team members.（研修会の目的は全スタッフ間に協調と信頼をもたらすことです）とある。さらに続けて It will also help us to understand one another（この研修会はまたお互いを理解しあう助けになるでしょう）と説明している。つまり研修会の目的は to understand one another であると言える。

12. 正解：(B)

終盤に if, for some reason, you cannot take part in it, please e-mail Maggie Yang by 10:00 am on Friday, October 28.（もし何らかの理由で参加できない場合，10月28日金曜日の午前10時までにマギー・ヤンにメールを送ってください）とあるので (B) が正解。なお，この文に続き，マギーは10月27日まで不在のため電話には出られないという内容があるので，(A) と (C) は不可である。

【語句】□ workshop = 研修会，講習会　□ design ～ = ～を計画する，設計する　□ communicate ～ = ～を知らせる，伝達する　□ expectation = 期待，希望　□ aim = ねらい，目的　□ create ～ = ～を引き起こす，創造する　□ rapport = 調和，協調　□ one another = お互い　□ strongly request ～ = ～を強く要請する，求める　□ take part in ～ = ～に参加する　□ without a doubt = 確かに，間違いなく　□ speed up ～ = ～を加速する　□ solid relationship = 揺るぎない関係　□ for some reason = 何らかの理由で　□ evaluate ～ = ～を評価する

スクリプト

Questions 13 through 15 refer to the following advertisement.

Located in Southern California, Golden Square Hotel is a most beautiful hotel on twelve magnificent acres. Golden Square Hotel redefines luxury, with more than 30 suites which are nearly double the size of the average hotel suite in America. We also provide high quality accommodation in 50 double rooms and 30 single rooms at very reasonable prices. Rates begin at a very reasonable $100. All the rooms are very well equipped, spacious and nicely decorated. We also host ten acclaimed five star restaurants with menus to suit any taste, and for the business-minded from around the world, the Golden Square Conference Hall on the 15th floor is particularly useful. Golden Square Hotel is also near famous California wineries, historical sites, art museums and department stores. We have free shuttle buses running to all these places and surrounding areas. Due to the popularity of the hotel, it is advisable to book your room at least two months prior to your arrival to avoid disappointment.

設問

13. What do they host in the hotel?
(A) Wineries
(B) Museums
(C) Sweet shops
(D) Acclaimed restaurants

14. How much would you have to pay for the cheapest room available in Golden Square Hotel?
(A) $15
(B) $30
(C) $50
(D) $100

15. What kind of special service is offered by the hotel?
(A) Guests can take free shuttle buses.
(B) Guests are allowed to have free meals at wonderful restaurants during their stay.
(C) They book an ideal room for the guests to save their time.
(D) Guests can visit famous places near the hotel.

設問訳

13. ホテルに備わっているものは何ですか？
(A) ワイン醸造所
(B) 美術館
(C) 菓子店
(D) 評価の高いレストラン

14. ゴールデン・スクエア・ホテルの最も安く利用できる部屋にはいくら支払わなければならないでしょう？
(A) 15ドル
(B) 30ドル
(C) 50ドル
(D) 100ドル

15. どのような特別サービスがホテルから提供されていますか？
(A) 宿泊客は無料のシャトルバスに乗れる。
(B) 宿泊客は滞在中に素晴らしいレストランで無料の食事を取ることができる。
(C) 宿泊客が時間を節約できるよう、理想的な部屋を予約してくれる。
(D) 宿泊客はホテル近くの有名な場所を訪問することができる。

REVIEW 解説

訳

　南カリフォルニアにあるゴールデン・スクエア・ホテルは12エーカーの壮大な土地にあるとても美しいホテルです。ゴールデン・スクエア・ホテルはアメリカの平均的なスイート・ルームのほぼ2倍の大きさのスイート・ルームが30室以上あり，贅沢さというものを再定義しています。また当ホテルは50室のダブル・ルームと30室のシングル・ルームで質の高い宿泊設備を大変お手頃な価格で提供しております。料金は非常にお手頃な100ドルからです。全室十分に設備がととのえられ，広々としていて素敵な室内装飾がほどこされています。また当ホテルは，どんな嗜好にも合うメニューを備えた，評価の高い5つ星レストラン10軒を備えており，世界中から来られる商用のお客様には15階にあるゴールデン・スクエア会議場が特に便利です。また，ゴールデン・スクエア・ホテルは有名なカリフォルニアワインの醸造所，史跡，美術館，デパートの近くに位置しております。これらすべての場所や周辺地域まで運行する無料のシャトルバスをご用意しています。当ホテルは人気を博しておりますので，失望されることがないよう，少なくともご到着の2カ月前にはお部屋をご予約いただくことをお勧めします。

解説　42 宣伝では，数・曜日・価格・具体的サービス・場所などを理解する！

13. 正解：(D)
中ほどの We also host ten acclaimed five star restaurants（また，評価の高い5つ星レストラン10軒を備えている）という部分がポイント。

14. 正解：(D)
中ほどに Rates begin at a very reasonable $100.（料金は非常にお手頃な100ドルからです）とあるので，一番安い料金は100ドルであるとわかる。

15. 正解：(A)
終盤に We have free shuttle buses running to all these places and surrounding areas.（これらすべての場所や周辺地域まで運行する無料のシャトルバスをご用意いたしております）とあるので，(A) が正解。なお，(D) の「ホテル近くの有名な場所を訪問することができる」も宣伝に出てきているが，「特別サービス」の内容としては (A) の方が適切。

【語句】□ located = 位置している　□ magnificent = 壮大な　□ acre = エーカー　□ redefine ～ = ~を再定義する　□ luxury = 豪華さ，贅沢さ　□ suite = (ホテルの) スイート　□ double the size = 2倍の大きさ　□ average = 平均の　□ spacious = 広々とした　□ decorated = 装飾されている　□ acclaimed = 高く評価された，定評のある　□ suit ～ = ~に合う　□ conference hall = 会議場　□ particularly = 特に，とりわけ　□ useful = 有用な，役に立つ　□ winery = ワイン醸造所　□ historical site = 史跡　□ art museum = 美術館　□ due to ～ = ~のため　□ popularity = 人気，評判　□ advisable = 賢明な，勧められる　□ book ～ = ~を予約する　□ prior to ～ = ~より前に　□ arrival = 到着　□ disappointment = 失望　□ ideal = 理想的な

スクリプト

Questions 16 through 18 refer to the following news report.

The news of the sudden collapse of Garth & Garth in Manning couldn't have come at a worse time for the staff, and many of them expressed strong anger towards and negative opinions of their former employer, who announced the bankruptcy suddenly two days before Christmas Eve and left them facing a very uncertain future with serious financial worries and concerns.

The announcement of 350 job losses at Garth & Garth came just two days before Christmas Eve. Another 510 employees were told at 9:30 am that Stevenson International would be completely taking over Garth & Garth, offering them job opportunities with decent benefits and salaries. 200 of those who were offered new jobs at Stevenson International refused the job offers immediately after the announcement.

設問	設問訳
16. How do many of the Garth & Garth staff feel about the announcement? **(A) Very angry** (B) Positive (C) Slightly negative (D) Embarrassed	**16.** ガース & ガース社の社員の多くは発表についてどう感じていますか？ **(A) とても腹を立てている** (B) 前向きである (C) 少し否定的である (D) 恥ずかしい
17. When were the job losses announced? **(A) On December 22** (B) On December 23 (C) On December 24 (D) On December 25	**17.** 解雇が発表されたのはいつですか？ **(A) 12月22日** (B) 12月23日 (C) 12月24日 (D) 12月25日
18. How many Garth & Garth employees will be working for Stevenson International? (A) 200 people **(B) 310 people** (C) 350 people (D) 510 people	**18.** 何人のガース & ガース社の社員がスティーブンソン・インターナショナル社で仕事をすることになりますか？ (A) 200人 **(B) 310人** (C) 350人 (D) 510人

REVIEW 解説

訳

　マニングにあるガース＆ガース社の突然の破綻の知らせは，社員にとってこれ以上ないくらい悪い時期に届き，社員の多くは元雇用主に対する強い怒りと否定的意見を表明しました。彼らの元雇用主はクリスマス・イブの2日前に突然破産を発表し，社員は深刻な経済的懸念を伴う非常に不安定な将来に直面する事態となりました。

　ガース＆ガース社における350人の解雇はクリスマス・イブのちょうど2日前に発表されました。他の510名の従業員は午前9時30分の時点で，スティーブンソン・インターナショナル社が完全にガース＆ガース社を買収し，この510名にはかなりの手当および給与の支払われる雇用機会が用意されることを告げられました。スティーブンソン・インターナショナル社での新たな職を提示された社員のうち200人は，発表の後ただちに仕事のオファーを拒絶しました。

解説　43 ニュースで取り上げられている内容の概略を理解する！

16. 正解：(A)
冒頭の文の many of them expressed strong anger towards and negative opinions of their former employer（社員の多くは元雇用主に対する強い怒りと否定的意見を表明した）という部分から，「とても腹を立てている」が正解。

17. 正解：(A)
後半に The announcement of 350 job losses at Garth & Garth came just two days before Christmas Eve.（ガース＆ガース社における350人の解雇はクリスマス・イブのちょうど2日前に発表されました）とある。クリスマス・イブが12月24日なので，その2日前は12月22日。

18. 正解：(B)
ナレーションの後半から，510名の従業員がスティーブンソン・インターナショナル社での仕事を提示され，そのうちの200人は仕事のオファーを拒絶したということがわかる。よって，スティーブンソン・インターナショナル社で実際に働くことになるのは，510（人）－200（人）で310（人）である。

【語句】□ collapse＝崩壊，破綻　□ express ～＝～を表現する，述べる　□ anger＝怒り　□ negative＝否定的な　□ former＝元の，前の　□ employer＝雇用主　□ announce ～＝～を公表する，発表する　□ bankruptcy＝破産，倒産　□ uncertain＝不安定な　□ financial＝財政上の　□ concern＝懸念　□ completely＝完全に　□ take over ～＝～を買収する，引き継ぐ　□ decent＝かなりよい　□ benefit＝給付金，手当　□ refuse ～＝～を断る，拒絶する　□ positive＝積極的な，楽観的な，前向きの　□ slightly＝わずかに　□ embarrassed＝恥ずかしい，ばつが悪い

スクリプト

Questions 19 through 21 refer to the following advertisement.

As you are aware, obesity is a leading cause of health problems and preventable deaths in America. To name a few, obesity is known to cause high blood pressure, stroke, and diabetes. Losing weight, therefore, is critical to controlling many of these life-threatening diseases. Of course, it is not easy to lose weight. It should be done gradually under professional supervision, and those who also have other health problems must be particularly careful when starting a weight-loss program. In most cases, you are advised not to lose more than 2 to 3 pounds a week. If you are obese, your first goal should be to lose 15% of your body fat in approximately six months. Losing more than 15% of your body fat within six months can cause serious damage to your health. Here at Health & Beauty, we can help you lose weight in healthy ways. We provide free professional advice to first-time visitors.

設問	設問訳
19. Who would be interested in this advertisement? **(A) Those who need to reduce weight** (B) Those who need to gain weight (C) Those who want to gain weight gradually (D) Those who want to check their weight and overall health	**19.** この宣伝に興味を持つのは誰ですか？ **(A) 減量の必要な人たち** (B) 体重を増やす必要のある人たち (C) 徐々に体重を増やしたい人たち (D) 自分の体重と健康面全般をチェックしたい人たち
20. Which of the following is mentioned as one of the diseases caused by obesity? (A) Depression (B) Cancer **(C) High blood pressure** (D) Low blood pressure	**20.** 次のうち肥満による病気の一つとして言及されているのはどれですか？ (A) うつ病 (B) 癌 **(C) 高血圧** (D) 低血圧
21. What should your first goal be if you are obese? (A) To lose over 15% of body fat (B) To lose 15% of body fat in six weeks **(C) To lose 15% of body fat in about six months** (D) To lose 3 pounds in six months	**21.** もし肥満である場合，第一の目標は何であるべきですか？ (A) 15パーセント以上の体脂肪を減らすこと (B) 6週間で15パーセントの体脂肪を減らすこと **(C) 約6カ月で15パーセントの体脂肪を減らすこと** (D) 6カ月で3ポンド減らすこと

REVIEW 解説

訳

　ご承知のように，肥満はアメリカにおける健康問題や防げるはずの死の主な原因となっています。2, 3 例をあげると，肥満は高血圧や卒中，糖尿病の原因になることが知られています。したがって，減量することは，こういった命に関わる病気の多くを抑えるために重大な意味があるのです。もちろん減量はたやすいことではありません。プロの管理下で徐々に行われるべきです。それに他にも健康問題を抱える人は，減量プログラムを開始する際に特に気をつけなくてはなりません。多くの場合，週に2～3ポンドより多くは減らさない方がよいでしょう。あなたがもし肥満である場合，第一の目標は約6カ月以内に体脂肪を15パーセント減らすことにするべきです。6カ月以内に15パーセントより多くの体脂肪を減らすと，健康に重大なダメージをもたらす可能性があります。ここヘルス＆ビューティーでは，お客様が健康的に減量するお手伝いをいたします。当店では初めてのお客様に無料でプロからのアドバイスを提供しております。

解説　44 話に興味を持つ人はどのような人かを想像しながら聞く！

19. 正解：(A)
最後に Here at Health & Beauty, we can help you lose weight in healthy ways.（ここヘルス＆ビューティーでは，お客様が健康的に減量するお手伝いをいたします）とあるので，減量の必要がある人に向けた宣伝であると理解できる。

20. 正解：(C)
肥満によって引き起こされる病気は始めの方に列挙されており，obesity is known to cause high blood pressure, stroke, and diabetes（肥満は高血圧や卒中，糖尿病の原因になることが知られています）とある。この中で選択肢にあるものは high blood pressure（高血圧）である。

21. 正解：(C)
後半に If you are obese, your first goal should be to lose 15% of your body fat in approximately six months.（あなたがもし肥満である場合，第一の目標は約6カ月以内に体脂肪を15パーセント減らすことにするべきです）とあるので，(C) が正解。

【語句】□ aware = 気づいている　□ obesity = 肥満　□ leading = 主要な，主な　□ preventable = 予防できる，防ぐことのできる　□ to name a few = 2, 3例を挙げると　□ high blood pressure = 高血圧　□ stroke = 卒中，発作　□ diabetes = 糖尿病　□ lose weight = 減量する　□ critical = 重大な　□ control ～ = ～を抑える　□ life-threatening = 命に関わる　□ disease = 病気　□ gradually = 徐々に，だんだんと　□ supervision = 管理，監督　□ be advised not to ... = …しないほうがよい　□ pound = ポンド（約 454 グラム）　□ obese = 肥満の，ひどく太った　□ body fat = 体脂肪　□ approximately = 約，おおよそ　□ serious damage = 重大なダメージ　□ reduce ～ = ～を減らす　□ overall = 総合的な，全般的な　□ mention ～ = ～に言及する　□ depression = うつ病　□ cancer = 癌

UNIT 10

243

スクリプト

Questions 22 through 24 refer to the following talk.

We would like to take this opportunity to thank you from the bottom of our hearts for your contributions. Helping as many people in need as we can is our goal, and having the backing of so many supportive and understanding people from all over the United States certainly makes us confident that we are not the only ones who want to achieve this goal. Your contributions will be sent to five national centers for homeless people, and we plan to send out a newsletter by the end of the year to inform you of the activities that have been made possible thanks to your support. I hope that the discussion session following the fellowship banquet will also be a fruitful one. Thank you again for your support and contributions.

設問	設問訳
22. What is the purpose of the talk? (A) To inform the participants of their activities (B) To talk about national centers for homeless people (C) To ask for donations **(D) To thank those who made donations**	**22.** この話の目的は何ですか? (A) 参加者に自分たちの活動を知らせること (B) ホームレスの人たちのための国立センターについて話をすること (C) 寄付のお願いをすること **(D) 寄付をしてくれた人にお礼を言うこと**
23. What does the speaker imply about the number of contributors? (A) There aren't very many contributors. **(B) There are quite a few contributors.** (C) There are only a few contributors. (D) There are some contributors but not enough.	**23.** 話者は寄付者の数について何を示唆していますか? (A) 寄付者はあまり多くはいない。 **(B) 寄付者はかなり多くいる。** (C) 寄付者はほんの数名しかいない。 (D) 寄付者はいるが,十分な数ではない。
24. When will the discussion session be held? (A) Right after the short talk (B) During the fellowship banquet (C) Before the fellowship banquet **(D) Right after the fellowship banquet**	**24.** 討論会はいつ行われますか? (A) この短い話の直後 (B) 懇親会の最中 (C) 懇親会の前 **(D) 懇親会の直後**

REVIEW 解説

訳

　この機会を利用し，皆様のご寄付に心から御礼を申し上げたく存じます。なるべく多くの困っている人たちを助けることが我々の目標です。そして，アメリカ中のこれほど多くの支援者，理解者の皆様から援助をいただけることは，この目標を達成したいのは我々だけではないのだという自信を確実に我々に与えてくれます。皆様のご寄付はホームレスの人たちのためにある5つの国立センターに送られます。そして，今年の終わりまでに皆様に会報をお送りし，皆様の支援のおかげで可能になった活動についてお知らせする予定です。懇親会後の討論会も実りあるものになりますよう願っております。皆様のご支援とご寄付に，再度御礼申し上げます。

解説　47 メインとなる話題をつかむ！

22. 正解：(D)
冒頭に We would like to take this opportunity to thank you from the bottom of our hearts for your contributions.（この機会を利用し，皆様のご寄付に心から御礼申し上げたく存じます）とあるので，目的は寄付をしてくれた人に感謝の気持ちを伝えることであるとわかる。

23. 正解：(B)
第2文の having the backing of so many supportive and understanding people from all over the United States（アメリカ中のこれほど多くの支援者，理解者の皆様から援助をいただけること）という部分から，寄付者の数は「多い」と言える。なお，quite a few は「かなり多数の」の意味で「少ない」という意味ではないことに注意。

24. 正解：(D)
終盤に the discussion session following the fellowship banquet（懇親会後の討論会）とあるので(D) が正解。ここでの following ~ は「~のあとに続く」という意味。

【語句】□ take this opportunity to ... = この機会を利用し…する　□ contribution = 寄付；貢献　□ in need = 困っている　□ backing = 援助，支援　□ supportive = 支援してくれる　□ understanding = 理解のある　□ certainly = 確実に　□ achieve ~ = ~を達成する　□ inform ~ of ... = ~に…を知らせる　□ discussion session = 討論会　□ following ~ = ~の直後に〔の〕，~のあとに続く　□ fellowship banquet = 懇親会　□ fruitful = 有益な，実りのある　□ ask for ~ = ~を求める　□ make donations = 寄付をする　□ imply ~ = ~を暗に言う，示唆する　□ contributor = 寄付者　□ quite a few = かなり多くの

スクリプト

Questions 25 through 27 refer to the following talk.

In order to participate in the international conference planned to be held in Rome on October 1, 2007, please fill in the application form and give it back to me by the end of the next staff meeting. We need to make arrangements to book flights and accommodation for all participants by the end of August, and we need to contact the committee in Rome with the exact number of our participants and a list of participants' names and contact addresses by September 10. If you already know that you won't be attending the conference, please discard the form. Thank you.

設問	設問訳
25. What should they do if they would like to take part in the conference in Rome? **(A) Fill out a form and give it back to the speaker** (B) Contact the committee in Rome (C) Book a flight (D) Book accommodation	**25.** ローマの会議に参加したい場合，何をするべきですか？ **(A) 用紙に記入して話者に戻す** (B) ローマの委員会に連絡する (C) 飛行機を予約する (D) 宿泊施設を予約する
26. When will the next staff meeting be held? (A) In late August (B) September 10 (C) October 1 **(D) Unknown**	**26.** 次回のスタッフ会議はいつ開かれますか？ (A) 8月下旬 (B) 9月10日 (C) 10月1日 **(D) 不明**
27. What should they do if they are not interested in the conference? (A) Return the form to the speaker **(B) Throw the form away** (C) Make a copy of the form (D) Keep the form	**27.** 会議に興味がなければどうするべきですか？ (A) 用紙を話者に返す **(B) 用紙を破棄する** (C) 用紙のコピーをとる (D) 用紙をとっておく

REVIEW 解説

訳

　2007年10月1日にローマで開催が予定されている国際会議に参加するには，申込用紙にご記入の上，次回のスタッフ会議の終了時までに私に戻してください。8月末までには参加者全員の飛行機と宿泊施設の予約を手配しなくてはなりません。また，9月10日までに参加者の正確な人数と，参加者の氏名及び連絡先を記したリストを添えてローマの委員会に連絡をする必要があります。すでに会議に参加しないとわかっている方は，用紙を破棄してください。よろしくお願いします。

解説　48 指示されている内容を，場面・状況を想像しながら聞く！

25. 正解：(A)
冒頭の文で please fill in the application form and give it back to me（申込用紙にご記入の上，私に戻してください）とあるので，(A) が正解。

26. 正解：(D)
次回のスタッフ会議の日程については言及されていないので，「不明」の (D) が正解。なお，ナレーションで明言されている日程は以下の通りである。
・8月末 ＝ 飛行機と宿泊施設を予約する期限。
・9月10日 ＝ 参加者の数と名前，連絡先をローマの委員会に連絡する期限。
・10月1日 ＝ ローマで国際会議が開催される日。

27. 正解：(B)
最終文に If you already know that you won't be attending the conference, please discard the form.（すでに会議に参加しないとわかっている方は，用紙を破棄してください）とあるので，(B) が正解。discard は選択肢では throw away という表現になっている。

【語句】☐ participate in ～ ＝ ～に参加する　☐ conference ＝ 会議　☐ fill in ～ ＝ ～に記入する
☐ application form ＝ 申込用紙　☐ staff meeting ＝ スタッフ会議　☐ make arrangements ＝ 手配する
☐ book ～ ＝ ～を予約する　☐ flight ＝ フライト，（飛行機の）便　☐ accommodation ＝ 宿泊施設
☐ participant ＝ 参加者　☐ committee ＝ 委員会　☐ exact ＝ 正確な　☐ contact address ＝ 連絡先
☐ discard ～ ＝ ～を捨てる　☐ fill out ～ ＝ ～に記入する　☐ throw away ～ ＝ ～を捨てる

UNIT 10

スクリプト

Questions 28 through 30 refer to the following message.

Thank you, John, for your opinions and detailed analysis of the merger plan. I agree that there are risks involved and we need to take one step at a time to make things work as successfully as we can. One thing that I did not understand was your idea of acquiring Yoshi Corporation within a span of just a few years, instead of just concentrating on our merger plan with Clerk & Cutler. Merging with Clerk & Cutler will be a huge challenge and there are many things for us to consider carefully, including their serious fiscal difficulties. Coming up with some breakthrough ideas to work things out with Clerk & Cutler is our priority at the moment, and I don't think we should take any more risks unless we are 100 percent sure that it'll lead to a win-win situation.

設問	設問訳
28. What does the speaker think about John's idea of acquiring Yoshi Corporation? (A) It is such an elaborate idea. **(B) It's too risky.** (C) It will be a breakthrough idea. (D) It will work out fine.	**28.** 話者はジョンのヨシ・コーポレーションを買収するというアイディアについてどう思っていますか？ (A) よく練られたアイディアである。 **(B) あまりにも危険である。** (C) 打開案になる。 (D) うまくいく。
29. How does the speaker feel about the merger plan? (A) It will definitely work. (B) It'll definitely fail. **(C) There are some problematic aspects to consider.** (D) It'll only bring them profits.	**29.** 話者は合併計画についてどう感じていますか？ (A) 絶対にうまくいく。 (B) 絶対に失敗する。 **(C) 検討すべき問題点がいくつかある。** (D) 利益をもたらすのみである。
30. What does the speaker think is important? (A) To solve some financial problems that he has (B) To give up the merger plan altogether (C) To acquire Yoshi Corporation **(D) To concentrate on the merger plan**	**30.** 話者は何が重要だと思っていますか？ (A) 彼の抱えるいくつかの財政上の問題を解決すること (B) 完全に合併案を諦めること (C) ヨシ・コーポレーションを買収すること **(D) 合併計画に集中すること**

REVIEW 解説

訳

　ジョン，合併案の詳細な分析と意見をありがとうございました。リスクがともなうという意見には私も同感ですので，できるだけうまくいくように一歩一歩進めていく必要がありますね。1点私に理解できなかったのは，クラーク＆カトラー社との合併計画だけに集中するのではなく，わずか数年以内にヨシ・コーポレーションの買収をするというあなたのアイディアです。クラーク＆カトラー社との合併は大きなチャレンジになるでしょうし，彼らの深刻な財政難を含む多くの問題をよく検討しなくてはなりません。クラーク＆カトラー社とうまく事を進めるための打開案を打ち出すことが現時点では我々の優先事項ですし，双方に利益をもたらす状況につながると100パーセントの確信が持てないのであれば，これ以上のリスクを冒すべきではないと思うのです。

解説　50 話者の意見を総合的に理解する！

28. 正解：(B)

前半に One thing that I did not understand was your idea of acquiring Yoshi Corporation（1点私に理解できなかったのは，ヨシ・コーポレーションの買収をするというあなたのアイディアです）とあるので，話者は買収に賛成ではないと言える。また，最終文に I don't think we should take any more risks unless we are 100 percent sure that it'll lead to a win-win situation（双方に利益をもたらす状況につながると100パーセントの確信が持てないのであれば，これ以上のリスクを冒すべきではないと思う）とあるので，話者は現時点では危険すぎると感じていることがわかる。

29. 正解：(C)

中ほどに there are many things for us to consider carefully, including their serious fiscal difficulties（クラーク＆カトラー社の深刻な財政難を含む多くの問題をよく検討しなくてはならない）とある。したがって，「絶対にうまくいく」，「絶対に失敗する」といった極論ではなく，「検討すべき問題がある」と感じていることがわかる。

30. 正解：(D)

最終文で Coming up with some breakthrough ideas to work things out with Clerk & Cutler is our priority at the moment（クラーク＆カトラー社とうまく事を進めるための打開案を打ち出すことが現時点では我々の優先事項です）とあるので，優先事項はクラーク＆カトラー社との問題，つまりは「合併計画」であると言える。

【語句】□ detailed＝詳細な　□ analysis＝分析　□ merger＝合併　□ take one step at a time＝一歩一歩進む　□ acquire ～＝～を買収する　□ instead of ～＝～の代わりに，～ではなく　□ concentrate on ～＝～に集中する　□ huge＝非常に大きい　□ consider ～＝～を熟考する，検討する　□ including ～＝～を含めて　□ fiscal＝財政上の　□ come up with ～＝～を思いつく　□ breakthrough idea＝打開案　□ priority＝優先事項　□ at the moment＝今のところ　□ lead to ～＝～をもたらす，～につながる　□ win-win situation＝両者に利益のある状況　□ elaborate＝入念な，十分に練られた　□ definitely＝確かに，絶対に　□ aspect＝側面　□ profit＝利益　□ financial＝財政上の　□ altogether＝完全に

UNIT 10

模擬試験

LISTENING TEST

In the Listening test, you will be asked to demonstrate how well you understand spoken English. The entire Listening test will last approximately 45 minutes. There are four parts, and directions are given for each part. You must mark your answers on the separate answer sheet. Do not write your answers in the test book.

PART 1

Directions: For each question in this part, you will hear four statements about a picture in your test book. When you hear the statements, you must select the one statement that best describes what you see in the picture. Then find the number of the question on your answer sheet and mark your answer. The statements will not be printed in your test book and will be spoken only one time.

Example

Sample Answer
A B ■ D

Statement (C), "They're standing near the table," is the best description of the picture, so you should select answer (C) and mark it on your answer sheet.

1.

2.

3.

4.

5.

6.

7.

8.

9.

10.

PART 2

Directions: You will hear a question or statement and three responses spoken in English. They will be spoken only one time and will not be printed in your test book. Select the best response to the question or statement and mark the letter (A), (B), or (C) on your answer sheet.

Example   **Sample Answer**
                                                          Ⓐ ● Ⓒ

You will hear: Where is the meeting room?

You will also hear: (A) To meet the new director.
                      (B) It's the first room on the right.
                      (C) Yes, at two o'clock.

The best response to the question "Where is the meeting room?" is choice (B), "It's the first room on the right," so (B) is the correct answer. You should mark answer (B) on your answer sheet.

11. Mark your answer on your answer sheet.

12. Mark your answer on your answer sheet.

13. Mark your answer on your answer sheet.

14. Mark your answer on your answer sheet.

15. Mark your answer on your answer sheet.

16. Mark your answer on your answer sheet.

17. Mark your answer on your answer sheet.

18. Mark your answer on your answer sheet.

19. Mark your answer on your answer sheet.

20. Mark your answer on your answer sheet.

21. Mark your answer on your answer sheet.

22. Mark your answer on your answer sheet.

23. Mark your answer on your answer sheet.

24. Mark your answer on your answer sheet.

25. Mark your answer on your answer sheet.

26. Mark your answer on your answer sheet.

27. Mark your answer on your answer sheet.

28. Mark your answer on your answer sheet.

29. Mark your answer on your answer sheet.

30. Mark your answer on your answer sheet.

31. Mark your answer on your answer sheet.

32. Mark your answer on your answer sheet.

33. Mark your answer on your answer sheet.

34. Mark your answer on your answer sheet.

35. Mark your answer on your answer sheet.

36. Mark your answer on your answer sheet.

37. Mark your answer on your answer sheet.

38. Mark your answer on your answer sheet.

39. Mark your answer on your answer sheet.

40. Mark your answer on your answer sheet.

PART 3

Directions: You will hear some conversations between two people. You will be asked to answer three questions about what the speakers say in each conversation. Select the best response to each question and mark the letter (A), (B), (C), or (D) on your answer sheet. The conversations will be spoken only one time and will not be printed in your test book.

41. What does the woman think about Bob?
   (A) He knows a lot about the business world.
   (B) His ideas are not too realistic.
   (C) He should investigate Yokota Products thoroughly.
   (D) He is not as talented as the man thinks.

42. What does the man think about Bob's idea?
   (A) It will bring them huge profits.
   (B) It will probably end up in failure.
   (C) It should be carried out immediately.
   (D) It is worth the risks.

43. How does the woman feel about taking risks in the business world?
   (A) It is not always necessary.
   (B) It is less valuable than the man thinks.
   (C) It cannot be avoided.
   (D) It should be avoided.

44. What does the woman think will work?
   (A) Selling computers at full price
   (B) Selling computers during the Christmas season
   (C) Lowering the prices of their computers
   (D) Raising the prices of their computers

45. How does the man feel about the woman's idea?
   (A) It is not a type of tactic that works without fail.
   (B) It is worth a shot.
   (C) It is outrageous.
   (D) It is pathetic.

46. How does the woman feel about the man's opinion on her suggestion?
   (A) It may or may not be wrong.
   (B) It is probably right.
   (C) It lacks creativity.
   (D) It is not realistic at all.

---

47. How do the speakers feel about Kimberly's performance at work?
   (A) Pretty lousy
   (B) Excellent
   (C) Not bad
   (D) Average

48. What did the speakers probably do?
   (A) Issued a written warning to Simon
   (B) Ignored the serious situation
   (C) Made every effort to help Kimberly improve her performance
   (D) Talked to Simon about how poor Kimberly's performance is at work

49. What do the speakers think Simon will probably do?
   (A) Dismiss both of the speakers
   (B) Listen to the speakers more often from now on
   (C) Make serious efforts to understand the situation better
   (D) Fire Kimberly

50. What will the woman do?
 (A) Show the office building to Joe
 (B) Investigate the company
 (C) Take a new employee on a tour of the office building
 (D) Purchase a key for Susan

51. What time is Susan arriving?
 (A) At about 1:00
 (B) At about 9:00
 (C) At about 9:10
 (D) At about 10:00

52. Which of the following is NOT mentioned as a place to visit during the tour?
 (A) Lavatories
 (B) Canteens
 (C) Conference rooms
 (D) Printing room

---

53. What did the woman take a look at?
 (A) A complaint letter
 (B) A receipt
 (C) A pay check
 (D) A price tag

54. What did the man think was unbelievable?
 (A) That he was only charged 350 dollars.
 (B) That the woman failed to send him a receipt.
 (C) That they overcharged him.
 (D) That he made an unthinkable mistake.

55. What does the woman want the man to accept?
 (A) An apology
 (B) A correct receipt
 (C) Some cash
 (D) A travel coupon

56. What are John and Beth going to do first?
 (A) Find a site for the reception
 (B) Choose a caterer
 (C) Find out exactly how many people will attend the reception
 (D) Find out if the site they chose is big enough

57. What are John and Beth going to do after they find out how many people will attend the reception?
 (A) Select a site
 (B) Find accommodations for all the guests
 (C) Ask guests for their numbers
 (D) Ask their friends to come to the reception

58. When will John and Beth decide on a caterer?
 (A) After they choose a site for the conference
 (B) After they choose an appropriate site for the reception
 (C) Before they find a site for the reception
 (D) Before they find out the number of people coming to the reception

---

59. What does the man have to do to get the form back from the main office?
 (A) He has to fill out the vacation request form.
 (B) He has to go to the main office again.
 (C) He has to ask them to send it back to him immediately.
 (D) He has to ask his supervisor for advice.

60. What has the man done so far?
 (A) Filled out the vacation request form
 (B) Submitted the vacation request form to his supervisor
 (C) Collected the vacation request form he had filled out
 (D) Made his request official

61. When will the man's vacation request become official?
 (A) After he fills out the form properly
 (B) After he fills out the form and takes it to the main office
 (C) After he submits the filled-out form to his supervisor
 (D) After he verbally asks for time off work

62. How does Mr. Anderson feel about the idea of merger?
(A) Interesting but not feasible at all
(B) Not realistic at all
(C) Very profitable and feasible
(D) Good but needs proof their conditions will be accepted

63. Whom does Kate agree with?
(A) Bob
(B) Mr. Anderson
(C) John
(D) Mr. Hudson

64. How does the man feel?
(A) They should carry out the merger plan immediately.
(B) They should persuade their bosses to agree with them.
(C) They should make sure their merger plan will be a success.
(D) They should give up the merger plan altogether.

---

65. What worries the man?
(A) The mistake he made at the woman's house
(B) Harmful Internet sites
(C) The review of the movie that his nephew saw
(D) The harmful effects of violent movies

66. How does the woman feel about the effects of violence in movies?
(A) Worrying
(B) Not very problematic
(C) Too exciting
(D) Not educational

67. What does the man think the woman should do?
(A) She should protect her children from accessing harmful Internet sites.
(B) She should always check the Internet sites that her children access.
(C) She should take her children to the movies they want to see.
(D) She should stop censoring harmful sites on the Internet.

68. What are the speakers talking about?
   (A) Exercise
   (B) Diet pills
   (C) The woman's high blood pressure
   (D) The effective way to shed excess weight

69. Where are the speakers?
   (A) In a pharmacy
   (B) In a hospital
   (C) In a restaurant
   (D) In a gym

70. What will the woman probably do now?
   (A) Go to a pharmacy
   (B) Try the dietary approach
   (C) Visit a doctor
   (D) Prescribe blood pressure drugs

PART 4

Directions: You will hear some short talks given by a single speaker. You will be asked to answer three questions about what the speaker says in each short talk. Select the best response to each question and mark the letter (A), (B), (C), or (D) on your answer sheet. The talks will be spoken only one time and will not be printed in your test book.

71. How are employees expected to use the Internet?
(A) Use it for personal reasons
(B) Use it to detect Internet access abuse in the office
(C) Use it only for work
(D) Use it to contact the board of directors

72. What will employers do if they detect Internet access abuse?
(A) They will fire the person.
(B) They will put the person on suspension.
(C) They will contact the board of directors.
(D) They will cut the person's salary.

73. What should employees do if they find someone misusing the Internet?
(A) Send an anonymous letter to the CEO
(B) Dismiss the person right away
(C) Delete the cookies and history
(D) Contact the board of directors

74. How many people are said to be smokers in North America?
   (A) Roughly thirteen percent of the adult population
   (B) Roughly thirty percent of the adult population
   (C) Roughly sixty percent of the adult population
   (D) Roughly seventy percent of the adult population

75. What does a smoker face?
   (A) Three times the risk of dying from lung cancer
   (B) Five times the risk of dying from lung cancer
   (C) Three times the risk of dying from a heart attack
   (D) Five times the risk of dying from a heart attack

76. According to the report, which of the following is NOT true?
   (A) Smoking is the leading cause of death in North America.
   (B) Nonsmokers are more prone to lung cancer than smokers are.
   (C) Roughly seventy percent of North American adults are nonsmokers.
   (D) About sixty percent of smokers in North America are heavy smokers.

---

77. What is expected in Northern California tomorrow?
   (A) Rain
   (B) Snow
   (C) Sudden temperature rise
   (D) Above-freezing temperatures

78. How much snow is expected to fall in Northern California on Wednesday?
   (A) 13 inches
   (B) 25 inches
   (C) 27 inches
   (D) Over 30 inches

79. What will the weather be like in Nevada and Oregon after February 27?
   (A) Fine
   (B) Wet and snowy
   (C) Humid
   (D) Freezing cold

80. Which of the following do they have at Fit & Healthy?
(A) Excellent training centers
(B) Certified trainers
(C) Diet pills
(D) Dietitians

81. When can you work out at Fit & Healthy?
(A) Any time
(B) Twenty four days a year
(C) When excellent programs are available
(D) When the personal trainers are at Fit & Healthy

82. How much would you have to pay per year to be a member of Fit & Healthy?
(A) $24
(B) $35
(C) $350
(D) $3,500

---

83. What happened at the intersection?
(A) Twenty-eight people were killed in a traffic accident.
(B) Many people slipped on the icy road.
(C) There was a serious traffic accident.
(D) Eleven cars smashed into a truck.

84. What is the condition of the casualties still waiting to be rescued?
(A) Unconscious
(B) Badly injured
(C) Fine
(D) Injured but okay

85. How many people are reported to have been killed?
(A) None
(B) Eleven
(C) Fifteen
(D) Twenty-eight

86. Who would be interested in the talk?
(A) Underweight parents
(B) Obese parents
(C) Parents who have a child with weight problems
(D) Parents who have an underweight child

87. What percentage of American children under 18 are said to be obese?
(A) 13 percent
(B) 18 percent
(C) Over 30 percent
(D) Roughly 30 percent

88. What is NOT mentioned as a feature of the camp?
(A) Healthy eating plans that totally exclude certain foods
(B) Enjoyable exercise
(C) Discussion sessions with other children with similar problems
(D) An outing to the beach

---

89. When will the sale start?
(A) On December 23
(B) On December 25
(C) On January 5
(D) On January 6

90. What are customers allowed to do if they show their membership cards?
(A) Get a discount
(B) Shop before the store opens
(C) Get a free gift
(D) Shop with coupons

91. Why will the shop be closed from December 26 through January 5?
(A) To order new products
(B) To have the shop cleaned
(C) For renovation
(D) For inventory

92. Where is this talk taking place?
   (A) In an office building
   (B) In a furniture store
   (C) In an office on the second floor
   (D) In a computer store

93. What should employees do when they leave the office?
   (A) Swipe the ID card through a machine
   (B) Unlock the windows
   (C) Turn on the lights
   (D) Leave the door open

94. Why don't employees have to lock the door when they leave the office?
   (A) Because it's safe in the area.
   (B) Because the key is broken.
   (C) Because the speaker does it.
   (D) Because it has got a device that locks the door automatically.

---

95. What is planned before a presentation by Angela White?
   (A) A presentation by Keith Roberts
   (B) A discussion session
   (C) Lunch
   (D) The opening address

96. How long will the discussion session last?
   (A) Thirty minutes
   (B) One and a half hours
   (C) Two and a half hours
   (D) Four hours

97. When will they leave for the office and lab tour?
   (A) Before lunch
   (B) After a lecture
   (C) Before a lecture
   (D) Right after lunch

98. What does the speaker imply about their business in Singapore?
  (A) It has been successful.
  (B) It has been going fairly well.
  (C) It has brought them nothing but debts.
  (D) It has not been as successful as they had hoped.

99. What does the speaker think is needed to succeed in Singapore?
  (A) Competent staff members
  (B) More funds
  (C) New staff members who know much about Asian cultures
  (D) People who can analyze the trend of popular products

100. What does the speaker think they should do?
  (A) Start working with their competitors
  (B) Start looking for a company to acquire in Singapore
  (C) Start hiring new people who will help them succeed
  (D) Start firing incompetent staff members

PART 1

スクリプト

1. CD2-19
   (A) The woman is very excited to be there.
   (B) The woman is so agitated she is banging on the fence.
   (C) The woman is so delighted she is all smiles.
   (D) The woman doesn't seem very pleased.

   【語句】 □ agitated = 動揺している，イライラしている □ bang on ～ = ～を強く打つ，たたく □ delighted = 喜んでいる □ all smiles = 喜色満面の，満面の笑みで □ seem ～ = ～のように見える □ pleased = 喜んでいる

2. CD2-20
   (A) There is a café sign near the women.
   (B) The café on the street is open.
   (C) The women walking side by side are obviously exhausted.
   (D) The women have just come out of a café.

   【語句】 □ sign = 看板 □ side by side = 並んで □ exhausted = 疲れ果てている

3. CD2-21
   (A) The chair is behind the drapes.
   (B) The drapes are drawn shut.
   (C) The painting is half-hidden.
   (D) The chairs are piled up on the floor.

   【語句】 □ drape = カーテン □ half-hidden = 半分隠れている □ pile up ～ = ～を積み重ねる

4. CD2-22
   (A) A number of bills are floating in the water.
   (B) There is at least one high-rise building.
   (C) They are posting up bills everywhere in town.
   (D) The bridge is under construction.

   【語句】 □ a number of ～ = たくさんの～，多数の～ □ bill = 請求書，ビラ □ float = 浮かぶ □ high-rise building = 高層ビル □ post up ～ = ～を張り出す

訳	解説
(A) 女性はそこにいることで非常にワクワクしている。 (B) 女性はとてもいらついてフェンスをたたいている。 (C) 女性は非常にうれしいので満面に笑みをたたえている。 **(D) 女性はあまり喜んでいる様子ではない。**	**正解：(D)　01　登場人物の表情・状態を表す形容詞に注意！** 形容詞に注意して聞こう。写真から女性は明らかに「喜んでいる」「ワクワクした」状態ではないので，(A)，(C) はすぐに不可であるとわかる。(B) では agitated という語の意味がわからなくても，banging on the fence（フェンスを強くたたいている）という部分さえ理解できれば不適切であると判断できるだろう。
(A) 女性たちの近くにカフェの看板がある。 (B) 通りにあるカフェは開いている。 (C) 並んで歩いている女性たちは明らかに疲れ果てている。 (D) 女性たちはたった今カフェから出てきたところだ。	**正解：(A)　02　中心にある事物以外にも目を向けて瞬時に状況把握！** 中央を歩く2人の女性についての描写文が流れてくると期待してしまうが，この問題は背後にあるカフェにも言及される。(C) の obviously exhausted（明らかに疲れ果てている）という説明はこの女性たちには当てはまらない。2人の歩く位置からはカフェから出てきたかどうか明言できないので (D) も不可。café sign（カフェの看板）は写真で確認できるものの，カフェが開いているかどうかは写真では確認できない。したがって (B) も不可で，(A) が正解になる。
(A) 椅子はカーテンの後ろにある。 **(B) カーテンは閉められている。** (C) 絵は半分隠れている。 (D) 椅子が床に積み重ねられている。	**正解：(B)　02　中心にある事物以外にも目を向けて瞬時に状況把握！** 椅子だけではなく，ある物すべての状態や場所を素早く確認する必要がある。椅子はカーテンの後ろにあるわけではないので (A) は不適切。(C) では half-hidden という馴染みのうすい表現が登場しているが，これは文字通り「半分隠されている」という意味なので写真には合っていない。写真に写っている椅子は一脚だけなので，The chairs are ... と複数形の主語が聞こえた時点で (D) は不適切と判断できる。
(A) たくさんのビラが水に浮いている。 **(B) 高層ビルが少なくとも1つある。** (C) 彼らは街のいたるところにビラを張り出している。 (D) 橋は建設中である。	**正解：(B)　03　発音の似ている語で引っかからない！** 日本語では建物のことをビルと言うが，英語の bill にはそのような意味はない。bill は請求書やビラのことで，建物は building である。よって bill という語を使用している (A)，(C) はすぐに不適切と判断できる。写真の左側に高層ビルが見えるので，(B) が正解。

スクリプト

5. CD2-23

(A) There are some trees between the office buildings.
(B) There are tall buildings behind the men in business suits.
(C) The men are discussing something serious next to the office entrance.
(D) The men are talking between two skyscrapers.

【語句】☐ office building ＝ オフィスビル　☐ business suit ＝ スーツ, ビジネススーツ　☐ next to ～ ＝ ～の隣に, 隣で　☐ office entrance ＝ 会社の入り口

6. CD2-24

(A) The man in a suit is scurrying to work.
(B) The man in a business suit is obviously in a great hurry.
(C) The man in sunglasses is walking slowly past some people.
(D) The man in a suit has a bag under his arm.

【語句】☐ scurry ＝ 急いで行く　☐ in a hurry ＝ 急いで, 慌てて　☐ walk past ～ ＝ ～を追い越す, ～とすれ違う　☐ have ～ under one's arm ＝ ～を小脇に抱えている

7. CD2-25

(A) Quite a few of the figures are identical.
(B) Many of the figures are painted very nicely.
(C) There are a few figures placed randomly on a shelf.
(D) There are a number of identical figures.

【語句】☐ quite a few of ～ ＝ かなりの数の～　☐ figure ＝ 人物の像, 彫像　☐ identical ＝ まったく同じである　☐ randomly ＝ 無作為に, 不規則に　☐ shelf ＝ 棚

8. CD2-26

(A) There isn't a single person coming out of the house.
(B) There are dozens of trees in front of the house.
(C) All of the trees around the house are very thick.
(D) The doors to the house are all open.

【語句】☐ dozens of ～ ＝ 数十の～, 多数の～　☐ thick ＝（草や木が）生い茂っている, 密集している

模試解説

訳	解説
(A) オフィスビルの間に木が何本かある。 **(B) ビジネススーツを着た男性たちの後ろに高いビルがある。** (C) 男性たちは会社の入り口の横で何か深刻なことを話し合っている。 (D) 男性たちは2つの超高層ビルの間で話している。	**正解：(B)　04 位置を表す語を聞き逃さない！** 写真の木の位置はオフィスビルの「間」ではなく「前」なので (A) は不可。(C) は The men are discussing something serious（男性たちは何か深刻なことを話し合っている）という描写は正しそうであるが，next to the office entrance（会社の入り口の横で）という場所の説明が写真に合っていない。写真では2人の男性は高層ビルから離れた場所で話しているので (D) も不可。
(A) スーツを着ている男性は急いで仕事に向かっているところだ。 **(B) ビジネススーツを着ている男性は明らかにとても急いでいる。** (C) サングラスをかけた男性はゆっくり歩いて何人かの人とすれ違っているところだ。 (D) スーツを着ている男性は小脇にバッグを抱えている。	**正解：(B)　05 人物が1人の場合は動詞に集中して聞く！** (A) の scurry（急いで行く）という動詞は写真に合っているが，to work の部分については写真から判断できない。(C) は walking slowly という部分が写真の男性の描写として不適切。(D) は「小脇に抱えている」という部分が写真に合っていない。(B) の be in a hurry は「急いでいる」という意味で，この文では hurry の前にさらに great をつけて強調している。したがって (B) が最も写真の内容に合っていると言える。
(A) かなりの数の像がまったく同じものである。 (B) 像の多くがきれいに色を塗られている。 (C) 棚の上に像が数体，無造作に置かれている。 **(D) まったく同じ像が数多く並んでいる。**	**正解：(D)　06 おおまかな数を確認するクセをつける！** (A) では像のうち「かなり多く」が同じであると言っているが，写真では「すべて」同じものなので不適切。(B) も Many of ... の部分が誤り。(C) は「数個」という点も「棚に無造作に置かれている」という点も写真と一致していない。(D) にある a number of は「多くの」という意味で，これが identical figures（まったく同一の像）とともに使われていて，写真に合っている。
(A) 家から出てきている人は1人もいない。 (B) 家の前には数十本の木がある。 (C) 家の周りの木はすべて生い茂っている。 (D) 家のドアはすべて開いている。	**正解：(A)　06 おおまかな数を確認するクセをつける！** 写真では家の周囲に木が生えているが，「家の前に数十本」というほど多くないので (B) は不適切。ほとんどの木は枝先が見えて very thick（生い茂っている）とは言えないので，(C) も写真に合っていない。そもそもドアそのものがこの写真では確認できないので，(D) は不適切。

スクリプト

9.

(A) The woman's arm is placed on the man's shoulder.
(B) The man has his arm around the woman's waist.
(C) The women are leaning against the man.
(D) The man in the middle has his arms on the women's shoulders.

【語句】☐ waist = ウエスト，腰 ☐ lean against ～ = ～にもたれる ☐ in the middle = 真ん中の，中央の

10.

(A) There are a few cars on the street.
(B) The cab is smashing into the back of another cab.
(C) The people are waiting in a line for taxis.
(D) The street is totally jammed with taxis and people.

【語句】☐ cab = タクシー ☐ smash into ～ = ～に衝突する ☐ in a line = 一列になって ☐ be jammed with ～ = ～で一杯である ☐ totally = すっかり，完全に，まったく

模試解説

訳

(A) 女性の腕は男性の肩に置かれている。
(B) 男性は女性の腰に腕を回している。
(C) 女性たちは男性にもたれかかっている。
(D) 中央の男性は腕を女性たちの肩の上に置いている。

解説

正解：(D)　07 主たる動作をする人，その動作を受ける人の状況を確認！
誰の腕が誰のどこに置かれているのかに注目する。写真では男性の腕が二人の女性の肩にあるので (D) が正解。このような問題では，動詞とその主語に特に注意すること。また動作を受ける側と動作主が入れ替わっていないかを注意深く聞くことが重要である。

訳

(A) 通りには車が数台ある。
(B) タクシーが別のタクシーの後部に衝突している。
(C) 人々が一列に並んでタクシーを待っている。
(D) 通りはタクシーと人で完全に一杯になっている。

解説

正解：(A)　08 乗り物・道路などの状況を確認！
(B) は「衝突している」という部分が写真に合っていないので誤り。タクシーを待っている人が写真には見られないので，(C) も不適切。(D) では totally jammed（完全に一杯になっている）という表現が使われているが，通りはそれほど混雑していない。

PART 2

	スクリプト	訳
11. CD2-30	You are not going to turn in this letter of resignation, are you? **(A) Not yet but I do intend to quit my job.** (B) No, you can't be serious about resigning your position. (C) Yes, I am going to send this letter to the headquarters and seek some advice.	あなたはこの辞表を提出するつもりじゃありませんよね？ **(A) まだ出さないけど，私は仕事を本当に辞めるつもりなのです。** (B) いいえ，あなたは退職することについて本気なはずはありません。 (C) ええ，この手紙を本社に送付してアドバイスを求めるつもりです。
12. CD2-31	Are you really sure you sent them a cover letter along with your résumé? (A) Yes, I was totally sure about that. **(B) Actually, I am not too sure.** (C) Yes, I will definitely do it because a cover letter is required.	履歴書と一緒にカバーレターを彼らに送ったのは本当に確かですか？ (A) ええ，その件については完全に確信していました。 **(B) 実のところ，あまり確信がないのです。** (C) ええ，カバーレターが必要なので，絶対にそうします。
13. CD2-32	When did you say they had left for the conference? (A) They said he had left early. (B) He had left late on Monday. **(C) I said they had left on Tuesday afternoon.**	彼らがいつ会議に向けて出発したとおっしゃいましたか？ (A) 彼は早い時間に出発したと彼らは言いました。 (B) 彼は月曜日の遅くに出発しました。 **(C) 彼らは火曜日の午後に出発したと申し上げました。**
14. CD2-33	Are they planning to book a flight online? **(A) That's what they said they would do.** (B) No, they will just do it online because it's the easiest way. (C) Yes, but it was too late to book a flight to New York.	彼らはインターネットで飛行機の予約をするつもりですか？ **(A) そうすると言っていましたよ。** (B) いいえ，それが一番簡単な方法だからインターネットでそうするだけなのです。 (C) ええ，だけどニューヨーク行きの飛行機を予約するには遅すぎました。
15. CD2-34	Whose idea was it to amalgamate our proposals into one? (A) My idea was to separate them. (B) He did. **(C) I think it was John's.**	我々の提案を1つにまとめるというのは誰のアイディアだったのですか？ (A) 私のアイディアはそれらを分けることでした。 (B) 彼がしました。 **(C) ジョンのアイディアだったと思います。**

模試解説

解説

正解：(A)　09　同じ意味なのに違う表現に置き換えられるパターンに注意！

(A) は質問の You に対して I と受けており，turn in this letter of resignation（この辞表を提出する）に対しては quit my job（仕事を辞める）という表現を使って応答しているので，内容が一致している。(B) は主語が I（応答者）ではなく you になっているのが誤り。(C) は letter という語が質問と一致しているが，辞表提出と seek some advice（アドバイスを求める）という行動は一致しない。

【語句】□ turn in ～ = ～を提出する　□ letter of resignation = 辞表　□ intend to … = …するつもりである　□ quit ～ = ～を辞める　□ serious = 本気の　□ resign ～ = ～を辞職する，辞める　□ position = 勤め口，職　□ headquarters = 本社，本部，本署　□ seek ～ = ～を求める

正解：(B)　10　質問と応答の時制の統一を確認する！

Are you really sure の部分は現在形だが，続く部分は過去形になっている。過去に行ったことに対する現在の認識を問う疑問文である。(A) は Are you really sure に対して Yes と答えながらも I was totally sure と過去の認識を答えているため，不適切な応答となっている。(B) は現在形で「確信がない」と答えているので適切。(C) は未来形になっていて，質問の時制に合っていない。

【語句】□ be sure … = …を確信している　□ cover letter = カバーレター，添え状　□ along with ～ = ～に加えて，～とともに　□ résumé = 履歴書　□ totally = すっかり，完全に，まったく　□ definitely = 間違いなく，確かに　□ require ～ = ～を必要とする，求める

正解：(C)　11　質問と応答の主語の統一を確認する！

When did you say …? に対する応答は I said で始まるのが適切。したがって (A) の They said は誤り。また，出発したのは they であるから (B) の He had left も不適切。(C) は I said で受け，その後も they had left となっているので正しい。

【語句】□ leave for ～ = ～に向けて出発する　□ conference = 会議

正解：(A)　12　Yes/No で答えられる疑問文なのに，あえてそれ以外で答えるパターンに馴染む！

be 動詞で始まる疑問文にいつも Yes/No で答えるわけではない。(A) は Yes を他の表現で言い換えており，これが正解。文頭の That は to book a flight online（インターネットで飛行機を予約すること）を指す。(B) は No と否定しているにもかかわらず続く部分が肯定の内容になっているので，つじつまが合わない。(C) は but 以下が過去形になっており質問の時制と一致していないので不可。

【語句】□ book a flight = 飛行機を予約する　□ online = オンラインで，インターネットで

正解：(C)　13　質問に登場する難易度の高い語に惑わされない！

質問中の amalgamate（融合する）という動詞の意味がわからなくても，最初の Whose idea さえ聞き取れれば「ジョンのアイディア」と答えている (C) が正解とわかる。(A) は質問とまったく無関係な My idea の内容を答えているので不適切。(B) は「彼がした」と動作主を答えているので Whose idea という質問への応答になっていない。

【語句】□ amalgamate ～ = ～を融合する，合併する　□ proposal = 提案　□ separate ～ = ～を分ける

	スクリプト	訳
16. CD2-35	When on earth did you decide to fire Mark Houston, Bob? (A) Because he refused to follow his supervisor's advice! (B) It happened somewhere in Texas. **(C) Last month.**	ボブ，一体いつマーク・ヒューストンを解雇することに決めたのですか？ (A) なぜなら彼は上司の忠告に従うのを拒んだからです！ (B) テキサスのどこかで起こりました。 **(C) 先月です。**
17. CD2-36	Does he often make mistakes that could lead to serious problems later on? (A) Yes, they are. **(B) Yes, and I think it's time to fire him.** (C) He will cause serious problems later on.	彼は後々重大な問題につながりかねないミスをよくするのですか？ (A) ええ，彼らはそうです。 **(B) ええ，そして私は彼を解雇すべき時期が来ていると思います。** (C) 彼は後々重大な問題を引き起こすでしょう。
18. CD2-37	Does she prefer working on her own or does she prefer working with others? (A) Yes, she likes working on her own very much. **(B) I think she likes working with others better.** (C) No, I don't think she is a team player.	彼女は1人で働く方が好きですか，それとも他の人々と一緒に働く方が好きですか？ (A) ええ，彼女は1人で働くのがとても好きです。 **(B) 彼女は他の人たちと働く方が好きなんだと思いますよ。** (C) いいえ，彼女がチームプレーヤーだとは私は思いません。
19. CD2-38	Doesn't she know her presentation will be evaluated by her supervisor? (A) Yes, she doesn't know it. (B) No, James told her about it yesterday. **(C) Yes, she does.**	彼女はプレゼンテーションが上司によって評価されることを知らないのですか？ (A) はい（知っています），彼女はそのことを知らないのです。 (B) いいえ（知りません），ジェイムズが昨日その件について彼女に話しました。 **(C) 知っていますよ。**
20. CD2-39	Dan isn't the one who deals with those French-speaking clients, is he? (A) Yes, it's not him. (B) Yes, he isn't the one who deals with them. **(C) No, he deals with Spanish-speaking clients only.**	ダンはフランス語を話す顧客との取引担当者ではありませんよね？ (A) はい（担当者です），彼ではありません。 (B) はい（担当者です），彼は彼らとの取引担当者ではありません。 **(C) 担当者ではありません。彼はスペイン語を話す顧客だけを担当しています。**

模試解説

解説

正解：(C)　14 疑問詞だけは何としても聞き取る！

質問の最初の疑問詞 When さえ聞き取れれば，'時期' を答えている (C) が正解であることがわかる。(A) は Because で始まっており '理由' を述べる応答になっているので不適切。(B) は '場所' を述べる応答になっているのでこれも不適切。

【語句】□ on earth = 一体　□ refuse ~ = ~を拒絶する，拒む　□ follow ~ = ~に従う　□ supervisor = 上司，管理者，監督者

正解：(B)　15 Yes/No で答えられる疑問文

(A) は he does と続くべきところが they are となっているので誤り。質問と応答の主語・動詞に注意しよう。(B) は Yes の後に fire him（彼を解雇する）という質問に合った内容が続いているので正しい。(C) は「よくするか」という質問の答えになっていないので誤り。

【語句】□ lead to ~ = 結局~となる，~をもたらす　□ serious = 深刻な，重大な　□ later on = 後で　□ fire ~ = ~を解雇する

正解：(B)　16 Yes/No では答えられない疑問文

複数のものから1つを選択することを求める疑問文に対しては Yes, No では応答しない。したがって (A), (C) は不適切。

【語句】□ prefer ~ = ~の方を好む　□ on one's own = 単独で　□ team player = チームプレーヤー，仲間と協調して働ける人

正解：(C)　17 否定疑問文に惑わされない！

否定疑問文の返答では Yes, No の使い方に注意。Yes には肯定の内容が，No には否定の内容が続く。(A) は Yes で「知っている」と肯定しているが，続く部分で「知らない」と否定しているので意味をなさない。(B) は No で「知らない」と否定しているが，「ジェイムズが話した」と続けているので，つじつまが合わない。

【語句】□ presentation = プレゼンテーション　□ evaluate ~ = ~を評価する

正解：(C)　18 付加疑問文に惑わされない！

「…ではないですよね？」に対する応答では，Yes を「はい，…ではありません」と解釈しないこと。Yes は「担当者です」という肯定の意味になるため，後にそれを否定する内容が続くのは誤り。よって (A), (B) は不適切。(C) では No, (he isn't)「担当者ではありません」と否定し，その後にはそれに合った内容が述べられているので，これが正解。

【語句】□ deal with ~ = ~を相手にする，取り扱う　□ client = 顧客，得意先

	スクリプト	訳
21.	Why not ask him a few questions after his presentation? (A) Because he isn't allowed to ask any questions after the presentation. (B) He won't ask any questions, will he? **(C) Maybe I should.**	彼のプレゼンテーションの後で，彼にいくつか質問してみたらどうですか？ (A) 彼はプレゼンテーションの後に質問することを許可されていないからです。 (B) 彼は質問したりしないですよね？ **(C) そうすべきかもしれません。**
22.	Could you please make two copies of each page and give them to Sandy? **(A) Sure, I'll do it right away.** (B) Don't mention it. (C) Yes, you could.	各ページを2部ずつコピーしてサンディに渡していただけますか？ **(A) はい，すぐにやります。** (B) どういたしまして。 (C) ええ，あなたならできます。
23.	Did he finally turn in his letter of resignation? (A) I didn't recognize you. (B) Yes, his true talent resides in his language abilities. **(C) I don't think he did.**	彼はついに辞表を提出したのですか？ (A) あなただとわかりませんでした。 (B) ええ，彼の真の才能は彼の言語能力にあるのです。 **(C) 彼は提出しなかったと思います。**
24.	How did Mr. Martin know that John was out of town to attend the conference? **(A) John called him from LA.** (B) Yes, Mr. Martin knew in advance that he'd be out of town. (C) He found that out a long time ago.	マーティン氏はジョンが会議出席のために出張していることをどのようにして知ったのですか？ **(A) ジョンがロサンジェルスから彼に電話をかけたのです。** (B) そうです，マーティン氏は彼が出張に行くことをあらかじめ知っていました。 (C) 彼はずっと前にそのことを知りました。
25.	Did you know Tiffany had left Lancaster without canceling her meeting with Ms. Barugh? (A) Yes, she will be obliged to do so. **(B) Oh, I didn't know that.** (C) I know she does but she will apologize later.	ティファニーがバルーさんとの打ち合わせをキャンセルせずにランカスターを去ったのをご存知でしたか？ (A) ええ，彼女はそうせざるを得なくなるでしょうね。 **(B) ああ，それは知りませんでした。** (C) 彼女がそうするのは知っていますが，彼女は後で謝罪するでしょう。

解説

正解：(C)　19　勧誘・提案の表現に対する応答に馴染む！
Why not ...? は「…してみたらどうですか？」という意味で，相手に何かを提案する表現。提案に対する応答として適切なのは (C)。なお，Why で始まる質問に対しては Because で始まる応答を選べばよいと思い込んでいると，(A) を選んでしまうので気をつけよう。

【語句】□ Why not ...? =…してみたらどうですか？　□ allow ~ = ~を許す，許可する

正解：(A)　20　依頼に対する応答に馴染む！
Could you ...? は丁寧な依頼を表す。承諾の返答は Sure. や No problem. などが一般的である。(B) はお礼やお詫びを言われた時の返答で，「どういたしまして，気にしないで」の意味なので，ここでは不適切。(C) は質問の Could you に対して I could と答えるべきところを you を使っているので不可。

【語句】□ make a copy = コピーをとる　□ right away = すぐに

正解：(C)　21　似た発音の単語に注意！
質問にある letter of resignation は「辞表」の意味。resignation は resign（辞職する）という動詞の名詞形だが，(A) の recognize や (B) にある reside と発音が少し似ているので混同しないこと。

【語句】□ turn in ~ = ~を提出する　□ letter of resignation = 辞表　□ recognize ~ = ~を識別する，~だとわかる　□ reside in ~ = ~にある，存在している

正解：(A)　14　疑問詞だけは何としても聞き取る！
質問の How は「いかに，どのように」の意味で，'方法' を問うものなので，正解は (A)。(B) は Yes で受けるのが不適切であることに加えて，'方法' を答える内容にもなっていない。(C) は When に対する応答になっているので不可。なお，How で始まる疑問文は How の直後に続く語によって聞かれる内容が異なるので注意しよう。（例：How many で始まるものは '数'，How often で始まるものは '頻度'，How come で始まるものは '理由' を問う）。

【語句】□ be out of town = 留守にしている，出張に出かけている　□ conference = 会議　□ in advance = あらかじめ，前もって　□ find out ~ = ~を知る

正解：(B)　10　質問と応答の時制の統一を確認する！
質問は Did で始まる過去形の疑問文で，「ランカスターを去った」の部分が過去完了形になっていることがポイント。(A) は未来形になっており時制が一致していない。(B) は Did you know ...?（過去）という質問に対して I didn't know ...（過去）と応答しているので正しい。(C) は I know she does ...（現在）と答えているので不可。

【語句】□ be obliged to ... = やむなく…する，…せざるを得ない　□ apologize = 謝る

	スクリプト	訳
26.	Was he sorry that he failed to meet the deadline to submit the report? (A) Yes, he truly does. (B) Yes, he is trying hard to meet the deadline somehow. **(C) Yes, he was apologetic for the delay.**	彼はレポートの提出期限を守れなかったことを悪いと思っていたの？ (A) ええ、彼は本当にそうします。 (B) ええ、彼は何とかして締め切りに間に合うよう頑張っているところです。 **(C) ええ、彼は遅れたことについて申し訳なさそうでした。**
27.	Was Rob allowed to take a vacation while Sandra was away on business? (A) Of course they were. (B) No, they were not allowed to take a vacation during the summer. **(C) He was.**	ロブはサンドラが出張で留守の間に休暇をとることを許可されたのですか？ (A) もちろん彼らは許可されました。 (B) いいえ、彼らは夏の間に休暇をとることは許可されませんでした。 **(C) 許可されました。**
28.	Is he still hoping to get permission to attend the trade show in Boston? **(A) I think he is.** (B) Yes, he attended the show in Boston with April. (C) No, he wasn't asking you to attend the show with him.	彼はまだボストンのトレードショーに参加する許可をとりたいと思っているのですか？ **(A) そうだと思います。** (B) ええ、彼はエイプリルと一緒にボストンでそのトレードショーに参加しました。 (C) いいえ、彼はあなたに一緒にトレードショーに参加するよう頼んではいませんでしたよ。
29.	Were they really sued for infringement of contract? (A) Yes, they will sue him immediately. **(B) Yes, that's what they told me.** (C) No, they will not contact him.	彼らは本当に契約違反で訴えられたのですか？ (A) ええ、彼らは彼をすぐに訴えるでしょう。 **(B) ええ、彼らからはそう聞いています。** (C) いいえ、彼らは彼には連絡しないでしょう。
30.	Are you going to book your flight today or are you going to wait till you hear back from him? **(A) I will wait for him to call me back.** (B) Yes, I am. (C) No, I can't make up my mind now.	あなたは今日飛行機の予約をするのですか、それとも彼から折り返し連絡があるまで待つつもりですか？ **(A) 彼から折り返し電話があるのを待ちます。** (B) ええ、そうします。 (C) いいえ、今は決められません。

解説

正解：(C)　09 同じ意味なのに違う表現に置き換えられるパターンに注意！
(C) では，質問の sorry の代わりに apologetic が用いられ，failed to meet the deadline も一言で delay と表現されており，応答として適切である。(A) は Was he ...? と問われているにもかかわらず he truly does と答えているので，時制も動詞も合っていない。(B) は現在進行形になっており，まだ締め切りがきていない状況での応答になるので不可。

【語句】☐ fail to ... = …しそこなう，…できない，…しない　☐ deadline = 締め切り　☐ submit ～ = ～を提出する　☐ truly = 本当に　☐ apologetic = 謝罪の（意を表した），申し訳なさそうな　☐ delay = 遅れ

正解：(C)　11 質問と応答の主語の統一を確認する！
質問の主語が Rob（単数）であることがポイント。(A) も (B) も主語が they（複数）なので不適切。(C) は (Yes,) he was (allowed to take a vacation while Sandra was away on business). という文でこれが正解。

【語句】☐ take a vacation = 休暇をとる　☐ on business = 商用で，仕事で

正解：(A)　12 Yes/No で答えられる疑問文なのに，あえてそれ以外で答えるパターンに馴染む！
be 動詞で始まる疑問文に常に Yes/No で答えるとは限らない。(A) は (Yes,) I think he is (still hoping to get permission to attend the trade show in Boston). の略であり，適切な応答になっている。(B) は過去の内容になっており，現在形である質問と時制が合わない。(C) は時制も内容も質問に合っていない。

【語句】☐ permission = 許可　☐ trade show = トレードショー，見本市

正解：(B)　13 質問に登場する難易度の高い語に惑わされない！
sue（訴える）や infringement（違反）といった難しい語彙が登場するが，焦る必要はない。まず (A) は，過去形の質問に対して未来形で答えていること，they が「訴えられる側」ではなく「訴える側」になっていることから不適切と判断できる。(C) は質問の内容とは無関係の contact（連絡する）という動詞が使用されているので不可。

【語句】☐ sue ～ for ... = ～を…で訴える　☐ infringement = 違反，侵害行為　☐ contract = 契約

正解：(A)　16 Yes/No では答えられない疑問文
選択を求める or を使った疑問文の場合，通常は Yes/No では返答しない。したがって (B) と (C) は不可。(A) は「彼から折り返し連絡があるまで待つ」という内容を選択した応答になっており適切。

【語句】☐ book ～ = ～を予約する　☐ flight = （飛行機の）便　☐ make up one's mind = 決心する

	スクリプト	訳
31. CD2-50	Aren't they planning to acquire HDX International in Germany? (A) Yes, they decided it was not worth all the risks. (B) Yes, they decided they couldn't afford to do so. **(C) No, they aren't.**	彼らはドイツのHDXインターナショナル社を買収するつもりではないのですか？ (A) はい（そのつもりです），彼らはそれにはリスクに見合うだけの価値はないと判断したのです。 (B) はい（そのつもりです），彼らはそうする金銭的ゆとりはないと判断したのです。 **(C) そのつもりはありません。**
32. CD2-51	What do you say to joining us at the company Christmas party on December 24? (A) I say nothing negative about it. **(B) Oh, I'd love to join you.** (C) I'm sure you'll really enjoy the party.	12月24日の会社のクリスマス・パーティーに我々とご一緒しませんか？ (A) それについて否定的なことは何も言いません。 **(B) ああ，ぜひご一緒したいです。** (C) きっとあなたはそのパーティーをとても楽しまれるでしょうね。
33. CD2-52	Could you please read this paper and tell me what you think before you go home? **(A) No problem.** (B) Yes, I will ask him to do it for you before I go home. (C) No, I didn't have enough time to read it for you.	お帰りになる前にこの文書を読んでどう思うか教えていただけませんか？ **(A) かまいませんとも。** (B) はい，私が帰る前に彼にそうするようあなたの代わりにお願いしてあげましょう。 (C) いいえ，私はそれをあなたのために読んであげる時間が十分になかったのです。
34. CD2-53	Ned Simpson isn't the one to replace Timothy after he retires, is he? (A) Yes, he isn't the one. (B) Yes, he will ask Mary Ruthven to replace him. **(C) No, he isn't the one.**	ティモシーが退職した後，彼の後任になるのはネッド・シンプソンではありませんよね？ (A) はい（シンプソンです），彼ではありません。 (B) はい（シンプソンです），彼はメアリー・ルースヴェンに彼の後任になるよう依頼するでしょう。 **(C) 彼ではありません。**
35. CD2-54	Do you know what made Elizabeth so angry at Kenneth at the meeting? (A) I don't know why he was so ugly. **(B) I have absolutely no idea.** (C) I'm sure she will agree with him.	会議の場でどうしてエリザベスがそんなにケネスに腹を立てたのかご存知ですか？ (A) 彼がなぜそんなに見苦しかったか私にはわかりません。 **(B) まったく見当もつきません。** (C) きっと彼女は彼に賛成すると思いますよ。

模試解説

解説

正解：(C)　17 否定疑問文に惑わされない！
Aren't they ...? と聞かれても Are they ...? と聞かれたときと同じように Yes/No を使えばよい。(A)，(B) は Yes（買収するつもりです）と返答しながら，続く部分が買収を否定する内容になっているので不適切。(A) も (B) も Yes を No にすれば正しい文になる。(C) は No, they aren't (planning to acquire the company). という文であり，応答として正しい。

【語句】☐ acquire 〜 ＝ 〜を買収する　☐ worth 〜 ＝ 〜の価値がある　☐ afford to ... ＝ …する（金銭的・時間的）余裕がある

正解：(B)　19 勧誘・提案の表現に対する応答に馴染む！
What do you say to ...ing? は「…するのはいかがですか？」という提案の表現。「君は何と言うか？」という意味の疑問文ではないので注意。(B) が誘いを受ける応答として適切。なお，断る場合は I'd love to join you but I have another appointment.（ぜひご一緒したいのですが，他に約束がありますので）や I don't think my schedule will allow me to.（スケジュールがいっぱいで無理だと思います）などの表現を使うことができる。

【語句】☐ What do you say to ...ing? ＝ …するのはいかがですか？　☐ negative ＝ 否定的な

正解：(A)　20 依頼に対する応答に馴染む！
Could you ...? は丁寧な依頼の表現。(A) の No problem. は承諾の応答としてよく使われる。(B) は Yes（いいですよ）と引き受けておきながら，続く部分で他の人に頼むと言っているので不自然。(C) は過去形で答えている点が不適切。なお，Could you ...? は can の過去形を使っていても，時制は現在の丁寧表現である。

正解：(C)　18 付加疑問文に惑わされない！
付加疑問文に対する Yes/No の使い方がポイント。「後任になるのはネッド・シンプソンか？」と聞かれた時と同じように答えればよい。シンプソンであるなら Yes，シンプソンではないなら No と答える。(A) は Yes（＝シンプソンが後任になります）と答えながらも，それに続く部分では否定しているので不適切。(B) も同様に，Yes ではなく，No, he will ask ... と答えるべき。(C) のみ No とそれ以降の内容に整合性がある。

【語句】☐ replace 〜 ＝ 〜に取って代わる，〜の後任となる　☐ retire ＝ 退職する

正解：(B)　21 似た発音の単語に注意！
質問にある angry と (A) の ugly や (C) の agree の発音が似ているので，誤って選ばないように注意する。(B) は I have no idea.（わからない）に absolutely という語がついて意味がより強調されている文で，「知っていますか」の応答として適切である。

【語句】☐ ugly ＝ 見苦しい，醜い　☐ absolutely ＝ まったく

スクリプト	訳
36. How come the trade unions called off the strike all of a sudden on Monday morning? **(A) Because they came up with a better idea after the discussion.** (B) They talked for a long time. (C) They all came by bus on Monday morning.	労働組合はどうして月曜日の朝に突然ストライキを中止したのですか？ **(A) 討議後にもっと良い案を思いついたからです。** (B) 彼らは長時間話し合いました。 (C) 彼らはみな月曜日の朝にバスでやって来ました。
37. Do you think it'll be possible to carry out the complicated plan that Paul came up with? (A) Yes, it's way too complicated. **(B) No, I don't.** (C) No, he didn't come up with the plan.	ポールが思いついたその複雑なプランを実行することは可能だと思いますか？ (A) はい，それはあまりにも複雑すぎます。 **(B) いいえ，可能とは思いません。** (C) いいえ，彼はそのプランを思いつきませんでした。
38. Joanne Gomez decided to report the accident to her employer, didn't she? (A) Yes, she didn't do so after all. **(B) No, she decided to keep it to herself.** (C) No, she spoke to her employer.	ジョアン・ゴメスは雇用主に事故について報告することに決めたのですよね？ (A) はい（決めました），彼女は結局そうしませんでした。 **(B) 決めませんでした。彼女はそのことを自分の胸にしまっておくことにしました。** (C) いいえ（決めませんでした），彼女は雇用主に話しました。
39. He wasn't the only one who agreed to the idea of promoting acquisitions at the meeting, was he? (A) Believe it or not, he is. **(B) Oh, yes, he was the only one who supported the idea.** (C) No, he isn't.	その会議の場で買収を促進するアイディアに同意したのは彼だけではなかったんですよね？ (A) 信じられないかもしれませんが，彼はそうです。 **(B) いや，そのアイディアを支持したのは彼だけでした。** (C) 彼だけではありません。
40. Won't Mr. Harris interview the incumbent board members in Washington DC? **(A) He won't unless Ms. Potter officially asks him to do so.** (B) He will be interviewed by the incumbent board members. (C) No, they won't.	ハリス氏はワシントンDCで現職の役員たちの面接をしないのですか？ **(A) ポッターさんが正式に彼にそうするよう依頼しない限りはしないでしょう。** (B) 彼は現職の役員らに面接されるでしょう。 (C) いいえ，彼らはしません。

模試解説

解説

正解：(A) 14 疑問詞だけは何としても聞き取る！

How come で始まる疑問文は「理由」を問うものなので、Because で始まり理由の説明になっている (A) が最も適切な応答である。なお、How で始まる疑問文は、How many ...?, How long ...?, How often ...? などバリエーションが多いので、How のあとの語も聞き逃さないこと。

【語句】 □ trade union ＝労働組合　□ call off ～＝～を中止する　□ strike ＝ストライキ　□ all of a sudden ＝突然　□ come up with ～＝～を思いつく　□ discussion ＝話し合い、討論

正解：(B) 15 Yes/No で答えられる疑問文

(A) は Yes（可能だと思います）と言っているにもかかわらず、続く部分では「あまりにも複雑すぎる」と述べており、つじつまが合わない。(B) は No, I don't (think it'll be possible). という文なので、適切な応答である。(C) は No に続く部分が質問と関係のない内容になっているので不可。

【語句】 □ carry out ～＝～を実行する　□ complicated ＝複雑な　□ way ＝非常に

正解：(B) 18 付加疑問文に惑わされない！

質問の didn't にとらわれず、Did she decide to report ...? と問われたつもりで答えればよい。(A) は Yes（報告することにした）と言いつつ、続く部分では「そうしなかった」と反対のことを言っているので不自然。(B) は No（報告しないことにした）と答え、それに続けて「自分の胸にしまっておくことにした」という No に沿った内容を述べているので適切。(C) は No（報告しないことにした）に続けて「話をした」と言っているので、意味をなさない。

【語句】 □ report ～＝～を報告する　□ employer ＝雇用主

正解：(B) 10 質問と応答の時制の統一を確認する！

問題文は過去形。(A) ではこれに対し he is と現在形で応答しているので不適切。(C) も he isn't と現在形で応答しているので不可。(A), (C) ともに過去形ならば正しい応答になる。

【語句】 □ agree to ～＝～に同意する　□ promote ～＝～を促進する　□ acquisition ＝買収　□ believe it or not ＝信じられないかもしれませんが、まさかと思うでしょうが　□ support ～＝～を支持する、応援する

正解：(A) 13 質問に登場する難易度の高い語に惑わされない！

(A) は He won't (interview the incumbent board members in Washington DC) unless ... という文であり、正しい応答。(B) では he (＝ Mr. Harris) が面接する側ではなく面接を受ける側になり、質問と合わない。(C) は Mr. Harris（単数）を they（複数）で受けているため不適切。incumbent や board members のような難しい語彙が登場しても、主語の統一、時制の一致の確認だけで正解がわかることもある。

【語句】 □ interview ～＝～と面接する　□ incumbent ＝現職の　□ board member ＝役員　□ officially ＝正式に

PART 3 CD2-61

スクリプト

F: Bob came up with the idea of acquiring Yokota Products and I think it's a brilliant idea that could bring us tremendous profits within a relatively short span of time. He does have a good head for business, doesn't he?

M: I'm not so sure, Sarah. Their popular products will soon be replaced by computerized machines and considering their financial circumstances, I believe that acquiring the company would bring us more debts than profits.

F: I think Bob knows taking risks is a valuable and necessary part of being successful in the business world.

設問	設問訳

41. What does the woman think about Bob?
(A) He knows a lot about the business world.
(B) His ideas are not too realistic.
(C) He should investigate Yokota Products thoroughly.
(D) He is not as talented as the man thinks.

42. What does the man think about Bob's idea?
(A) It will bring them huge profits.
(B) It will probably end up in failure.
(C) It should be carried out immediately.
(D) It is worth the risks.

43. How does the woman feel about taking risks in the business world?
(A) It is not always necessary.
(B) It is less valuable than the man thinks.
(C) It cannot be avoided.
(D) It should be avoided.

41. 女性はボブについてどう思っていますか?
(A) ビジネスの世界をよく知っている。
(B) 彼のアイディアはあまり現実的ではない。
(C) 彼はヨコタ・プロダクツ社を徹底的に調査すべきだ。
(D) 彼は男性が思うほどの才能はない。

42. 男性はボブのアイディアについてどう考えていますか?
(A) 莫大な利益をもたらすだろう。
(B) おそらく失敗に終わるだろう。
(C) すぐに実行されるべき。
(D) リスクをおかす価値がある。

43. 女性はビジネスの世界でリスクをおかすことについてどう感じていますか?
(A) いつも必要というわけではない。
(B) 男性が思うほど価値のあることではない。
(C) 不可避である。
(D) 避けられるべき。

模試解説

訳

F: ボブがヨコタ・プロダクツ社の買収案を思いついたのです。比較的短期間の間に我々に莫大な利益をもたらしうる素晴らしいアイディアだと思います。彼には本当にビジネスの才能がありますよね？

M: サラ，それほど僕には確信が持てません。彼らの人気商品はじきにコンピュータ化された機械に取って代わられるでしょうし，彼らの財務状況を考慮すると，その会社を買収することで我々には利益以上に負債がもたらされると思います。

F: リスクをおかすことはビジネスの世界で成功するには重要で不可欠な要素なのだと，ボブにはわかっているのだと私は思います。

解説　23　第三者に関する話者の意見を推測する！

41. 正解：(A)
He does have a good head for business, doesn't he?（彼には本当にビジネスの才能がありますよね？）や I think Bob knows taking risks is a valuable and necessary part of being successful in the business world.（リスクをおかすことはビジネスの世界で成功するには重要で不可欠なことなのだとボブにはわかっているのだと思います）というセリフから，女性はボブがビジネスの世界をよく理解していると考えていると解釈することができる。

42. 正解：(B)
He does have a good head for business, doesn't he?（彼には本当にビジネスの才能がありますよね？）と言う女性に対し，男性は I'm not so sure（それほど僕には確信が持てません）という否定的な見解を示し，製品の陳腐化と財務状況を理由に挙げている。男性はこのアイディアを実行に移せば失敗に終わるだろうと示唆していることがわかる。

43. 正解：(C)
I think Bob knows taking risks is a valuable and necessary part of being successful in the business world.（リスクをおかすことはビジネスの世界で成功するには重要で不可欠な要素なのだとボブにはわかっているのだと思います）というセリフがヒントになっている。

【語句】 □ come up with ~ = ~を思いつく　□ acquire ~ = ~を買収する　□ brilliant = 素晴らしい　□ tremendous = 巨大な，とてつもない　□ profit = 利益　□ relatively = 比較的　□ span = 期間　□ product = 商品，製品　□ replace ~ = ~に取って代わる　□ computerized = コンピュータ化された　□ financial circumstances = 財政状況，財務状況　□ debt = 負債　□ valuable = 貴重な　□ realistic = 現実的な　□ investigate ~ = ~を調査する　□ thoroughly = 徹底的に　□ talented = 才能のある　□ end up in ~ = 最終的に~になる，~に終わる　□ failure = 失敗　□ carry out ~ = ~を実行する　□ worth ~ = ~の価値がある

スクリプト

M: Last year they sold roughly three times as many computers as we did. We need to do something to compete for customers during the Christmas season.
F: You're right. Maybe we should reduce the prices by at least 20% to steal the spotlight from them.
M: That sort of tactic doesn't always work because some customers assume cheap computers are of poor quality.
F: It doesn't necessarily mean that the majority of the customers are willing to buy computers at full price.

設問

44. What does the woman think will work?
(A) Selling computers at full price
(B) Selling computers during the Christmas season
(C) Lowering the prices of their computers
(D) Raising the prices of their computers

45. How does the man feel about the woman's idea?
(A) It is not a type of tactic that works without fail.
(B) It is worth a shot.
(C) It is outrageous.
(D) It is pathetic.

46. How does the woman feel about the man's opinion on her suggestion?
(A) It may or may not be wrong.
(B) It is probably right.
(C) It lacks creativity.
(D) It is not realistic at all.

設問訳

44. 女性は何であればうまく行くと思っていますか？
(A) 定価でコンピュータを販売すること
(B) クリスマス・シーズンにコンピュータを販売すること
(C) コンピュータの価格を下げること
(D) コンピュータの価格を上げること

45. 男性は女性のアイディアについてどう感じていますか？
(A) 確実にうまくいく種類の作戦ではない。
(B) やってみる価値がある。
(C) 常軌を逸している。
(D) 取るに足らない。

46. 女性は自分の提案に対する男性の意見についてどう感じていますか？
(A) 間違っているかもしれないし，間違っていないかもしれない。
(B) おそらく正しい。
(C) 創造性に欠けている。
(D) まったく現実的ではない。

模試解説

訳

M: 去年彼らはおおよそ我々の3倍の台数のコンピュータを売り上げました。クリスマス・シーズンに顧客獲得を競っていくには何かする必要があります。

F: その通りです。我々としては顧客の目を我々に向けるために，価格を少なくとも20パーセント下げるべきかもしれません。

M: そのような作戦がいつもうまく行くとは限りません。なぜなら顧客によっては安価なコンピュータは質が低いと推測するからです。

F: だからと言って必ずしも顧客の大多数がコンピュータを定価で購入するのを厭わないという意味にはなりませんよ。

解説　24 話者の心情を理解する！

44. 正解：(C)

Maybe we should reduce the prices by at least 20% to steal the spotlight from them.（我々としては顧客の目を我々に向けるために，価格を少なくとも20パーセント下げるべきかもしれない）とある。選択肢では reduce（減少させる）の代わりに lower（下げる）という動詞が使われている。

45. 正解：(A)

That sort of tactic doesn't always work（そのような作戦がいつもうまく行くとは限らない）というセリフから，男性は女性のアイディアを全否定するつもりはないものの，やや否定的に受け止めていることがわかる。

46. 正解：(A)

It doesn't necessarily mean that the majority of the customers are willing to buy computers at full price.（だからと言って必ずしも顧客の大多数がコンピュータを定価で購入するのを厭わないという意味にはならない）というセリフから，女性は男性の意見におおむね否定的ではあるものの，全否定してはねつける意見を投じているわけでもないことがわかる。

【語句】 □ roughly ＝ 概略で，おおよそ　□ compete for 〜 ＝ 〜獲得のために争う　□ customer ＝ 顧客　□ reduce 〜 ＝ 〜を減少させる　□ steal the spotlight from 〜 ＝ 〜から自分の方に目を向けさせる　□ tactic ＝ 作戦，戦法　□ assume 〜 ＝ 〜と推測する，想定する　□ of poor quality ＝ 粗悪な　□ not necessarily ＝ 必ずしも〜でない　□ majority ＝ 大多数　□ be willing to ... ＝ …するのを厭わない　□ at full price ＝ 定価で，割引きなしで　□ lower 〜 ＝ 〜を下げる　□ raise 〜 ＝ 〜を引き上げる　□ without fail ＝ 必ず，確実に　□ outrageous ＝ 常軌を逸した，突飛な　□ pathetic ＝ 救いようのない，取るに足らない，哀れな　□ suggestion ＝ 提案　□ creativity ＝ 創造性　□ realistic ＝ 現実的な

スクリプト

M: Did you know Kimberly was finally issued a written warning yesterday?

F: Yes! I was really surprised, as I never thought Simon would take us seriously.

M: Yeah. Now that Simon knows how serious the situation is, I think it won't be long before he comes up with the idea of hiring someone else.

F: I think so, too. Kimberly will have to work really hard and make a serious effort to recover his confidence if she wants to stay.

設問	設問訳
47. How do the speakers feel about Kimberly's performance at work? **(A) Pretty lousy** (B) Excellent (C) Not bad (D) Average	**47.** 話者たちはキンバリーの仕事ぶりについてどう感じていますか？ **(A) かなりひどい** (B) 素晴らしい (C) 悪くはない (D) 普通
48. What did the speakers probably do? (A) Issued a written warning to Simon (B) Ignored the serious situation (C) Made every effort to help Kimberly improve her performance **(D) Talked to Simon about how poor Kimberly's performance is at work**	**48.** 話者たちはおそらく何をしたのですか？ (A) サイモンに文書による厳重注意を出した (B) 重大な状況を無視した (C) キンバリーが仕事ぶりを改善できるよう，あらゆる努力をした **(D) サイモンに，いかにキンバリーの仕事ぶりが悪いかについて話をした**
49. What do the speakers think Simon will probably do? (A) Dismiss both of the speakers (B) Listen to the speakers more often from now on (C) Make serious efforts to understand the situation better **(D) Fire Kimberly**	**49.** 話者たちは，おそらくサイモンが何をすると考えていますか？ (A) 話者を二人とも解雇する (B) 今後は話者たちの話にもっと頻繁に耳を傾ける (C) 状況をより理解するよう真剣に努力する **(D) キンバリーを解雇する**

模試解説

> **訳**
>
> M: キンバリーがついに昨日文書による厳重注意を出されたのを知っていた？
> F: ええ！ 本当に驚いたわ。サイモンが私たちの話を真剣に受け止めてくれるとは思ってもいなかったから。
> M: ああ。もうサイモンにはいかに状況が深刻かわかっているから，彼が他の誰かを雇うことを思いつくのもそう遠くはないと思うね。
> F: 私もそう思うわ。キンバリーはここにいたいのであれば，本当に一生懸命働いて信用を回復するために真剣に努力しなくてはならないでしょうね。

解説 25 会話では直接触れられていないことを想像する！

47. 正解：(A)
Did you know Kimberly was finally issued a written warning yesterday?（キンバリーがついに昨日文書による厳重注意を出されたのを知っていた？）と言う男性に対し，女性が I was really surprised, as I never thought Simon would take us seriously.（サイモンが私たちの話を真剣に受け止めてくれるとは思ってもいなかったので，本当に驚いた）と答えている。このやりとりから，話者たちのキンバリーに対する気持ちは直接的な表現では語られていないものの，不満を感じていたことが推測できる。（サイモンに訴えて，その結果サイモンが文書で警告したことが想像できる。）

48. 正解：(D)
47. で触れたように，二人はキンバリーの仕事ぶりについて不満を持っていたことがわかる。女性のセリフ Simon would take us seriously（サイモンが私たちの話を真剣に受け止めてくれた）の take us seriously から，二人がその不満についてサイモンに話をしたということが想像できる。よって，会話の流れから話者たちがしたことは (D) の可能性が最も高いと判断する。

49. 正解：(D)
I think it won't be long before he comes up with the idea of hiring someone else（彼が他の誰かを雇うことを思いつくのもそう遠くはないと思う）という男性のセリフがキーになっている。直接的に「キンバリーを解雇する」という表現は会話に登場していないが，「他の誰かを雇う」という表現からキンバリーが解雇されるかもという話者の気持ちが想像できる。

【語句】 □ issue ～ = ～を出す □ written warning = 文書による厳重注意 □ take ～ seriously = ～を真剣に受け止める □ now that ... = 今や…なので □ effort = 努力 □ recover ～ = ～を回復する □ confidence = 信用 □ performance at work = 仕事ぶり，仕事の成果 □ lousy = お粗末な，ひどい □ average = 並みの，平均の □ ignore ～ = ～を無視する □ improve ～ = ～を向上させる □ dismiss ～ = ～を解雇する □ from now on = 今後は □ fire ～ = ～を解雇する

スクリプト

M: Angela, will you give Susan a tour of the building including the locations of fax machines, rest rooms, staff canteens, and conference rooms?
F: Sure, Joe. What time is she arriving?
M: She said she'd be here by ten past nine so she should be here any minute. Well, please give her this key to the building and explain the procedure for entering and exiting the building before you show her around the building.
F: Okay, I will. I'll see you in about an hour.

設問	設問訳
50. What will the woman do? (A) Show the office building to Joe (B) Investigate the company **(C) Take a new employee on a tour of the office building** (D) Purchase a key for Susan	**50.** 女性は何をするのですか？ (A) 社屋をジョーに見せる (B) その会社を調査する **(C) 新しい従業員に社屋を見せて回る** (D) スーザンのために鍵を購入する
51. What time is Susan arriving? (A) At about 1:00 (B) At about 9:00 **(C) At about 9:10** (D) At about 10:00	**51.** スーザンは何時に到着しますか？ (A) 1 時頃 (B) 9 時頃 **(C) 9 時 10 分頃** (D) 10 時頃
52. Which of the following is NOT mentioned as a place to visit during the tour? (A) Lavatories (B) Canteens (C) Conference rooms **(D) Printing room**	**52.** 社内の見学の間に訪れる場所として言及されていないのは次のうちどれですか？ (A) トイレ (B) 食堂 (C) 会議室 **(D) 印刷室**

訳

M: アンジェラ，スーザンにファックスやトイレ，社員食堂，会議室の位置を含めたビルの案内をしてあげてくれませんか？
F: いいですよ，ジョー。彼女は何時に到着するのですか？
M: 9時10分までにはここに来ると言っていましたから，今すぐに来てもおかしくありませんね。ええっと，建物の案内の前にこのビルの鍵を彼女に渡して，ビルの出入りの手順を説明してあげてください。
F: わかりました，そうします。じゃあ1時間後くらいにまた。

解説　29 日時，場所，実行すべき事柄をすべて聞き取る！

50. 正解：(C)
男性の最初のセリフに will you give Susan a tour of the building including the locations of fax machines, rest rooms, staff canteens, and conference rooms?（スーザンにファックスやトイレ，社員食堂，会議室の位置を含めたビルの案内をしてあげてくれませんか？）とあり，それに対して女性は Sure と答えているので，社内の案内をするとわかる。また男性は建物に出入りする鍵をあげてほしいとも頼んでいるので，案内を受けるスーザンという人物は新しい従業員であると推測できる。

51. 正解：(C)
男性の2つ目のセリフに She said she'd be here by ten past nine（9時10分までには来ると言っていた）とある。ten past nine は「9時10分過ぎ」＝「9時10分」ということ。

52. 正解：(D)
男性の最初のセリフに will you give Susan a tour of the building including the locations of fax machines, rest rooms, staff canteens, and conference rooms?（スーザンにファックスやトイレ，社員食堂，会議室の位置を含めたビルの案内をしてあげてくれませんか？）とある。選択肢では会話に登場する rest rooms が lavatories となっているが，ともに「トイレ」の意味である。述べられていないのは (D) の「印刷室」のみ。

【語句】 □ location＝位置　□ rest room＝トイレ，手洗い所　□ staff canteen＝社員食堂　□ conference room＝会議室　□ any minute＝今すぐにでも　□ procedure＝手順　□ enter ~ ＝ ~に入る　□ exit ~ ＝ ~から退出する　□ show ~ around ... ＝ ~に…（場所）の案内をする　□ investigate ~ ＝ ~を調査する　□ employee＝従業員　□ purchase ~ ＝ ~を購入する　□ mention ~ ＝ ~に言及する　□ lavatory＝トイレ，手洗い所　□ printing room＝印刷室

スクリプト

M: I was charged an incorrect price and would like a refund for the overcharge. Here's the receipt of the payment transaction.

F: Let me take a look at it. Oh, I think we accidentally charged you both the price of the ticket and a cancellation fee by mistake. The correct price was only 350 dollars.

M: It's unbelievable you made a mistake like this.

F: I'm sorry. We will send the refund to your bank account and give you a 150 dollar travel coupon as a token of our apology. Please accept it.

設問	設問訳
53. What did the woman take a look at? (A) A complaint letter **(B) A receipt** (C) A pay check (D) A price tag	**53.** 女性は何を見たのですか？ (A) 苦情の手紙 **(B) レシート** (C) 給与小切手 (D) 値札
54. What did the man think was unbelievable? (A) That he was only charged 350 dollars. (B) That the woman failed to send him a receipt. **(C) That they overcharged him.** (D) That he made an unthinkable mistake.	**54.** 男性は何が信じられないと思ったのですか？ (A) 自分が350ドルしか請求されなかったこと。 (B) 女性が彼にレシートを送り損ねたこと。 **(C) 彼らが自分に過剰請求をしてきたこと。** (D) 自分が考えられないような失敗をおかしたこと。
55. What does the woman want the man to accept? (A) An apology (B) A correct receipt (C) Some cash **(D) A travel coupon**	**55.** 女性が男性に受け入れてほしいと思っているのは何ですか？ (A) 謝罪 (B) 正しいレシート (C) いくらかの現金 **(D) 旅行割引券**

模試解説

訳

M: 間違った価格を請求されたので，過剰請求分の返金をお願いしたいのですが。これが支払取引のレシートです。

F: ちょっとお見せください。ああ，間違ってチケット料金とキャンセル料の両方を請求してしまったようです。正しい値段は 350 ドルのみでした。

M: このようなミスをするなんて信じられませんね。

F: 申し訳ありません。払い戻し分はお客様の銀行口座にお送りいたしますし，お詫びのしるしとして 150 ドル分の旅行割引券を差し上げます。どうかお受け取りください。

解説　31 代名詞の中身を勘違いしない！

53. 正解：(B)
男性の最初のセリフの Here's the receipt of the payment transaction.（これが支払取引のレシートです）に対し，女性が Let me take a look at it.（見せてください）と答えているので，it は receipt のことであるとわかる。

54. 正解：(C)
I think we accidentally charged you both the price of the ticket and a cancellation fee by mistake. The correct price was only 350 dollars.（間違ってチケット料金とキャンセル料の両方を請求してしまったようです。正しい値段は 350 ドルのみでした）という女性のセリフに対して，男性は It's unbelievable you made a mistake like this.（このようなミスをするなんて信じられない）と言っている。この this は女性のセリフの we accidentally ... cancellation fee の内容を指しており，女性側のミスは一言で言うと overcharged（過剰な請求をした）である。

55. 正解：(D)
女性の最後のセリフに We will send the refund to your bank account and give you a 150 dollar travel coupon as a token of our apology. Please accept it.（払い戻し分はお客様の銀行口座にお送りいたしますし，お詫びのしるしとして 150 ドル分の旅行割引券を差し上げます。どうかお受け取りください）とある。この it に該当するのが a 150 dollar travel coupon である。

【語句】□ charge ～ ... = ～に…を請求する　□ incorrect = 間違った，不正確な　□ refund = 払い戻し，返金　□ overcharge (～) = (～に) 過剰請求 (する)　□ receipt = 領収書，レシート　□ payment transaction = 支払取引　□ accidentally = うっかり，誤って　□ cancellation fee = キャンセル料　□ by mistake = 間違って　□ unbelievable = 信じられない　□ bank account = 銀行口座　□ token = しるし　□ apology = 謝罪　□ complaint = 苦情　□ pay check = 給与小切手　□ price tag = 値札　□ fail to ... = …しそこなう　□ unthinkable = 考えられない

スクリプト

M: Have John and Beth selected a site for the reception?
F: Not yet. They say they need to know first how many people will attend the reception so they can find a site big enough to accommodate everyone.
M: Once they find out the number of the guests coming to the reception, they will have to find a proper caterer, too, right?
F: Yes, they will do it after they find a proper site. They still have so much to do I wonder if they can arrange everything in time.

設問	設問訳
56. What are John and Beth going to do first? (A) Find a site for the reception (B) Choose a caterer **(C) Find out exactly how many people will attend the reception** (D) Find out if the site they chose is big enough	**56.** ジョンとベスはまず何をするつもりですか？ (A) 披露宴会場を選ぶつもりである (B) 仕出し屋を選ぶつもりである **(C) 披露宴に何人の人が出席するのか正確に知るつもりである** (D) 自分たちの選んだ会場が十分に大きいものか知るつもりである
57. What are John and Beth going to do after they find out how many people will attend the reception? **(A) Select a site** (B) Find accommodations for all the guests (C) Ask guests for their numbers (D) Ask their friends to come to the reception	**57.** ジョンとベスは何人の人が披露宴に来るかわかった後で何をするでしょうか？ **(A) 会場を選ぶ** (B) 招待客全員のために泊まるところを見つける (C) 招待客に電話番号を聞く (D) 友人たちに披露宴に来るようにお願いする
58. When will John and Beth decide on a caterer? (A) After they choose a site for the conference **(B) After they choose an appropriate site for the reception** (C) Before they find a site for the reception (D) Before they find out the number of people coming to the reception	**58.** ジョンとベスはいつ仕出し屋を決めるのですか？ (A) 会議の会場を選んだ後 **(B) 披露宴に適した会場を選んだ後** (C) 披露宴会場を見つける前 (D) 披露宴に来る人の数がわかる前

模試解説

訳

M: ジョンとベスは披露宴会場をもう選んだのですか？
F: まだです。すべての人を収容するのに十分な大きさの会場を見つけることができるよう，披露宴に何人が出席するのかまず知る必要があると言っているんです。
M: 披露宴に来る招待客の数がわかったら，適当な仕出し屋も見つけなくてはなりませんね？
F: ええ，適切な会場が見つかってからそうするでしょう。彼らはまだまだすることがたくさんあるので，間に合うようにすべて手配できるのかしらと思います。

解説　32 スケジュールに関する内容は順を追って理解する！

56. 正解：(C)
女性の最初のセリフに They say they need to know first how many people will attend the reception so they can find a site big enough to accommodate everyone. （すべての人を収容するのに十分な大きさの会場を見つけることができるよう，何人が披露宴に出席するのかまず知る必要があると言っている）とあるので，まず彼らがすることは「出席者の人数確認」であることがわかる。

57. 正解：(A)
女性の1つ目のセリフから，最初に人数確認をすること，2つ目のセリフからは会場を見つけてから仕出し屋を選ぶことがわかる。ジョンとベスがすることの順番は (1) 出席者の人数確認，(2) 会場選び，(3) 仕出し屋選び　とわかる。

58. 正解：(B)
Once they find out the number of the guests coming to the reception, they will have to find a proper caterer, too, right?（披露宴に来る招待客の数がわかったら，適当な仕出し屋も見つけなくてはなりませんね？）という男性の2つ目のセリフに対し，女性が Yes, they will do it after they find a proper site.（ええ，適切な会場が見つかってからそうするでしょう）と答えている。すなわち仕出し屋選びは披露宴会場を選んだ後であると判断できる。

【語句】□ select ～ = ～を選ぶ　□ site = 場所，会場　□ reception = 披露宴；歓迎会　□ accommodate ～ = ～を収容する，宿泊させる　□ proper = 適切な　□ caterer = 仕出し屋　□ arrange ～ = ～を準備する，手配する，用意する　□ in time = 間に合って　□ exactly = 正確に　□ decide on ～ = ～を決める　□ appropriate = 適切な

スクリプト

M: I wonder when I will be eligible for vacation.
F: Have you submitted the vacation request form to your supervisor?
M: No, I haven't. I did go to the main office to fill out the form but they haven't given it back to me yet. Pretty strange.
F: Oh, Bill, you are supposed to go and collect the form by yourself a week after submission. Once you submit it to your supervisor, your request becomes official.

設問	設問訳

59. What does the man have to do to get the form back from the main office?
(A) He has to fill out the vacation request form.
(B) He has to go to the main office again.
(C) He has to ask them to send it back to him immediately.
(D) He has to ask his supervisor for advice.

59. 男性は本社から用紙を自分の手元に戻すために何をしなければなりませんか？
(A) 休暇届用紙に記入しなければならない。
(B) 本社に再度行かなくてはならない。
(C) 彼らにすぐに送り返してもらうようお願いしなくてはならない。
(D) 上司にアドバイスを求めなくてはならない。

60. What has the man done so far?
(A) Filled out the vacation request form
(B) Submitted the vacation request form to his supervisor
(C) Collected the vacation request form he had filled out
(D) Made his request official

60. これまでのところ、男性は何をしましたか？
(A) 休暇届用紙に記入した
(B) 休暇届用紙を自分の上司に提出した
(C) 自分が記入した休暇届用紙を受け取った
(D) 自分の届けを正式なものにした

61. When will the man's vacation request become official?
(A) After he fills out the form properly
(B) After he fills out the form and takes it to the main office
(C) After he submits the filled-out form to his supervisor
(D) After he verbally asks for time off work

61. 男性の休暇届はいつ正式なものになりますか？
(A) 男性が用紙にきちんと記入した後
(B) 男性が用紙に記入して本社に持って行った後
(C) 男性が記入した用紙を自分の上司に提出した後
(D) 男性が口頭で休暇を要求した後

訳

M: いつ休暇が取れるんだろう。
F: 休暇届用紙は上司に提出したの？
M: いや，まだだよ。本社に届け出用紙の記入をしに行ったには行ったのだけど，まだ返してくれていないんだ。本当に変だな。
F: ああ，ビル，用紙は提出から1週間後に自分で受け取りに行くことになっているのよ。それを自分の上司に提出すれば，申請が正式なものになるの。

解説　33 話者の行動の内容，順番に注意する！

59. 正解：(B)
男性は2つ目のセリフで，用紙を本社で記入したのにまだ用紙が戻ってこないと言っている。それに対し女性が you are supposed to go and collect the form by yourself a week after submission（用紙は提出から1週間後に自分で受け取りに行くことになっている）と述べている。すなわち男性は再度本社に赴かねばならないというわけである。

60. 正解：(A)
Have you submitted the vacation request form to your supervisor?（休暇届用紙は上司に提出したの？）という女性の質問に対する男性の答えが No であり，続いて I did go to the main office to fill out the form but they haven't given it back to me yet.（本社に用紙の記入をしに行ったには行ったのだけど，まだ返してくれていない）というセリフもあるので，男性が唯一行なったのは本社における休暇届の記入のみであると推測できる。

61. 正解：(C)
最後に女性は Once you submit it to your supervisor, your request becomes official.（それを自分の上司に提出すれば，申請が正式なものになる）と述べている。このセリフに登場する it は休暇届用紙のことである。

【語句】□ eligible for ～ = ～に値する，ふさわしい，資格のある　□ submit ～ = ～を提出する　□ vacation request form = 休暇届　□ supervisor = 上司，管理者，監督者　□ main office = 本社；本店　□ fill out ～ = ～に記入する　□ be supposed to ... = …することになっている　□ collect ～ = ～を受け取る，回収する　□ by oneself = 自分で，自分だけで　□ submission = 提出　□ official = 公式の，正式な　□ so far = 今までのところ　□ properly = 適切に，ちゃんと　□ filled-out = 記入済みの　□ verbally = 口頭で　□ time off work = 休暇

スクリプト

F: Although Bob expressed interest in our idea of merging with Hudson & Hudson, I believe he still has doubts.
M: The same can be said for Mr. Anderson. He said the plan sounded feasible but specifically pointed out the lack of proof that Hudson & Hudson would be willing to accept our conditions.
F: Kate said the same thing. Well, John, I guess we have to have more meetings with the representatives from Hudson & Hudson and make sure that merging with them will bring us nothing but profits in the end.
M: I feel the same, Naomi.

設問	設問訳
62. How does Mr. Anderson feel about the idea of merger? (A) Interesting but not feasible at all (B) Not realistic at all (C) Very profitable and feasible **(D) Good but needs proof their conditions will be accepted**	**62.** アンダーソン氏は合併のアイディアについてどのように感じていますか？ (A) 興味深いがまったく実行可能ではない (B) まったく現実的なものではない (C) 非常に有益で実現可能なものである **(D) 良いが，自分たちの条件が受け入れられるという証拠が必要である**
63. Whom does Kate agree with? (A) Bob **(B) Mr. Anderson** (C) John (D) Mr. Hudson	**63.** ケイトは誰に同意していますか？ (A) ボブ **(B) アンダーソン氏** (C) ジョン (D) ハドソン氏
64. How does the man feel? (A) They should carry out the merger plan immediately. (B) They should persuade their bosses to agree with them. **(C) They should make sure their merger plan will be a success.** (D) They should give up the merger plan altogether.	**64.** 男性はどのように感じていますか？ (A) すぐに合併の計画を実行に移すべきである。 (B) 上司たちが自分たちに同意するよう説得すべきである。 **(C) 自分たちの合併計画がうまくいくものだと確かめるべきである。** (D) 自分たちは合併計画を完全にあきらめるべきである。

訳

F: ボブはハドソン＆ハドソン社と合併するという私たちのアイディアに興味は示しましたが，まだ疑念を拭いきれないようですね。
M: アンダーソンさんについても同じことが言えます。彼は，計画そのものは実行可能に聞こえると言いながら，ハドソン＆ハドソン社が我々の条件を受け入れる用意があるという証拠が欠けていると具体的に指摘しましたね。
F: ケイトも同じことを言っていました。それではジョン，私たちはハドソン＆ハドソン社の代表陣ともっと会合を設け，彼らとの合併が最終的には我々に利益のみもたらすものだと確かめなければなりませんね。
M: ナオミ，私も同感です。

解説　34 "the same" の意味する内容を把握する！

62. 正解：(D)
アンダーソン氏の姿勢として，女性の最初の発言に「計画そのものは実行可能に聞こえると言いながら…という証拠が欠けていると具体的に指摘した」とある。アンダーソン氏も同様に合併の計画については肯定的である一方で，自分たちの条件が受け入れられるのかどうかについて懐疑的である。したがって (D) が正解。

63. 正解：(B)
男性の最初のセリフでアンダーソン氏の見解が述べられ，その直後に女性の Kate said the same thing.（ケイトも同じことを言っていました）というセリフが続いているので，ケイトはアンダーソン氏と同意見であることがわかる。

64. 正解：(C)
女性の2つ目のセリフの make sure that merging with them will bring us nothing but profits in the end（彼らとの合併が最終的には我々に利益のみもたらすものであると確かめなければならない）に対して，男性が I feel the same（同感）と言っている。選択肢では「利益のみもたらす」の部分を success（成功）の一語で書き換えている。

【語句】□ merge with ～ = ～と合併する　□ doubt = 疑念　□ feasible = 実現可能な　□ specifically = 特に，具体的に　□ point out ～ = ～を指摘する　□ proof = 証拠　□ be willing to ... = 進んで…する，…する用意がある　□ condition = 条件　□ representative = 代表者　□ nothing but ～ = ～だけ　□ profit = 利益　□ in the end = 結局，最後には　□ merger = 合併　□ realistic = 現実的な　□ profitable = 利益になる，有益な　□ carry out ～ = ～を実行に移す　□ persuade ... to ～ = ～を説得して…させる　□ altogether = 完全に，すっかり

スクリプト

M: It was a big mistake to let my nephew see the movie last night. I'm concerned about the harmful effects of such violent movies on children.

F: So am I. I always try and check out reviews before taking my kids to the movies, but even so, we don't have full control over what they see on the Internet. It's quite worrying.

M: I see what you mean. Well, why don't you put filters on your computers at home? They block sites that you think are inappropriate for your children.

設問	設問訳

65. What worries the man?
(A) The mistake he made at the woman's house
(B) Harmful Internet sites
(C) The review of the movie that his nephew saw
(D) The harmful effects of violent movies

66. How does the woman feel about the effects of violence in movies?
(A) Worrying
(B) Not very problematic
(C) Too exciting
(D) Not educational

67. What does the man think the woman should do?
(A) She should protect her children from accessing harmful Internet sites.
(B) She should always check the Internet sites that her children access.
(C) She should take her children to the movies they want to see.
(D) She should stop censoring harmful sites on the Internet.

65. 男性を心配させていることは何ですか？
(A) 女性の家でしてしまった間違い
(B) 有害なネット上のサイト
(C) 自分の甥が見た映画の批評
(D) 暴力的な映画の悪影響

66. 女性は映画に登場する暴力の影響についてどのように感じていますか？
(A) 心配である
(B) あまり問題ではない
(C) 刺激的すぎる
(D) 教育的ではない

67. 男性は女性がどうすべきだと考えていますか？
(A) ネット上の有害なサイトにアクセスすることから彼女の子供たちを守るべきである。
(B) 子供たちがアクセスするネット上のサイトを常にチェックするべきである。
(C) 子供たちが見たがる映画に連れて行くべきである。
(D) ネット上の有害サイトの検閲をやめるべきである。

模試解説

訳

M: 昨夜，甥っ子にあの映画を見せたのは大失敗だったよ。あんな暴力的な映画が子供にもたらす悪影響が心配だね。

F: 私もよ。私はいつも子供を映画に連れて行く前に映画評をよく調べるようにしているの。でも，それでも子供たちがインターネットで目にするものについては完全には管理できないわね。それがかなり心配だわ。

M: 言ってることはわかるよ。だったら，家のパソコンにフィルターをつけたらどうだろう？ フィルターがあれば子供たちには不適切だと思うサイトをブロックしてくれるよ。

解説　35 先に質問文を読んでおいて，問われる内容を予測する！

65. 正解：(D)

あらかじめ「男性が心配している事柄」が問われる旨を質問から読み取っておいて聞く。男性の最初のセリフに I'm concerned about the harmful effects of such violent movies on children.（あのような暴力的な映画が子供にもたらす悪影響を僕は心配している）とあるので，正解は (D)。男性のセリフの be concerned about ~ が質問文では worry ~（~を心配させる）という動詞で表されていることに注意。

66. 正解：(A)

この問題も，あらかじめ質問文に目を通しておけば「女性の気持ち」に留意しながら聞くことができる。「暴力的な映画が子供にもたらす悪影響を心配している」と言う男性に対し，女性は So am I.（私もです）と返答している。この So am I. は I am concerned about ~ , too. という意味である。よって女性は映画における暴力は「心配である」と感じていることがわかる。

67. 正解：(A)

あらかじめ質問文を読んでおき，男性が女性にどのような「アドバイス」をするかに注意しながら聞くとよい。男性の最後のセリフに why don't you put filters on your computers at home? They block sites that you think are inappropriate for your children.（家のパソコンにフィルターをつけてはどうか？ フィルターがあれば子供たちには不適切だと思うサイトをブロックしてくれる）とある。選択肢には直接「フィルターをつける」などの表現はないが，(A) の「ネット上の有害なサイトにアクセスすることから子供たちを守る」が同じ行為と解釈できる。

【語句】☐ nephew = 甥　☐ be concerned about ~ = ~について心配している　☐ harmful = 害になる　☐ effect = 影響　☐ violent = 暴力的な　☐ check out ~ = ~をよく調べる，点検する　☐ review = 論評，講評，批評記事　☐ control = 規制，支配，管理　☐ worrying = 心配な　☐ block ~ = ~を妨げる，阻止する，遮断する　☐ inappropriate = 不適切な　☐ problematic = 問題のある　☐ educational = 教育的な　☐ protect ~ = ~を保護する，守る　☐ access ~ = ~にアクセスする　☐ censor ~ = ~を検閲する

スクリプト

M: It's extremely important to lower your blood pressure.
F: I know but it's not easy. I've followed your advice to shed excess weight and lower my salt intake but my blood pressure is still dangerously high.
M: Hmmm, perhaps the dietary approach may not work for you. Well, I'll prescribe blood pressure drugs for you. Get this prescription filled today and start taking two tablets after each meal. And remember, keeping your weight under control is very important if you want to restore your blood pressure to a healthy level.
F: All right.

設問	設問訳
68. What are the speakers talking about? (A) Exercise (B) Diet pills **(C) The woman's high blood pressure** (D) The effective way to shed excess weight	**68.** 話者たちは何について話していますか？ (A) 運動 (B) やせ薬 **(C) 女性の高血圧** (D) 余分な体重を落とす効果的な方法
69. Where are the speakers? (A) In a pharmacy **(B) In a hospital** (C) In a restaurant (D) In a gym	**69.** 話者たちはどこにいますか？ (A) 薬局 **(B) 病院** (C) レストラン (D) スポーツジム
70. What will the woman probably do now? **(A) Go to a pharmacy** (B) Try the dietary approach (C) Visit a doctor (D) Prescribe blood pressure drugs	**70.** 女性は今からおそらく何をするでしょう？ **(A) 薬局に行く** (B) 食餌療法を試みる (C) 医師のところに行く (D) 血圧の薬を処方する

模試解説

訳

M: 血圧を下げることは非常に重要ですよ。

F: わかってはいるのですが，たやすいことではありません。余分な体重を落として塩分摂取を減らすという先生の忠告に従いましたが，私の血圧は依然として危険なほど高いのです。

M: うーん。ひょっとすると食餌療法はあなたには効果がないのかもしれませんね。では血圧の薬を処方しましょう。今日この処方箋を調合してもらい，毎食後に2錠ずつ飲み始めてください。それからいいですか？ 血圧を健康的なレベルに戻したいのであれば体重をコントロールしておくことは大変重要ですからね。

F: わかりました。

解説　36 よく問われる質問文を押さえておく！

68. 正解：(C)
話者たちの会話の内容を理解し，具体的に何についての会話を展開しているのかを問う頻出タイプの問題。男性の最初のセリフ It's extremely important to lower your blood pressure.（血圧を下げることは非常に重要です）がそのまま会話の主題であり，tablet（錠剤）や shed excess weight（余分な体重を落とす）はその方策の一部であることを捉えたい。

69. 正解：(B)
話者たちのいる場所を問う問題。この種の問題では具体的な場所の名前が会話に登場することはほとんどないので，内容から場所を推測する必要がある。問題を先読みしておけばキーワードを聞き取ることで正解することが可能になる。最初のセリフから「病院か？」と推測できるが，男性の2つ目のセリフの Well, I'll prescribe blood pressure drugs for you.（では血圧の薬を処方しましょう）で病院であることが確定する。（薬の処方は医師が行うため）

70. 正解：(A)
会話の後で何が起こるのか，また話者が何をするのか，などを推測させる問題も頻出である。直接的な表現（たとえば「この後…します」「これから～に行きます」というセリフ）が会話に含まれることが少ないため，会話の流れ全体から想像しなければならない。男性の2つ目のセリフの中に Get this prescription filled today and start taking two tablets after each meal.（今日この処方箋を調合してもらい，毎食後に2錠ずつ飲み始めてください）とあるので，女性はこの後薬局に行くものと推測できる。

【語句】□ extremely = 非常に　□ lower ～ = ～を下げる　□ blood pressure = 血圧　□ shed ～ = (体重)を落とす，減らす　□ excess = 余分の　□ intake = 摂取(量)　□ dangerously = 危険なほど　□ dietary = 食べ物の，食餌の　□ prescribe ～ = ～を処方する　□ tablet = 錠剤　□ restore ～ = ～を回復させる，取り戻す　□ effective = 効果的な　□ pharmacy = 薬局　□ gym = スポーツジム，体育館

PART 4 CD2-72

スクリプト

Questions 71 through 73 refer to the following announcement.

The new software we have installed can monitor Internet usage and help us implement Internet tracking even if employees delete cookies and history. We would like to ask you to understand that Internet abuse at work is a serious problem, and to avoid further computer-related risks and problems, we have had to make the decision to monitor employee Internet usage and track real-time computer activities. All staff members are allowed to access the Internet as long as it is for professional purposes but if we detect your abuse of your Internet access privileges, you will be dismissed. You are also strongly requested to contact the board of directors directly if you find someone browsing non-work related websites.

設問	設問訳
71. How are employees expected to use the Internet? (A) Use it for personal reasons (B) Use it to detect Internet access abuse in the office **(C) Use it only for work** (D) Use it to contact the board of directors	**71.** どのようにインターネットを使用することが従業員に求められていますか？ (A) 個人的な理由で使用する (B) 社内でのインターネットアクセスの乱用を見つける目的で使用する **(C) 仕事のためだけに使う** (D) 取締役会に連絡するために使う
72. What will employers do if they detect Internet access abuse? **(A) They will fire the person.** (B) They will put the person on suspension. (C) They will contact the board of directors. (D) They will cut the person's salary.	**72.** インターネットアクセスの乱用を見つけたら雇用者はどうしますか？ **(A) その人を解雇する。** (B) その人を停職にする。 (C) 取締役会に連絡する。 (D) その人を減給にする。
73. What should employees do if they find someone misusing the Internet? (A) Send an anonymous letter to the CEO (B) Dismiss the person right away (C) Delete the cookies and history **(D) Contact the board of directors**	**73.** もし誰かがインターネットを乱用しているのを見つけたら従業員はどうするべきですか？ (A) 匿名の手紙を最高経営責任者に送る (B) すぐにその人を解雇する (C) クッキーと履歴を削除する **(D) 取締役会に連絡する**

模試解説

訳

　我々がインストールした新しいソフトウェアはインターネットの使用を監視し，たとえ従業員がクッキーと履歴を削除してもインターネット使用の追跡調査ができるようになっています。皆さんにご理解願いたいのですが，職場におけるインターネットの乱用は重大な問題であり，さらなるコンピュータ関係のリスクと問題を回避するためにも，従業員のインターネットの使用を監視しコンピュータの使用状況をリアルタイムで追跡することを決定せざるを得ませんでした。全社員は業務上の目的のためであればインターネットにアクセスしてもかまいませんが，もし我々が皆さんのインターネット使用特権の乱用を発見すれば，皆さんは解雇処分になります。また，もし誰かが業務に関係のないサイトを閲覧しているのを発見したら，直接取締役会にご連絡いただくよう，強くお願いいたします。

解説　38　「…すべき」という決定的内容を聞き逃さない！

71. 正解：(C)
ナレーション後半の All staff members are allowed to access the Internet as long as it is for professional purposes（全社員は業務上の目的のためであればインターネットにアクセスしてもかまいません）という部分がポイント。

72. 正解：(A)
if we detect your abuse of your Internet access privileges, you will be dismissed（もし我々が皆さんのインターネット使用特権の乱用を発見すれば，皆さんは解雇処分になります）とあるので，正解は (A)。

73. 正解：(D)
最終文に You are also strongly requested to contact the board of directors directly if you find someone browsing non-work related websites.（また，もし誰かが業務に関係のないサイトを閲覧しているのを発見しましたら，直接取締役会にご連絡いただくよう，強くお願いいたします）とあるので，正解は (D)。なお，ナレーションに「ネットを乱用する人は解雇される」という内容が含まれているが，解雇するのは雇用者であって従業員ではないので (B) は誤り。

【語句】□ monitor 〜 = 〜を監視する　□ implement 〜 = 〜を実行する　□ tracking = 追跡　□ even if … = たとえ…でも　□ delete 〜 = 〜を削除する　□ cookie = クッキー　□ history = 履歴　□ abuse = 乱用，不正使用　□ further = さらなる　□ be allowed to … = …することを許可されている　□ purpose = 目的　□ detect 〜 = 〜を発見する，見つける　□ privilege = 特権　□ dismiss 〜 = 〜を解雇する　□ browse 〜 = 〜を閲覧する　□ fire 〜 = 〜を解雇する　□ put 〜 on suspension = 〜を停職にする　□ misuse 〜 = 〜を乱用する　□ anonymous = 匿名の　□ CEO = 最高経営責任者（= chief executive officer）　□ right away = すぐに

スクリプト

Questions 74 through 76 refer to the following report.

In spite of widespread health education concerning cigarette smoking and the risks that smokers face, cigarette smoking still remains the leading cause of death in North America. About 30% of all North American adults smoke, and roughly 60% of the smokers are said to be heavy smokers who smoke more than ten cigarettes a day. This number has remained constant for the past seven years in North America despite government efforts, and no significant progress has been made either in the US or Canada. People have to be aware that lung cancer would actually become quite rare if they would stop smoking. Compared to a nonsmoker, a smoker also faces three times the risk of dying from a heart attack.

設問	設問訳
74. How many people are said to be smokers in North America? (A) Roughly thirteen percent of the adult population **(B) Roughly thirty percent of the adult population** (C) Roughly sixty percent of the adult population (D) Roughly seventy percent of the adult population	74. 北米ではどのくらいの人数が喫煙者であると言われていますか？ (A) 成人人口の約13パーセント **(B) 成人人口の約30パーセント** (C) 成人人口の約60パーセント (D) 成人人口の約70パーセント
75. What does a smoker face? (A) Three times the risk of dying from lung cancer (B) Five times the risk of dying from lung cancer **(C) Three times the risk of dying from a heart attack** (D) Five times the risk of dying from a heart attack	75. 喫煙者が直面するものは何ですか？ (A) 肺癌で死亡するリスクが3倍 (B) 肺癌で死亡するリスクが5倍 **(C) 心臓発作で死亡するリスクが3倍** (D) 心臓発作で死亡するリスクが5倍
76. According to the report, which of the following is NOT true? (A) Smoking is the leading cause of death in North America. **(B) Nonsmokers are more prone to lung cancer than smokers are.** (C) Roughly seventy percent of North American adults are nonsmokers. (D) About sixty percent of smokers in North America are heavy smokers.	76. この報告によると，次のどれが真実ではありませんか？ (A) 喫煙は北米では主要な死因となっている。 **(B) 非喫煙者は喫煙者よりも肺癌になりやすい。** (C) 北米の成人の約70パーセントは非喫煙者である。 (D) 北米在住の喫煙者のうち約60パーセントはヘビースモーカーである。

訳

　喫煙や喫煙者の抱えるリスクに関する健康教育の普及にもかかわらず，喫煙は北米では今なお主要な死因のままです。北米の成人全体のおよそ30パーセントが喫煙し，喫煙者のうち約60パーセントは一日に10本を超えるタバコを吸うヘビースモーカーであると言われています。行政の努力にもかかわらずこの数字は北米で過去7年間一定であり，大きな進展はアメリカでもカナダでも見られません。肺癌は実際のところ禁煙をすればかなりまれになるということに人々は気づく必要があります。非喫煙者と比べると，喫煙者は心臓発作で死亡するリスクも3倍になってしまうのです。

解説　39 5W1Hを聞き逃さない！

74. 正解：(B)
第2文に About 30% of all North American adults smoke（北米の成人全体のおよそ30パーセントが喫煙する）とあるので正解は(B)。thirty と thirteen の聞き分けが難しいので，何度もCDを聞いて確認しよう。

75. 正解：(C)
最後の Compared to a nonsmoker, a smoker also faces three times the risk of dying from a heart attack.（非喫煙者と比べると，喫煙者は心臓発作で死亡するリスクも3倍になってしまう）という部分がポイント。病名と数字をしっかり聞き取ろう。

76. 正解：(B)
最初の文に cigarette smoking still remains the leading cause of death in North America とあるので，(A) は正しい。終盤に People have to be aware that lung cancer would actually become quite rare if they would stop smoking.（肺癌は実際のところ禁煙をすればかなりまれになるということに人々は気づく必要があります）とあるので，(B) はナレーションの内容に合わない。よってこれが正解。第2文に About 30% of all North American adults smoke とあるので，残りの約70パーセントは非喫煙者となり，(C) は正しい。第2文後半に roughly 60% of the smokers are said to be heavy smokers とあるので (D) も正しい。

【語句】□ widespread＝広範囲に及ぶ，普及した　□ concerning ～＝～について〔の〕　□ face ～＝～に直面する，(問題などを) 抱える　□ remain ～＝～のままである　□ leading＝主要な　□ roughly＝約　□ constant＝一定の，不変の　□ past＝最近の　□ despite ～＝～にもかかわらず　□ government＝行政，政府　□ effort＝努力　□ significant＝重大な，意味のある　□ progress＝進歩，進展　□ aware＝気づいている　□ lung cancer＝肺癌　□ rare＝まれな，珍しい　□ compared to ～＝～と比較すると　□ nonsmoker＝非喫煙者　□ die from ～＝～で死亡する　□ heart attack＝心臓発作　□ prone to ～＝～になる傾向がある

スクリプト

Questions 77 through 79 refer to the following weather report.

Rainfall could be very heavy in Northern California tonight but the coastal rain will turn into snow and hail by dawn as the heaviest rain pushes through the region gradually overnight. The temperature will drop sharply early tomorrow morning, and the precipitation expected tomorrow and the day after tomorrow will be in the form of snow because of the below-freezing temperatures. Snowstorm warnings have been posted in Northern California already and over 30 inches of snow is expected to fall on Wednesday, February 25. Snow showers are expected tomorrow across Nevada and Oregon but the remainder of the week will see temperatures gradually rise. Snow will remain in these regions for a few days but it will be relatively warm and clear by the 27th.

設問	設問訳
77. What is expected in Northern California tomorrow? (A) Rain **(B) Snow** (C) Sudden temperature rise (D) Above-freezing temperatures	**77.** 明日カリフォルニア北部で予想されるのは何でしょう? (A) 雨 **(B) 雪** (C) 突然の気温の上昇 (D) 氷点よりは高い気温
78. How much snow is expected to fall in Northern California on Wednesday? (A) 13 inches (B) 25 inches (C) 27 inches **(D) Over 30 inches**	**78.** 水曜日にはどれくらいの雪がカリフォルニア北部で降ると予期されていますか? (A) 13 インチ (B) 25 インチ (C) 27 インチ **(D) 30 インチを超える**
79. What will the weather be like in Nevada and Oregon after February 27? **(A) Fine** (B) Wet and snowy (C) Humid (D) Freezing cold	**79.** 2月27日を過ぎるとネバダ州とオレゴン州の天気はどうなりますか? **(A) 晴れ** (B) 雨や雪が降る (C) むし暑い (D) 凍えるほど寒い

模試解説

訳

　今晩カリフォルニア北部の雨は非常に激しくなる可能性がありますが，最も激しい雨が地域を一晩かけて徐々に通り過ぎるにつれ，明け方までに沿岸部の雨は雪とひょうに変わるでしょう。気温は明日朝早く急激に下がり，明日，あさってに予想される降水量は，気温が氷点下になってしまうため，雪の状態で観測することになるでしょう。吹雪警報がすでにカリフォルニア北部で出されており，2月25日水曜日には30インチを超える降雪が予想されています。ネバダ州とオレゴン州では明日は雪が降ったりやんだりの天気になりそうですが，週の残りは気温が徐々に上昇するでしょう。雪はこれらの地域に数日残りますが，27日までには比較的暖かい晴れの天気になるでしょう。

解説　41 天気予報では時間の経過や今後の変化に注意する！

77. 正解：(B)

前半に The temperature will drop sharply early tomorrow morning, and the precipitation expected tomorrow and the day after tomorrow will be in the form of snow（気温は明日朝早くに急激に下がり，明日，あさってに予想される降水量は雪の状態で観測することになるでしょう）とあるので，雪が降る予報になっていることがわかる。

78. 正解：(D)

中ほどの over 30 inches of snow is expected to fall on Wednesday, February 25（2月25日水曜日には30インチを超える降雪が見込まれています）という部分がポイント。数字が複数登場するので，それぞれがどの情報に用いられているか聞き逃さないよう注意が必要。

79. 正解：(A)

Nevada と Oregon への言及はナレーションの最後。it will be relatively warm and clear by the 27th（27日までには比較的暖かい晴れの天気になるでしょう）とあるので，正解は (A)。

【語句】□ rainfall = 降雨　□ coastal = 沿岸の　□ turn into ~ = ~に変わる　□ hail = ひょう，あられ　□ dawn = 夜明け　□ push through ~ = ~を通り抜ける　□ region = 地域　□ gradually = 次第に　□ temperature = 気温　□ sharply = 急に　□ precipitation = 降水量　□ expected = 予期される　□ below-freezing = 氷点下　□ snowstorm = 吹雪　□ warning = 警告　□ post ~ = （警報・経済情報など）を発表する　□ snow shower = にわか雪　□ remainder = 残り　□ remain = 残る　□ above-freezing = 氷点より温度が高い　□ humid = むし暑い　□ freezing cold = 凍えるほど寒い

スクリプト

Questions 80 through 82 refer to the following advertisement.

Exercise should be fun for everyone no matter how old or inexperienced you may be. However, it's important to remember that it does require some professional advice and supervision if you wish to work out regularly without damaging your health. With our certified personal trainers at Fit & Healthy, you can achieve your goal of working out regularly for the purpose of staying young and healthy. Our knowledgeable personal trainers are able to offer you valuable advice on healthy diet as well as fitness, and we have various excellent programs you can start at any time of the year. We are open 24 hours a day throughout the year and all we ask for is the annual membership fee of 3,500 dollars. So what are you waiting for? Do contact us now for details and set up an appointment with an excellent trainer of your choice.

設問

80. Which of the following do they have at Fit & Healthy?
(A) Excellent training centers
(B) Certified trainers
(C) Diet pills
(D) Dietitians

81. When can you work out at Fit & Healthy?
(A) Any time
(B) Twenty four days a year
(C) When excellent programs are available
(D) When the personal trainers are at Fit & Healthy

82. How much would you have to pay per year to be a member of Fit & Healthy?
(A) $24
(B) $35
(C) $350
(D) $3,500

設問訳

80. 次のうちフィット&ヘルシーにあるのはどれですか?
(A) 素晴らしいトレーニング・センター
(B) 公認トレーナー
(C) ダイエットの薬
(D) 栄養士

81. フィット&ヘルシーで運動できるのはいつですか?
(A) いつでも
(B) 1年のうち24日
(C) 素晴らしいプログラムが利用できる時
(D) 個人トレーナーがフィット&ヘルシーにいる時

82. フィット&ヘルシーの会員になるには1年にいくら支払わなければなりませんか?
(A) 24ドル
(B) 35ドル
(C) 350ドル
(D) 3,500ドル

模試解説

訳

　運動は、どんなに年を重ねていても、経験が乏しくても、誰にとっても楽しいものであるはずです。しかし、自分の健康を損なうことなく定期的に運動したいのなら、プロのアドバイスや管理がぜひ必要であることを覚えておくことが重要です。フィット＆ヘルシーには公認の個人トレーナーがいるので、あなたは若さと健康を保つために定期的に運動するという目標を達成することができます。当クラブの知識豊富な個人トレーナーは健康状態だけではなく健康的な食事に関する有益なアドバイスも提供できますし、1年のうちいつでも始めることのできる素晴らしいプログラムを各種ご用意しています。年間を通じて24時間オープンしており、お支払いいただくのは年会費3,500ドルのみです。さあ、何を待っているのでしょう？　今すぐぜひ当クラブに連絡して詳細をお尋ねの上、自分で選べる素晴らしいトレーナーに予約を入れてください。

解説　42 宣伝では、数・曜日・価格・具体的サービス・場所などを理解する！

80. 正解：(B)
「運動は楽しい」という前振りの後、フィット＆ヘルシーの紹介が始まる。With our certified personal trainers at Fit & Healthy（フィット＆ヘルシーには公認の個人トレーナーがいるので）とあるので、(B)が正解。

81. 正解：(A)
We are open 24 hours a day throughout the year（年間を通して24時間オープンしています）とあるので、「いつでも」利用できるということになる。

82. 正解：(D)
会費の案内は後半。all we ask for is the annual membership fee of 3,500 dollars（お支払いいただくのは年会費3,500ドルのみです）とある。このようなナレーションの場合は他の数字も混在することが多いので、それぞれの数字が何に対するものなのかという情報をもれなく聞き取ることが必要になる。

【語句】□ no matter how ... = たとえどれほど…でも　□ inexperienced = 経験のない　□ require ～ = ～を必要とする　□ professional = プロの、本格的な　□ supervision = 監督、管理　□ work out = 運動する　□ certified = 公認の、有資格の　□ achieve ～ = ～を成し遂げる、達成する　□ for the purpose of ～ = ～の目的で　□ knowledgeable = 精通している　□ valuable = 貴重な、役に立つ　□ diet = 飲食物　□ ～ as well as ... = …同様～も　□ fitness = 健康、健康状態　□ throughout the year = 年中　□ annual membership fee = 年会費　□ contact ～ = ～に連絡する　□ details = 詳細　□ appointment = 約束、予約　□ diet pill = ダイエット薬　□ dietitian = 栄養士

スクリプト

Questions 83 through 85 refer to the following news report.

An accident at the intersection of Hunters Lane and Courtney Drive caused serious traffic problems on January 8 and 28 people were taken to the nearby local hospital. Police say that the accident happened around 7:30 pm and that 15 people, who are believed to be seriously injured, are still waiting to be rescued. They say that Robert Jackson, a truck driver from Maine, was drunk when his truck skidded on the icy road and smashed into a car in front of him driven by Sarah Johnson. Eleven cars crashed into telephone poles by the road in an attempt to avoid hitting the car and the truck. Jackson, Johnson and Karen Smith, a front-seat passenger in Johnson's car, are in serious condition at the Manning General Hospital. Other casualties who have been transported to Manning General Hospital have sustained only minor injuries.

設問

83. What happened at the intersection?
(A) Twenty-eight people were killed in a traffic accident.
(B) Many people slipped on the icy road.
(C) There was a serious traffic accident.
(D) Eleven cars smashed into a truck.

84. What is the condition of the casualties still waiting to be rescued?
(A) Unconscious
(B) Badly injured
(C) Fine
(D) Injured but okay

85. How many people are reported to have been killed?
(A) None
(B) Eleven
(C) Fifteen
(D) Twenty-eight

設問訳

83. 交差点で何が起きましたか？
(A) 28人が交通事故で死亡した。
(B) 多くの人が凍結した道路ですべった。
(C) 重大な交通事故があった。
(D) 11台の車がトラックに激突した。

84. いまだに救助を待っている負傷者はどのような状態ですか？
(A) 意識不明
(B) ひどい怪我を負っている
(C) 元気
(D) 怪我をしているが問題ない

85. 何人が死亡したと報告されていますか？
(A) 0人
(B) 11人
(C) 15人
(D) 28人

模試解説

訳

　1月8日にハンターズ・レーンとコートニー・ドライブの交差点で起きた単独事故が重大な多重交通事故を引き起こし，28名が近くにある地元の病院に運ばれました。警察によると，事故は午後7時30分頃に発生し，重傷を負っていると思われる15人が今も救助を待っている状態です。メイン州出身のトラック運転手であるロバート・ジャクソンが酒に酔って運転していたトラックが凍結した道路でスリップし，前方を走行中のサラ・ジョンソンさん運転の車に激突したとのことです。11台の車がジョンソンさんの車とトラックにぶつかるのを回避しようとして道路わきの電柱に衝突しました。ジャクソン，ジョンソンさん，そしてジョンソンさんの車の助手席に座っていたカレン・スミスさんはマニング総合病院に運ばれましたが重体です。マニング総合病院に運ばれた他の負傷者の方々は軽傷のみですみました。

解説　43 ニュースで取り上げられている内容の概略を理解する！

83. 正解：(C)
冒頭に An accident at the intersection of Hunters Lane and Courtney Drive caused serious traffic problems（ハンターズ・レーンとコートニー・ドライブの交差点で起きた単独事故が重大な多重交通事故を引き起こした）とあるので，起こったのは重大な交通事故であるとわかる。

84. 正解：(B)
Police say ... で始まる第2文に 15 people, who are believed to be seriously injured, are still waiting to be rescued（重傷を負っていると思われる15人は今も救助を待っている状態です）とあるので，(B) が正解。ナレーションの seriously injured が選択肢では badly injured と言い換えられている。

85. 正解：(A)
様々な数字が登場しているが，死亡者は報告されていないので，(A) が正解。
なお，他の選択肢が表す数字は以下の通り。
(B)11 ＝ 衝突を回避しようとして電柱に衝突した車の台数
(C)15 ＝ 重傷を負ったと思われる，今も救助を待つ人の数
(D)28 ＝ 事故で地元の病院に運ばれた人の数

【語句】☐ intersection ＝ 交差点　☐ cause ～ ＝ ～を引き起こす　☐ injured ＝ 負傷している　☐ rescue ～ ＝ ～を救助する　☐ skid ＝ スリップする　☐ icy road ＝ 凍結道路　☐ smash into ～ ＝ ～に激突する　☐ crash into ～ ＝ ～に衝突する　☐ telephone pole ＝ 電柱　☐ in an attempt to ... ＝ …しようとして　☐ be in serious condition ＝ 重体である　☐ casualty ＝ 犠牲者，負傷者，被害者　☐ transport ～ ＝ ～を輸送する，運ぶ　☐ sustain ～ ＝ （被害など）を受ける，こうむる　☐ minor injury ＝ 軽傷　☐ unconscious ＝ 意識不明の

スクリプト

Questions 86 through 88 refer to the following talk.

   According to the latest data from the US Health Organization, nearly 30 percent of children under the age of 18 in America are obese and suffering from severe weight-related health problems such as heart disease and high cholesterol levels. Yes, your child is not the only one who is overweight, and we have been successfully helping obese children lose weight healthily by offering excellent summer camp programs! Our programs include very healthy eating plans that reduce calories to help lose weight but do not totally rule out specific foods, a two-day excursion to the beach, fun physical activities everyone can enjoy, and discussion sessions to build the confidence to successfully lose weight and to understand other children going through the same problems. Your child will look great after this summer – and we guarantee both you and your child will be very pleased.

設問

86. Who would be interested in the talk?
(A) Underweight parents
(B) Obese parents
(C) Parents who have a child with weight problems
(D) Parents who have an underweight child

87. What percentage of American children under 18 are said to be obese?
(A) 13 percent
(B) 18 percent
(C) Over 30 percent
(D) Roughly 30 percent

88. What is NOT mentioned as a feature of the camp?
(A) Healthy eating plans that totally exclude certain foods
(B) Enjoyable exercise
(C) Discussion sessions with other children with similar problems
(D) An outing to the beach

設問訳

86. この話に興味を持つのは誰ですか？
(A) 標準体重に満たない親
(B) 太りすぎている親
(C) 体重に問題がある子供の親
(D) 標準体重に満たない子供の親

87. アメリカの18歳未満の子供のうち何パーセントが肥満であると言われていますか？
(A) 13 パーセント
(B) 18 パーセント
(C) 30 パーセントを超える
(D) 約 30 パーセント

88. キャンプの特徴として挙げられていないのは何ですか？
(A) 特定の食べ物を完全に除外した健康的な食事プラン
(B) 楽しい運動
(C) 同様の問題を抱える他の子供たちとの討論会
(D) ビーチへの遠足

模試解説

訳

　アメリカの保健機関の最新データによると，アメリカ国内の 18 歳未満の子供のうち 30%近くは肥満であり，心臓疾患や高コレステロール値といった，体重に関連した深刻な健康問題に苦しんでいます。そうです，太りすぎなのはあなたのお子様だけではありませんし，私たちは素晴らしいサマーキャンプ・プログラムを提供することで，肥満の子供たちが健康的に減量できるようお手伝いし，成果をあげてまいりました！　私たちのプログラムは，減量を促進するためにカロリーを減らしつつも特定の食べ物を完全には除外することのない非常に健康的な食事プラン，2日間のビーチへの遠足，みんなが楽しめる運動，減量を成功に導くための自信を育て，同じ問題を経験している他の子供たちを理解するための討論会などを設けています。お子様はこの夏が過ぎたら見違えることでしょう。そして，お客様とお子様の両方がご満足されることを保証いたします。

解説　44 話に興味を持つ人はどのような人かを想像しながら聞く！

86. 正解：(C)
第2文に your child is not the only one who is overweight（太りすぎなのはあなたのお子様だけではありません）とあるので，この話に興味を抱くのは太りすぎの子供を持つ親だと推測できる。

87. 正解：(D)
第1文の nearly 30 percent of children under the age of 18 in America are obese（アメリカ国内の 18 歳未満の子供のうち 30%近くは肥満である）という部分がポイント。thirteen と聞き間違えやすい thirty という数字や，年齢の eighteen が登場するので，注意深く聞くことが重要。

88. 正解：(A)
サマーキャンプ・プログラムの説明は中ほどの Our programs include ... から始まり，最初に very healthy eating plans that reduce calories to help lose weight but do not totally rule out specific foods（減量を促進するためにカロリーを減らしつつも特定の食べ物を完全には除外することのない非常に健康的な食事プラン）とある。(A)の totally exclude certain foods（特定の食べ物を完全に除外する）はナレーションと正反対の記述である。

【語句】☐ latest ＝ 最新の　☐ obese ＝ 肥満の，ひどく太った　☐ suffer from 〜 ＝ 〜を患う，〜に苦しむ　☐ severe ＝ 深刻な　☐ weight-related ＝ 体重に関連した　☐ overweight ＝ 太りすぎの　☐ successfully ＝ うまく　☐ reduce 〜 ＝ 〜を減少させる，低減する　☐ rule out 〜 ＝ 〜を除外する　☐ specific ＝ 特定の，一定の　☐ excursion ＝ 小旅行，遠足　☐ physical activity ＝ 身体活動，運動　☐ confidence ＝ 自信　☐ go through 〜 ＝ 〜を経験する，体験する　☐ guarantee 〜 ＝ 〜を保証する　☐ underweight ＝ 標準体重に達しない　☐ roughly ＝ 約　☐ feature ＝ 特徴，特色　☐ exclude 〜 ＝ 〜を除外する　☐ certain ＝ 特定の，一定の　☐ enjoyable ＝ 楽しめる　☐ similar ＝ 類似した　☐ outing ＝ 小旅行，遠足

スクリプト

Questions 89 through 91 refer to the following announcement.

Welcome to the Parker & Mills year-end clearance sale! With the year drawing to a close, we would like to take this opportunity to thank you and wish you a very Merry Christmas and a Happy New Year! Our annual year-end clearance sale will take place over the weekend of December 23 through December 25. If you show your membership card at the entrance to Parker & Mills, you will be allowed to shop before the store opens at 10:30 am. Everything will be 30% off during the sale, and we are offering free gifts to shoppers who spend more than 100 dollars and show us their receipts at the service counter. We are open from 10:30 am till 10:00 pm every day but remember we will be closed for inventory after the sale until January 5. We'll be open again on January 6.

設問

89. When will the sale start?
(A) On December 23
(B) On December 25
(C) On January 5
(D) On January 6

90. What are customers allowed to do if they show their membership cards?
(A) Get a discount
(B) Shop before the store opens
(C) Get a free gift
(D) Shop with coupons

91. Why will the shop be closed from December 26 through January 5?
(A) To order new products
(B) To have the shop cleaned
(C) For renovation
(D) For inventory

設問訳

89. セールはいつ始まりますか？
(A) 12月23日
(B) 12月25日
(C) 1月5日
(D) 1月6日

90. 顧客が会員カードを見せれば何をすることを許可されますか？
(A) 割引きしてもらうこと
(B) 開店前に買い物すること
(C) 無料のギフトをもらうこと
(D) 割引券を使って買い物すること

91. なぜ店は12月26日から1月5日まで閉店になるのですか？
(A) 新製品を注文するため
(B) 店舗を清掃してもらうため
(C) 改装のため
(D) 棚卸しのため

模試解説

訳

　パーカー＆ミルズの年末在庫一掃セールにようこそ！ 今年も終わりに近づいてまいりましたので，この機会に皆様にお礼申し上げ，とても楽しいクリスマスと幸せな新年を迎えられますよう，ご挨拶申し上げます。当店恒例の年末在庫一掃セールは 12 月 23 日から 25 日までの週末に行います。パーカー＆ミルズの入口にて会員カードをご提示くだされば，午前 10 時半の開店前にお買い物していただけます。セール期間中は全商品 30 パーセントオフになります。さらに，100 ドルを超えるお買い物をしてサービスカウンターでレシートを提示していただいたお客様には無料ギフトを差し上げます。当店は毎日午前 10 時 30 分から午後 10 時まで営業しておりますが，セールの後は棚卸しのため 1 月 5 日まで閉店いたしますことをご承知おきください。1 月 6 日に営業再開いたします。

解説　46 店・美術館・博物館などのお知らせでは具体的情報に注意する！

89. 正解：(A)
前半に Our annual year-end clearance sale will take place over the weekend of December 23 through December 25.（当店恒例の年末在庫一掃セールは 12 月 23 日から 25 日までの週末に行います）とあるので，始まりは 12 月 23 日とわかる。

90. 正解：(B)
中ほどに If you show your membership card at the entrance to Parker & Mills, you will be allowed to shop before the store opens（パーカー＆ミルズの入口にて会員カードをご提示くだされば，開店前にお買い物していただけます）とあるので，(B) が正解。

91. 正解：(D)
終盤の we will be closed for inventory after the sale until January 5（セールの後は棚卸しのため 1 月 5 日まで閉店します）がポイント。inventory は TOEIC では頻出語なので覚えておきたい。

【語句】□ year-end clearance sale = 年末在庫一掃セール　□ opportunity = 機会，チャンス，好機　□ annual = 年に一度の，例年の　□ entrance = 入口　□ shopper = 買い物客　□ receipt = レシート　□ inventory = 棚卸し；在庫品　□ discount = 割引き　□ coupon = 割引券　□ order ～ = ～を注文する　□ renovation = 改装

スクリプト

Questions 92 through 94 refer to the following talk.

When you come to the office, do not forget to swipe your ID card through this time recorder so that the computer can record the time of your arrival. Please don't forget to do the same when you leave the office. And if you are the last person to leave the office, please make sure that all the lights are out and the windows are closed and locked. There is no need to lock the door though, because it's got a door-locking device that allows the door to be securely locked automatically when it's closed. Just make sure that when you leave the office you do not leave the door open. If you have any questions or need help, I'll be in the office on the second floor.

設問	設問訳

92. Where is this talk taking place?
(A) In an office building
(B) In a furniture store
(C) In an office on the second floor
(D) In a computer store

92. この話はどこでしているのですか？
(A) オフィスビルで
(B) 家具店で
(C) 2階のオフィスで
(D) コンピュータ店で

93. What should employees do when they leave the office?
(A) Swipe the ID card through a machine
(B) Unlock the windows
(C) Turn on the lights
(D) Leave the door open

93. オフィスを出る時は何をすべきですか？
(A) IDカードを機械に通す
(B) 窓を解錠する
(C) 電気をつける
(D) ドアを開けたままにしておく

94. Why don't employees have to lock the door when they leave the office?
(A) Because it's safe in the area.
(B) Because the key is broken.
(C) Because the speaker does it.
(D) Because it has got a device that locks the door automatically.

94. オフィスを出る時になぜドアの鍵をかける必要がないのですか？
(A) その地域は安全だから。
(B) 鍵が壊れているから。
(C) 話者がやってくれるから。
(D) 自動的にドアに鍵をかけてくれる装置がついているから。

模試解説

訳

　オフィスに着いたら，コンピュータが到着時刻を記録できるよう，IDカードをこのタイムレコーダーに通すのを忘れないでください。オフィスを出る時も忘れずに同じようにしてください。それからオフィスを出るのが最後になった時には，必ず電気をすべて消して，窓が全部閉まって鍵がかかっていることを確認してください。しかしドアの鍵をかける必要はありません。ドアが閉まったら自動的にしっかりと鍵がかかる施錠装置がついていますので，オフィスを出る時に，ドアが開けたままになっていないかどうかだけは確認をお願いします。もし質問があったり手助けが必要でしたら，私は2階のオフィスにいます。

解説　48 指示されている内容を，場面・状況を想像しながら聞く！

92. 正解：(A)
When you come to the office（オフィスに来たら）で始まり，出社・退社時についての説明をしているので，店ではなくてオフィスでの話だとわかる。なお，最後の I'll be in the office on the second floor（私は2階のオフィスにいます）は，話者が通常いる場所を言っているのであり，今はオフィスビル内の他の場所で話していると考えるのが妥当なので，(C) は不可。

93. 正解：(A)
第2文に Please don't forget to do the same when you leave the office.（オフィスを出る時も忘れずに同じようにしてください）とある。この do the same とは，直前の文にある「タイムレコーダーにIDカードを通すこと」である。

94. 正解：(D)
後半に it's got a door-locking device that allows the door to be securely locked automatically when it's closed（ドアが閉まったら自動的にしっかりと鍵がかかる施錠装置がついています）とあるので，正解は (D)。

【語句】□ swipe ～ ＝ ～を機械に通す　□ arrival ＝ 到着　□ make sure that ... ＝ …であることを確認する　□ device ＝ 装置　□ securely ＝ しっかりと，安全に　□ automatically ＝ 自動的に　□ unlock ～ ＝ ～を解錠する　□ turn on ～ ＝（電気）をつける

スクリプト

Questions 95 through 97 refer to the following speech.

Ladies and gentleman, welcome to Henson Corporation's annual conference. My name is Jennifer England and I would like to briefly explain our schedule for the day. After the opening address by our president, Mr. Gordon Haze, please move to Conference Room A by 9:00. Ms. Angela White, a chief engineer from the London office, will deliver a presentation on the latest invention in sanitary sewer systems. After the presentation, please go to Room 301 on the 30th floor for a buffet lunch. A discussion session will start right after lunch at 1:30 pm in Conference Room B. We will discuss the agenda until 4:00 pm, after which a lecture will be given by Mr. Keith Roberts, a professor from Stanford University. A tour of the office building and our lab facilities is planned right after the lecture.

設問	設問訳
95. What is planned before a presentation by Angela White? (A) A presentation by Keith Roberts (B) A discussion session (C) Lunch **(D) The opening address**	**95.** アンジェラ・ホワイトのプレゼンテーションの前には何が予定されていますか? (A) キース・ロバーツによるプレゼンテーション (B) 討論会 (C) ランチ **(D) 開会の辞**
96. How long will the discussion session last? (A) Thirty minutes (B) One and a half hours **(C) Two and a half hours** (D) Four hours	**96.** 討論会はどのくらいの時間続けられますか? (A) 30分 (B) 1時間半 **(C) 2時間半** (D) 4時間
97. When will they leave for the office and lab tour? (A) Before lunch **(B) After a lecture** (C) Before a lecture (D) Right after lunch	**97.** オフィスと研究室の見学会に出かけるのはいつですか? (A) ランチの前 **(B) 講演の後** (C) 講演の前 (D) ランチの直後

模試解説

訳

　皆様，ヘンソン・コーポレーションの年次会議にようこそいらっしゃいました。私の名前はジェニファー・イングランドと申します。本日のスケジュールを簡単にご説明いたします。社長のゴードン・ヘイズ氏による開会の辞の後，9時までにA会議室に移動してください。ロンドン事務所のチーフ・エンジニアのアンジェラ・ホワイトさんが衛生下水システムにおける最新の発明に関するプレゼンテーションを行います。プレゼンテーションの後は30階の301号室に移動してビュッフェ式ランチをおとりください。討論会はランチの直後，午後1時30分からB会議室で始まります。午後4時まで議題について討議し，その後スタンフォード大学のキース・ロバーツ教授による講演がございます。オフィスビルと研究施設の見学会が講演の直後に予定されております。

解説　49 スケジュールの案内では時間・順序に注意して聞く！

95. 正解：(D)
前半に After the opening address by our president ... Ms. Angela White, a chief engineer from the London office, will deliver a presentation（社長の開会の辞の後…ロンドン事務所のチーフ・エンジニアのアンジェラ・ホワイトさんがプレゼンテーションを行います）とあるので，(D) が正解。

96. 正解：(C)
後半に A discussion session will start right after lunch at 1:30 pm in Conference Room B. We will discuss the agenda until 4:00 pm（討論会はランチの直後，午後1時30分にB会議室で始まります。午後4時まで議題について討議します）とある。1時30分から4時までなので，合計2時間半，討論会は続く予定であるとわかる。

97. 正解：(B)
最後に A tour of the office building and our lab facilities is planned right after the lecture.（オフィスビルと研究施設の見学会が講演の直後に予定されています）とあるので，見学会は講演の後であるとわかる。

【語句】□ annual = 年に一度の　□ briefly = 簡潔に，短く　□ opening address = 開会の辞　□ chief engineer = 技師長，チーフ・エンジニア　□ presentation = プレゼンテーション，発表　□ sanitary sewer system = 衛生下水システム　□ agenda = 議題　□ lab = 研究室

スクリプト

Questions 98 through 100 refer to the following talk.

　We've been trying hard to successfully expand our business in Singapore but we have faced a real struggle in accomplishing our goal, in spite of all the efforts we've made. I believe our biggest problem is that we don't have enough employees in Singapore with enough marketing training and knowledge needed for success in the fashion industry in Singapore. In order to achieve our goal, we need to take action as swiftly as possible to find competent people to work for us who are most likely to bear fruit. Considering the number of our competitors trying to succeed in Singapore, we don't have much time to waste. We should start recruiting competent people with a profound understanding of the culture and fashion trends in Singapore. With competent staff members, we'll be one step closer to success.

設問	設問訳
98. What does the speaker imply about their business in Singapore? (A) It has been successful. (B) It has been going fairly well. (C) It has brought them nothing but debts. **(D) It has not been as successful as they had hoped.**	**98.** 話者は自分たちのシンガポールでの事業について何を言おうとしていますか？ (A) うまく行っている。 (B) かなり好調である。 (C) 負債しかもたらしていない。 **(D) 期待していたほど成功していない。**
99. What does the speaker think is needed to succeed in Singapore? **(A) Competent staff members** (B) More funds (C) New staff members who know much about Asian cultures (D) People who can analyze the trend of popular products	**99.** 話者はシンガポールでの成功には何が必要だと思っていますか？ **(A) 有能な社員** (B) より多くの資金 (C) アジアの文化に詳しい新入社員 (D) 人気製品の流行を分析できる人
100. What does the speaker think they should do? (A) Start working with their competitors (B) Start looking for a company to acquire in Singapore **(C) Start hiring new people who will help them succeed** (D) Start firing incompetent staff members	**100.** 話者は自分たちがどうすべきだと思っていますか？ (A) 競合企業との協力を始める (B) シンガポールで買収する会社を探し始める **(C) 自分たちの成功の助けとなるような新入社員の採用を始める** (D) 能力のない社員の解雇を始める

模試解説

訳

　我々はシンガポールでの事業拡大の成功に向けて一生懸命がんばってきましたが，これほどの努力の数々にもかかわらず目標達成には大変苦労しています。我々の最大の問題は，十分なマーケティングの訓練を受け，かつシンガポールのファッション業界での成功に必要な知識を兼ね備えた従業員がシンガポールには十分にいないことだと私は思います。目標を達成するには，我々はできるだけ迅速に行動を起こし，実績をあげてくれる可能性が最も高い有能な社員を見つける必要があります。シンガポールでの成功を目指す競合企業の数を考慮すると，我々には無駄にする時間はあまりありません。シンガポールの文化やファッショントレンドを深く理解している有能な人材の採用を始めるべきです。有能な社員がいれば，我々は成功に一歩近づくでしょう。

解説　50 話者の意見を総合的に理解する！

98. 正解：(D)
冒頭に We've been trying hard to successfully expand our business in Singapore but we have faced a real struggle in accomplishing our goal（我々はシンガポールでの事業拡大の成功に向けて一生懸命がんばってきましたが，目標達成には大変苦労しています）とあるので，順調には進んでいないことがわかる。なお，負債（debts）に関する具体的な言及はないので，(C) は正解として不適切。

99. 正解：(A)
中ほどに In order to achieve our goal, we need to take action as swiftly as possible to find competent people（目標を達成するには，我々はできるだけ迅速に行動を起こし，有能な人材を見つける必要があります）とあるので，正解は (A)。(C) や (D) でも迷うかもしれないが，話者が最も重視しているのは，シンガポールのファッション業界で成功できる「有能な」人材の確保である。商品分析力やアジア文化の知識だけとりあげるのは話者の意図とずれる。

100. 正解：(C)
終盤の We should start recruiting competent people with a profound understanding of the culture and fashion trends in Singapore.（シンガポールの文化やファッショントレンドを深く理解している有能な人材の採用を始めるべきです）という部分がポイント。選択肢にある hire（雇う）という語は TOEIC に頻出するので覚えておこう。

【語句】□ expand ~ = ~を拡大する　□ struggle = 奮闘，苦心　□ accomplish ~ = ~を成し遂げる　□ fashion industry = ファッション業界　□ take action = 行動を起こす　□ swiftly = 早急に　□ competent = 有能な　□ bear fruit = 実績をあげる　□ considering ~ = ~を考慮すると　□ competitor = 競争相手，競合企業　□ recruit ~ = ~を採用する，募集する　□ profound = 深い　□ fairly = かなり　□ nothing but ~ = ~だけ　□ debt = 負債　□ fund = 資金　□ analyze ~ = ~を分析する　□ fire ~ = ~を解雇する　□ incompetent = 能力のない

模試正解一覧

Part	#	Ans	Part	#	Ans	Part	#	Ans	Part	#	Ans
PART 1	1	D	PART 2	26	C	PART 3	51	C	PART 4	76	B
	2	A		27	C		52	D		77	B
	3	B		28	A		53	B		78	D
	4	B		29	B		54	C		79	A
	5	B		30	A		55	D		80	B
	6	B		31	C		56	C		81	A
	7	D		32	B		57	A		82	D
	8	A		33	A		58	B		83	C
	9	D		34	C		59	B		84	B
	10	A		35	B		60	A		85	A
PART 2	11	A		36	A		61	C		86	C
	12	B		37	B		62	D		87	D
	13	C		38	B		63	B		88	A
	14	A		39	B		64	C		89	A
	15	C		40	A		65	D		90	B
	16	C	PART 3	41	A		66	A		91	D
	17	B		42	B		67	A		92	A
	18	B		43	C		68	C		93	A
	19	C		44	C		69	B		94	D
	20	C		45	A		70	A		95	D
	21	C		46	A	PART 4	71	C		96	C
	22	A		47	A		72	A		97	B
	23	C		48	D		73	D		98	D
	24	A		49	D		74	B		99	A
	25	B		50	C		75	C		100	C

ANSWER SHEET

No.	ANSWER A B C D	No.	ANSWER A B C D	No.	ANSWER A B C D	No.	ANSWER A B C D
1	A B C D	26	A B C	51	A B C D	76	A B C D
2	A B C D	27	A B C	52	A B C D	77	A B C D
3	A B C D	28	A B C	53	A B C D	78	A B C D
4	A B C D	29	A B C	54	A B C D	79	A B C D
5	A B C D	30	A B C	55	A B C D	80	A B C D
6	A B C D	31	A B C	56	A B C D	81	A B C D
7	A B C D	32	A B C	57	A B C D	82	A B C D
8	A B C D	33	A B C	58	A B C D	83	A B C D
9	A B C D	34	A B C	59	A B C D	84	A B C D
10	A B C D	35	A B C	60	A B C D	85	A B C D
11	A B C	36	A B C	61	A B C D	86	A B C D
12	A B C	37	A B C	62	A B C D	87	A B C D
13	A B C	38	A B C	63	A B C D	88	A B C D
14	A B C	39	A B C	64	A B C D	89	A B C D
15	A B C	40	A B C	65	A B C D	90	A B C D
16	A B C	41	A B C D	66	A B C D	91	A B C D
17	A B C	42	A B C D	67	A B C D	92	A B C D
18	A B C	43	A B C D	68	A B C D	93	A B C D
19	A B C	44	A B C D	69	A B C D	94	A B C D
20	A B C	45	A B C D	70	A B C D	95	A B C D
21	A B C	46	A B C D	71	A B C D	96	A B C D
22	A B C	47	A B C D	72	A B C D	97	A B C D
23	A B C	48	A B C D	73	A B C D	98	A B C D
24	A B C	49	A B C D	74	A B C D	99	A B C D
25	A B C	50	A B C D	75	A B C D	100	A B C D

MEMO

MEMO

【CD 収録時間】
　Disk 1：64 分
　Disk 2：74 分

【CD 収録内容】
　Disk 1：PART 1 例題 POINT 1 ～ PART 4 例題 POINT 43
　Disk 2：PART 4 例題 POINT 44 ～ 模試
　　　　※模試：Track 18 ～ 81

【CD 吹き込み】
　Howard Colefield（アメリカ　コネッチカット州出身）
　Carolyn Miller（カナダ　トロント出身）
　Nadia McKechnie（イギリス　ロンドン出身）
　Jason Takada-Latchford（オーストラリア　パース出身）

ココを聴け！ TOEIC® Test リスニング［新テスト対応版］

初版第 1 刷発行…………… 2006 年 4 月 10 日

著者…………………… 小島　加奈子
発行人………………… 加藤　文夫
発行…………………… 株式会社　Ｚ会
　　　　　　　　　　　〒411-0944　静岡県駿東郡長泉町竹原 383-9
　　　　　　　　　　　http://www.zkai.co.jp/books/
　　　　　　　　　　　TEL（055）973-7117
装丁…………………… ペドロ山下
印刷・製本・CD 制作…… 図書印刷株式会社
CD 録音・編集………… 財団法人　英語教育協議会（ELEC）

© 小島加奈子　2006　★無断で複写・複製することを禁じます
定価はカバーに印刷してあります
乱丁・落丁はお取り替えいたします
ISBN 4-939149-91-9　C0082